KB193893

영성의 숲에서
하나님을 만나다

하나님과 사랑에 빠져 복음으로 시대를 변화시킨 영성의 대가 30인

Spirituality

영성의 숲에서 하나님을 만나다

| 원종국 지음 |

평단

하나님이 원하시는
항구로 인도하는 영성의 나침반

하나님께서 모든 그리스도인을 통해 이루고자 하시는 것이 있습니다. 사도 바울은 그 목표가 '주님과 같이 변화하여, 점점 더 큰 영광에 이르게 되는 것'이라고 하면서, 이것은 우리 안에서 성령이 하시는 일이라고 했습니다. "우리가 다 수건을 벗은 얼굴로 거울을 보는 것같이 주의 영광을 보매 그와 같은 형상으로 변화하여 영광에서 영광에 이르니 곧 주의 영으로 말미암음이니라"고린도후서 3:18 또한 이것은 초대교회 지도자들의 목회의 목표요, 그 시대 다른 종교들과 기독교를 구별하는 영성의 핵심이었습니다.

사람들은 무엇이 참된 영성인가에 관해 나름대로 관점을 가지고 있습니다. '《성경》을 몇 번 정도 읽었는가, 얼마나 많은 시간 동안 기도하는가, 주님을 위해 얼마나 많이 희생하는가' 등. 그러나 이들 중 어떤 것도 영성을 표현하는 필수적인 지표는 아닙니다. 그렇게 하면서도 여전히 육신적일 수 있고, 전혀 어떤 영성도 갖지 않을 수 있습니다. 영성의 핵심은 바울이 말한 것처럼 그리스도와 같은 모습으로 변화하여 그분을 닮는 것입니다.

기독교 영성의 근본은 나 자신은 죽고 내 안에서 그리스도가 점점 자라날 수 있도록 만드는 것에 있습니다. 이것이 하나님께서 《성경》에서 보여 주시는 영성입니다. 그러므로 우리는 그리스도와 같은 모습으로 변화되기 위해 노력하면서 하나님께서 우리에게 주신 인생의 소명을 이루어야 합니다. 그분은 이미 내 안에서 그 일을 시작하셨고 지금도 일하고 계시며 장차 이루시고야 말 것입니다. 우리는 자주 이 일을 하는 것에 게으르고 냉담하며, 하더라도 마지못해서 할 때가 많습니다. 그러나 그분은 끝까지 포기하지 않고 이 일을 이루어가십니다.

하나님께서 이 일을 하시는 방법 중에 하나는 '구름같이 둘러싼 허다한 증인들'을 보여 주시는 일입니다^{히브리서 12:1}. 소위 믿음장으로 불리는 〈히브리서〉 11장은 '믿음의 주요 또 온전하게 하시는 이인 예수'를 바라본 경주자들을 열거합니다. 이 책 저자는 교회사 속에서 허다한 증인들 가운데 삼십 명을 뽑았습니다. 이 인물들은 성령 사역의 열매들입니다. 그들 가운데는 우리에게 익숙하지 않은 다른 전통들을 소개하는 인물들도 포함되어 있습니다. 여기서 필요한 것은 나와 다른 것은 틀린 것이 아니라는 열린 사고입니다. 서로 배워야 서로를 풍성케 할 수 있습니다.

한국교회는 기독교보다 더 나은 전통이 없다고 생각하게끔 교인들을 가르쳐 왔습니다. 그 결과 그리스도인은 여러 가지 전통 가운데 하나로 자신을 보지 않습니다. 다른 전통들은 잘못된 것으로 보기 때문에 공격적이며 비타협적입니다. 조금만 새로운 용어가 나타나면 이단으로 폄하합니다. 그러나 어떤 사람도, 어떤 전통도 하나님과 동행하는 일에, 그리스도를 본받는 일에 완전한 성취를 이룰 수 없었음을 기억해야 합니다. 하나님께서 목표로 삼으신 것을 이루는 길은 오직 하나만 있는 것이 아닙니다.

《성경》은 자주 그리스도인들은 여행 중인 사람들로 묘사합니다. 오늘날 그리스도인들 가운데는 어디로 가야 하는지, 무엇을 목표 삼고 가야 하는지, 그 갈 바를 알지 못하고 가는 사람이 많습니다. 그들에게 여러 가지 길에 대한 정보들, 도달하는 방법을 제공해야 합니다. 도움을 받을 가장 중요한 자원들, 도움이 될 이론과 경험들이 이 책에 수집되어 있습니다.

〈시편〉 기자는 신앙생활을 바다를 항해하는 것에 비유하기도 합니다. "여호와께서 그들이 바라는 항구로 인도하시는도다"시편 107:30 옛날에 바다를 항해할 때 선원들은 별을 바라보며 바닷길을 찾았습니다. 별들은 바다의 지도였습니다. 요즘처럼 위성이 현재의 위치를 알려주기 전까지는 나침반이 바다를 항해하는 데 가장 중요한 도구였습니다. 그래서 바다 사람들은 "나침반의 종이 된 자는 열려진 바다의 자유를 즐긴다"고 했습니다.

이 책에 등장하는 삼십 명의 인물은 나침반과 같은 존재입니다. 우리가 그것에 더 주의를 기울일수록, 세상에서 더 유용한 하나님의 사람이 된다는 것을 잊지 않아야 합니다. 나침반이 가르치는 방향을

• 영성의 숲에서 하나님을 만나다

따라 항해한다면 언젠가는 하나님이 원하시는 항구에 도착할 것입
니다.

김진하

(백석대학교 기독교학부·교수, 교회사 및 기독교영성 강의)

차례

추천의 글 … 004

머리말 … 012

| 제 1 부 | --

박해와 시련 속에서 말씀으로 생명의 꽃을 만발하게 한 사람들
초대교회~중세교회 | 69~1471

1 — 하나님의 사랑에 불을 지핀 순교자 … 018
  성 폴리캅 St. Polycarp(?69~155)

2 — 진리를 수호하고 이단을 배격한 불같은 변증가 … 025
  테르툴리아누스 Tertullianus(?160~?220)

3 — 하나님과 친구가 된 안토니 … 034
  성 안토니 St. Anthony(251~356)

4 — 하나님과 연합을 이루며 삼위일체론을 정립한 교부 … 043
  바실리우스 Basilius(?329~379)

5 — 하나님과 연인처럼 지낸 철학자 … 052
  성 아우구스티누스 St. Augustinus(354~430)

6 — 서유럽에 영성의 꽃을 피우게 한 베네딕트 … 061
  성 베네딕트 St. Benedict(?480~?543)

7 — 중세 암흑기를 그리스도의 사랑으로 불을 밝힌 실천가 … 070
  성 베르나르 디 클레르보 St. Bernard de Clairvaux(1090~1153)

8 ── 학문과 청빈을 표방한 탁발 수도사 ⋯ 079

　　성 도미니크 St. Dominc(1170~1221)

9 ── 가난과 결혼한 평화의 메신저 ⋯ 089

　　성 프란체스코 St. Francesco d' Assisi(1182~1226)

10 ── 백합처럼 순결한 맨발의 성녀 ⋯ 099

　　성녀 산타 클라라 St. Santa Clara(1194~1253)

11 ── 고독과 시험을 넘어선 고요한 개혁가 ⋯ 108

　　토마스 아 켐피스 Thomas à Kempis(?1380~1471)

| 제 2 부 |

지성과 영성으로 타락한 세상에서 불과 바람과 폭포 같은 삶을 살았던 사람들

전기 종교개혁~후기 종교개혁 | 1483~1688

12 ── 프로테스탄트 종교개혁의 기수 ⋯ 118

　　마르틴 루터 Martin Luther(1483~1546)

13 ── 복음주의 기반을 놓은 2세대 종교개혁자 ⋯ 128

　　장 칼뱅 Jean Calvin(1509~1564)

14 ── 천재 수학자가 만난 하나님 ⋯ 138

　　블레이즈 파스칼 Blaise Pascal(1623~1662)

15 — 미국 영적 대각성 운동을 이끈 선구자 ··· 149

조너선 에드워즈 Jonathan Edwards(1703~1758)

16 — 전 세계를 교구로 삼은 감리교 창시자 ··· 158

존 웨슬리 John Wesley(1703~1791)

17 — 불과 바람과 폭포처럼 산 위대한 설교자 ··· 169

조지 횟필드 George Whitefield(1714~1770)

18 — 노예 무역상에서 복음주의 지도자가 된 뉴턴 ··· 179

존 뉴턴 John Newton(1725~1807)

19 — 천성을 향해 가는 순례자 ··· 189

존 버니언 John Bunyan(1628~1688)

| 제 3 부 |

암울함 속에서도 하나님을 위해 위대한 일을 시도한 사람들

근대~현대 | 1761~1945

20 — 구두 수선공에서 현대 선교의 아버지가 된 캐리 ··· 200

윌리엄 캐리 William Carey(1761~1834)

21 — 복음으로 미얀마를 정복한 선교사 ··· 209

아도니람 저드슨 Adoniram Judson(1788~1850)

22 — 미국 신앙 부흥 운동의 기수 ··· 219
찰스 피니 Charles Grandison Finny(1792~1875)

23 — 오만 번 이상 기도 응답을 받은 조지 뮬러 ··· 230
조지 뮬러 George Muller(1805~1898)

24 — 실존주의 선구자가 본 역설의 신앙 ··· 240
쇠렌 키르케고르 Søren Aabye Kierkegaard(1813~1855)

25 — 검은 대륙 아프리카를 품은 선교사 ··· 251
데이비드 리빙스턴 David Livingstone(1813~1873)

26 — 시대의 흐름을 바꾼 설교의 황제 ··· 263
찰스 스펄전 Charles H. Spurgeon(1834~1892)

27 — 자기 생명보다 영혼을 더 사랑한 전도자 ··· 273
드와이트 무디 Dwight L. Moody(1837~1899)

28 — 예수 중심 신학으로 나치즘에 저항한 신학자 ··· 283
카를 바르트 Karl Barth(1886~1968)

29 — 신앙과 지성으로 철학과 신학을 변증한 신학자 ··· 296
폴 틸리히 Paul J. Tillich(1886~1965)

30 — 나치 정권에 저항한 행동주의 신학자 ··· 305
디트리히 본회퍼 Dietrich Bonhoeffer(1906~1945)

참고문헌 ··· 317

영적 목마름을 채우라

21세기는 정보화 시대다. 정보화 시대는 기술 시대를 의미한다. 그래서 과학 기술이 최고의 가치로 인식되는 시대다. 과학 기술이 최고의 가치로 인정받는 까닭은 부를 창출하는데 탁월하기 때문이다. 세계는 점차 거대한 시장이 되어 가고 경제 전쟁은 쉼 없이 일어나고 있으며, 경제력은 곧 국력으로 평가되고 있다. 이제 인간이 추구하는 것은 복음화도, 인간화도 아닌 경제화다.

이런 현실 속에서 영혼과 육체의 양면성을 가지고 어느 한쪽의 균형이 깨질 때마다 심한 갈등과 빈곤을 느끼며 살아가는 인간은 영적 황폐함과 공허함에 시달리고 있다. 한편으로는 마약, 알코올, 섹스, 폭력, 자살을 정신적 돌파구로 찾고, 다른 한편으로는 환생과 전생의 신드롬, 무당의 신통력으로 기술 시대에서 맛볼 수 없는 영적 공허함을 채우려 한다.

만일 교회가 이런 시대에 영성 기능을 상실한다면 인류의 새로운 암흑기가 도래하게 될 것이다. 교회의 제사 기능이나 예언자 기능이 탁월해도 영성 기능이 쇠퇴한다면 서구 교회를 침체 국면으로 몰고 간 불행이 한국교회의 퇴조를 부채질할 수 있다.

기독교 영성은 하나님을 향해서, 하나님 안에서 사는 삶이다. 그래서 하나님의 형상을 회복하고 그리스도의 인격과 삶을 닮아가는 교회 본질을 회복하는 운동이다.

지금 우리는 각 분야에서 보다 유능한 사람됨은 오직 '훈련'에 달려 있다는 원리를 체득하고 있다. 따라서 목회 현장에서도 교회 성장의 목마름은 훈련 없이 채워질 수 없다. 무엇보다 영성훈련 없이 현대 교회의 쇠퇴와 침체를 극복할 길은 없다.

이제 교회는 21세기 기술 시대, 물질 시대에 현대인들의 영적 목마름을 채우기 위한 건전한 운동이 일어나야 한다.

이 책을 출판하면서 영성에 목마른 현대인에게 영성의 대가들을 만나게 하여 그들의 삶을 들여다보면서 영적 각성을 하는 데 도움이 되고 영성훈련에 유익한 자료가 되었으면 하는 바람이다. 특히 젊은이들이 영성의 대가들을 만나고 영성훈련에 도전받는 교재가 되었으면 한다.

호반의 도시 춘천에서

원종국

기독교 영성은
세속의 한가운데서 '하나님의 형상'으로
회복되기 위해

그리고 '하나님의 뜻'을
성취하기 위해
살아가는 삶과 정신 일체를 말한다

Spirituality

제 1 부

박해와 시련 속에서 말씀으로 생명의 꽃을 만발하게 한 사람들

초대교회 ~ 중세교회 | 69~1471

1

하나님의 사랑에
불을 지핀 순교자

• 성 폴리캅 St. Polycarp(?69~155) •

폴리캅은 사도 요한의 제자이며 트라야누스 황제(?53~117)의 기독교 박해로 순교한 사람이다. 또한 안디옥 교회 이그나티우스Ignatius(?35~?98 그리고 117)의 친구이자 제자였고, 소아시아에 있는 서머나 교회의 감독이었다. 그는 50여 년 동안 감독으로 봉사하면서 수많은 영혼을 주님 앞으로 인도했으며, 거세게 불어오는 박해의 폭풍 가운데 86세에 순교당했다.

초대교회 이후 약 300년간은 교회 안에 스며든 이단 사상들과 로마 제국의 탄압 등으로 기독교의 수난 시대였다. 그러나 한편 믿음의 정절을 지키다가 순교한 사람들이 교회의 씨앗이 되어 참된 기독교의 진수를 보여 주는 시대이기도 했다. 네로(로마의 제5대 황제) 시대부터 313년 황제 콘스탄티누스가 밀라노 칙령을 내리기까지 계속된 박해 속에서도 교회는 교회다운 모습을 세상에 유감없이 보여 주었다.

예루살렘에서 시작된 복음이 유럽과 아시아에 전해지기까지 고귀한 순교의 희생으로 교회는 확장되어왔다. 이처럼 박해와 시련이 있

• 영성의 숲에서 하나님을 만나다

는 곳에 오히려 생명의 꽃이 만발하는 역사가 이루어졌고, 이로 인해 오늘의 기독교가 태동했다. 당시 기독교 신앙을 갖는다는 것은 쉽지 않은 일이었다. 그것은 생명을 건 모험이었기 때문이다. 그러나 외부의 박해가 심해질수록 기독교는 빠른 속도로 전파되어 갔다.

어두운 시대를 비춘 한 줄기의 빛

그 당시 순교자 중 한 사람이 성 폴리캅(일명 폴리카르포스)이다. 69년경에 태어난 그는 시리아의 이교도 집안에서 기독교로 개종했다. 사도 요한의 제자인 폴리캅은 예수에 관해 많은 사람과 교제함으로써 신앙이 빠르게 성장했다. 그의 겸손과 온유함은 모든 사람의 본이 되었고, 이 세대에 덕망 있는 주님의 신실한 종이었다. 특히 영혼에 대한 그의 뜨거운 사랑은 식을 줄 몰랐다.

하지만 그가 죽은 예수를 찬송하며 사도 요한에게 들었던 예수의 기적과 교훈에 관해 열렬하게 설교하는 것을 보며 비신자들은 초기엔 냉담했고, 그의 저서들 역시 반발을 불러일으켰다. 그럼에도 영혼에 대한 그의 열정은 뜨거웠다. 그는 약 50여 년 동안 서머나 교회에서 감독으로 활동하면서 86세에 순교당하기까지 어두운 한 시대를 비추는 한 줄기의 빛이었다. 많은 사람은 그의 경건한 언행으로부터 흘러나오는 영감 넘치는 생명의 말씀에 매료되었고, 큰 감화와 깊은 인상을 받았다. 그의 메시지는 간결했지만 진실했다. 또한 영혼을 움직이

이그나티우스

사도 요한의 제자이다. 전
승에 의하면 이그나티우스
는 예수께서 팔에 안고 축
복하신 어린아이 중 하나
였다고 하며, 베드로와 성
에보디우스 St. Evodius의
뒤를 이어 베드로에게 직
접 지명을 받아 안디옥 교
회의 감독이 되었다고 한
다. 그는 죽음을 앞두고 일
곱 교회에 서신을 보내어
복음에 우뚝 서기를 권고
했으며, 로마 트라야누스
Trajanus(?53~117) 황제 통
치 때 순교를 당했다.

는 강력한 힘이 있었다.

폴리캅이 우리에게 잘 알려지게 된 것은 그의 유일한
작품 빌립보 교회 교인들에게 보내는 서신보다는 다른
자료들을 통해서다. 그는 서신을 통해 빌립보 교회가 이
그나티우스 Ignatius of Antioch 와 다른 전도자들을 도운 사랑
에 감사했으며, 불의와 돈에 대한 탐욕을 멀리하고 흠 없
는 신앙생활을 하자고 권했다. 그리고 예수 그리스도가
육체로 오신 것을 시인하지 않는 모든 사람은 적그리스
도이며, 십자가의 증거를 인정하지 않는 자마다 마귀에
게 속한다고 했다. 또한 부활도 없고 심판도 없다고 주장
하는 자는 사탄의 맏아들이라고 했다.

폴리캅은 교회가 자신에게 보여 준 사랑에 감사하는
겸허한 감독이었으며, 온갖 회유와 위협에도 흔들리지
않고 하나님께서 그에게 주신 시대적 십자가인 '화형의
죽음'을 기꺼이 받아들였다. 그는 불꽃도 쉽게 태울 수
없는 하나님이 사랑하시는 향기로운 제물이었다.

야수를 부르라

로마 시대 때 기독교가 국가의 공인을 받기 전 소아시아
에서는 신자들이 박해를 받고 순교당하는 일이 많았다.

폴리캅이 살던 그때에도 로마 곳곳에서 신들에게 제사가 있을 때마다 이교도와 기독교가 충돌하여 유혈 참사가 일어났다. 155년, 폴리캅이 순교를 당한 그 사건도 역시 이교도와 기독교가 충돌하면서 시작되었다. 서머나 교회에서도 열두 명의 신자가 붙잡혀 그중 한 명만 배교하고, 모두 짐승의 밥이 되는 순교를 당했다. 그들은 순교를 당하기 전 모진 고문으로 말할 수 없는 고통을 받았다. 수많은 신자를 살해한 박해자들은 신자들이 흘린 피를 보고 "폴리캅을 잡아내라"고 소리를 지르며 더욱 혈안이 되었다. 그러나 그는 이런 박해의 소식을 듣고도 조금도 두려워하지 않았다.

그 당시 폴리캅은 도시에서 멀지 않은 농가로 피신하여 몇몇 동행인과 함께 교회와 박해받는 신자들을 위해 밤낮으로 기도하고 있었다. 그는 체포되기 사흘 전 기도 중에 자신이 기둥에 매달려 불에 타죽는 모습을 환상으로 보았다. 박해자들은 폴리캅이 숨어 있는 농가까지 와서 그를 찾기 시작했다. 그는 이미 다른 농가로 피신하였기에 바로 체포되지는 않았다. 하지만 그의 행방을 알고 있는 어린 소년들을 잡아다가 고문하자 견디지 못한 한 소년이 말을 함으로써 은신처가 발각되었다.

이에 위급한 상황을 알아차린 몇 사람이 폴리캅에게 피신하라고 권했지만, 그는 "다만 주의 뜻대로 되기를 바란다"고 할 뿐 거절했다. 그는 자신을 잡으러 온 로마의 관원에게 지극히 평온하게 대했다. 관원들은 그가 노인임에 놀랐고, 그의 온유한 태도에 감동했다. 폴리캅은 음식을 장만하게 하여 그들을 대접했다. 그리고는 기도하기 위해 한 시간

성 폴리캅의 순교

폴리캅은 예수와 자기와의 관계에서 목숨을 내어놓는 한이 있더라도 포기할 수 없는 예수, 배반할 수 없는 예수, 섭섭하게 할 수 없는 예수로 알고 믿었다. 그는 순교의 자리 경기장에서 수많은 군중에게 외쳤다. "여러분이 위협하는 불은 잠깐 타다가 꺼질 뿐이오. 그러나 여러분이 모르는 불이 있는데, 그것은 앞으로 다가올 영원한 심판의 불로써 비신자들을 위해 준비된 것이오."

을 달라고 부탁했다. 이때 성령의 임재가 방안을 가득 채웠다. 그는 그 자리에서 담대히 복음을 전했다.

박해자들이 원하는 것은 폴리캅을 처형하는 것이 아니었다. 그들이 진정 원했던 것은 폴리캅이 기독교 신앙을 부인하는 것이었다. 그는 지방 총독 앞에서 인정 심문을 당한 후 배교하도록 설득당했다.

"가이사 황제를 수호신으로 인정하고 맹세하라. 개종하고 그리스도를 저주하면 내가 너를 풀어주겠다."

그러자 폴리캅은 이렇게 대답했다.

"제가 80여 년 동안 예수 그리스도를 섬겨왔습니다. 하지만 예수님은 한 번도 저에게 손해되는 일을 하지 않으셨고, 오히려 많은 은혜를 주셨습니다. 그런데 어떻게 제가 저를 구원하신 왕을 모독할 수 있겠습니까?" 그리고 나서 오히려 재판관에게 예수를 믿으라고 전도했다.

설득에 실패한 총독은 배교하지 않으면 야수 앞에 던지겠다고 위협했다. 그러나 폴리캅은 "야수를 부르십시오!"라고 말했다. 이에 격분한 군중은 그를 산 채로 불태워야 한다고 일제히 소리치기 시작했다. 하지만 그는 흔들리지 않고 담담하게 말했다.

"여러분이 위협하는 불은 잠깐 타다가 꺼질 뿐이오. 그러나 여러분이 모르는 불이 있는데, 그것은 앞으로 다가올 영원한 심판의 불로써 비신자들을 위해 준비된 것이오."

폴리캅의 뜻밖의 고백을 들은 관원들은 매우 놀랐다. 그는 하나님을 향한 신뢰와 확신으로 충만했다. 오히려 폴리캅은 복음에 무지한 불쌍한 영혼을 위해 기도했다.

설득과 위협에도 불응한 폴리캅은 도시 경기장으로 끌려나갔다. 그가 경기장 안으로 들어갔을 때 하늘로부터 음성이 들려왔다.

"폴리캅아, 강건하여라. 그리고 남자답게 행동하여라."

아무도 말하는 사람을 보지 못했으나 인정 심문을 지켜보던 기독교인들은 그 소리를 들었다.

한 알의 밀알이 많은 열매를 맺다

"폴리캅을 불태워 죽여라!" 장내가 떠나갈 듯이 여기저기서 성난 군중이 외쳤다. 유대인과 이교도 군중이 나무를 모아 와서 폴리캅 주변에 쌓았다. 폴리캅은 천천히 띠를 풀고, 옷과 신을 벗었다. 그리고는 처형하기 위해 준비된 옷을 입었다. 군사들은 사납게 그에게 달려들어 그의 사지를 기둥에 붙들어 매고 못을 박으려 했다.

폴리캅은 손이 뒤로 묶인 채 기도하기 시작했다. "오, 전능하신 주 하나님, 오늘 이 시간 저에게 육의 영원한 부활로 그리스도 안에서 순교자의 반열에 서는 영광을 주셨습니다. 진실하신 하나님이 미리 예비하시고 계시하셨으니, 이제 받으실 만한 제물로 저를 받아주소서.

주께 영광을 돌립니다. 아멘." 이 기도가 끝나자 불을 준비하고 있던 사람들이 불을 붙였다. 그런데 이상한 현상이 나타났다. 불꽃이 폴리캅을 상하지 못하게 몸을 둘러싸고 있었다. 마치 풀무 불에 떨어진 다니엘의 세 친구(사드락, 메삭, 아벳느고)를 보호하신 신비의 기적처럼 폴리캅의 얼굴은 해같이 빛났고, 그 주위에는 아름다운 향기가 진동했다.

이것을 본 박해자들은 사형 집행인에게 그의 옆구리를 창으로 찌르도록 명령했다. 사형 집행인이 폴리캅을 창으로 찌르자 선혈이 분수처럼 솟았고 불이 꺼졌다. 이를 본 로마인들은 두려움으로 그 자리를 떠나갔다. 비록 서머나 교회는 훌륭한 지도자를 잃었지만, 기독교의 진수를 본 사람들은 그 뒤 기독교인들을 크게 두려워했다. 폴리캅의 순교는 아시아에서의 박해에 종지부를 찍게 했다. 또한 그의 순교는 그리스도에 대한 신앙을 공개적으로 고백하지 못하던 용기 없는 기독교인들에게 용기를 갖게 하는 역할을 했다.

"한 알의 밀이 땅에 떨어져 죽지 아니하면 한 알 그대로 있고 죽으면 많은 열매를 맺느니라" 요한복음 12:24

잊을 수 없는 한마디

"하나님 아버지, 저를 순교자의 반열에 서게 해주시고, 예수님의 고난의 잔에 참여시켜 주시니 감사합니다. 저를 주께 드리오니 주의 뜻에 맞는 제물로서 영접하여 주옵소서. 저의 몸과 영혼을 썩지 않는 영원한 생명으로 부활시켜 주시기를 원합니다."

진리를 수호하고
이단을 배격한 불같은
변증가

◆ 테르툴리아누스 Tertullianus(?160~?220) ◆

테르툴리아누스는 변호사로서 로마의 법정에서 일하다가 기독교인들이 순교당하는 것을 보고 회심했다. 서방 기독교 신학의 창시자인 그는 이방인과 유대인 그리고 이단들에 대항해 기독교 신앙을 강력히 변호했던 불같은 변증가이자 삼위일체를 처음 정립한 신학자이다. 또한 2세기 때 헬라어 대신 라틴어를 쓴 라틴 기독교 신학의 선구자이다.

2~3세기 초대교회에 가장 영향력이 컸던 대도시는 로마·카르타고·알렉산드리아였다. 이 삼대 도시는 사상적으로 크게 두 개의 학파로 형성되어 있었다. 카르타고와 로마는 서방학파로써 제도적이며 실제적인 특성이 있었고, 알렉산드리아는 동양학파로써 사색적이고 철학적인 관점이 높았다. 서방 기독교 신학의 창시자인 테르툴리아누스 (일명 터툴리안)는 라틴 신학과 라틴 문학을 정립하는 데 큰 공헌을 한 북아프리카의 저명한 저술가다.

그의 사상은 변증가들과 소아시아 전승의 사상가들 그리고 스토아 교훈과 법적 관념에 기반을 두었다. 그는 로마인의 특유의 질서와 권위 의식을 가지고 어떤 문제를 다루거나 기독교를 명확하게 정의했으며, 특히 신학적 개념을 분명하게 설명했다.

순교자의 피, 교회 성장의 씨앗

테르툴리아누스는 150년경 북아프리카의 튀니스 카르타고Carthago에서 백부장인 아버지와 이교도 집안 출신인 어머니 사이에서 태어났다. 부유한 집안에서 태어난 그는 그 시대에 최고의 교육을 받으며 성장했다. 헬라어와 라틴어를 유창하게 구사하고 역사와 철학서적을 많이 읽은 그는 법을 공부하여 로마에서 변호사로 활동하면서 이름이 알려지기 시작했다. 매사에 열정적이었던 그는 신앙을 갖기 전에 우상을 숭배하며 한동안 방황했다.

그가 로마의 법정에서 변호사로 일하던 195년 어느 날, 그리스도인들이 순교당하는 모습을 보게 되었다. 죽임을 당하는 처절한 상황에서도 신앙을 버리지 않는 모습을 본 그는 말할 수 없는 감동을 받아 기독교 신앙을 받아들였다. 40세에 그리스도인이 된 그는 《성경》과 기독교 문헌들을 열심히 공부했다. 그가 살던 시대는 우상

코모두스 황제

마르쿠스 아우렐리우스Marcus Aurelius의 아들이며, 로마 제국 사상 최악의 황제 중 한 사람으로 언급되어 '포학제暴虐帝'라고도 불린다. 코모두스가 등극함으로써 이른바 오현제五賢帝, 즉 네르바·트라야누스·하드리아누스·안토니누스 피우스·마르쿠스 아우렐리우스 시대는 종식을 고했다. 그는 자신을 그리스 신화의 영웅 헤라클레스의 화신이라고 생각하고는 헤라클레스로 분장하여 황제 스스로 콜로세움에서 검투사 시합에 참가하여 자그마치 1만 2,000명의 검투사를 살해했다고 한다. 또한 시민이 자신을 적의가 있는 눈빛으로 보았다는 이유만으로, 그 도시의 시민을 모두 학살하기도 했다. 하지만 코모두스는 192년에 고문관들이 고용한 레슬링 선수에 의해 목이 졸려 암살되었다.

숭배와 이교적 요소가 교회와 신앙을 혼탁하게 하던 때였다. 진리를 향한 열정이 활활 타올랐던 그는 철학과 법률 지식으로 이방인과 유대인 그리고 이단들에 대항해 기독교 신앙을 강력히 변호했다.

당시 북아프리카 전역에 있는 교회들은 코모두스 Commodus(161~192) 황제의 통치 아래 비교적 평온한 생활을 하고 있었다. 그러나 그의 후계자 셉티미우스 세베루스 Septimius Severus(146~211)가 기독교를 대적하여 그 누구도 기독교나 유대교를 믿지 말라는 칙령을 내렸다. 기독교인들은 무조건 엄벌에 처하라고 했으며 기독교로 개종하는 것도 법으로 금했다. 이로 인해 박해의 해일이 북아프리카를 덮쳤다. 이교도들은 기독교인들의 예배를 방해하며 거리에서 하나님을 모독하는 시위를 하면서 기독교는 사회의 악이라고 소리쳤다. 이때 장로 테르툴리아누스는 기독교 신자라면 누구나 당당히 나서야 한다며 순교에 직면할 것을 권면했다.

"우리는 죽음을 정복합니다. 그때가 바로 승리하는 때입니다. 고난을 두려워하는 자는 고난당한 분의 사람이 될 수 없습니다. 사도 바울도 우리가 그리스도와 함께 영광을 받기 위해 고난도 함께 받아야 할 것로마서 8:17이라고 하지 않았습니까?"

그는 기독교가 결국 승리할 것이며, 순교자들의 죽음

셉티미우스 세베루스

셉티미우스 세베루스는 192년에 코모두스가 암살당한 뒤 내란이 일어나 뒤를 이은 페르티낙스가 디디우스 율리아누스Didius Julianus에게 살해당하자 황제를 자칭했다. 그는 황제의 권위를 높인다며 목욕탕과 궁전 등 대건축물을 세우면서 세금을 과도하게 거두었다. 백성의 불만이 높아지자 태양신을 섬기는 제사장 딸 황후의 조언대로 로마의 전통신앙을 부활시키고 강력한 기독교 금지령을 내리기도 했다. 그는 210년부터 칼레도니아 전역 제패를 목표로 브리타니아 원정을 감행하다가 211년 에보라쿰에서 카라칼라와 게타 두 아들을 후계자로 지명하고 죽었다.

장 레옹 제롬Jean-Leon Gerome의 〈기독교 순교자들의 마지막 기도The Christian Martyrs' Last Prayer〉, 1883, 캔버스에 유채, 150,1×87,9cm, 미국 볼티모어 월터스 미술관

이 비신자들에게 강력한 영향을 끼친다는 사실을 알고 있었다. 실제로 순교자들의 죽음은 비신자들의 마음에 기독교 신자들에 대한 존경심을 불러일으켜 예수를 믿게 하는 매개체가 되었다. 비록 테르툴리아누스는 그렇게도 열망하던 순교를 하지 못하고 살아남았지만, 많은 기독교인은 체포되어 카르타고에 있는 원형 경기장에서 처형되었다.

이단을 배격하며 삼일일체를 정립하다

테르툴리아누스는 삼위일체 개념을 처음 정립한 신학자다. 그는 구약의 여호와 하나님과 신약의 선한 하나님으로 나눈 마르키온Marcion 의 두 신 교리를 반대하고, 또 아버지와 아들과 성령의 구별이 없는 '오직 한 분 하나님'을 주장하는 프락세아스Praxeas 의 양태론적 유일신론도 반대했다. 프락세아스는 아버지와 아들을 구별하지 않고 일치시킴으로써 십자가에 달려 돌아가신 분이 아버지 자신이라는 성부 수난설에 빠졌다.

테르툴리아누스는 이 양극단을 배격하고 그 중간에서 하나님을 이해하려고 했다. 그것은 곧 '한 본질에 세 위격'이라는 삼위일체 개념이다. 인격적인 면에서 아버지

마르키온
초기 기독교회에서 이단시된 성서학자다. 그노시스주의(율법을 배척하고 방탕한 생활을 하며 그리스도의 역사성을 부정)의 영향을 받아 구약 성경에 나오는 하나님과 신약 성경에 나오는 하나님은 다르다고 보았는데, 전자를 부정하여 율법을 배격하고 복음에의 신앙만을 강조했다. 그리고 〈누가복음〉과 바울의 서신만을 정경正經으로 보아 하나님의 아들인 그리스도의 육체, 부활 신앙을 부정하여 144년에 로마 교회에서 파문당하고 자기 스스로 교회를 세웠다.

프락세아스
프락세아스는 알려지지 않은 인물이며 이단이다. 어떤 학자들은 그를 사벨리우스Sabellius라고 보기도 한다. 그러나 그의 가르침을 살펴보면 스미르나의 노예투스Noetus of Smyrna(150년경에 활동)의 가르침에 가깝다. 그는 성부가 동정녀의 태胎에 내려와 마리아에게 태어나 고난을 받은 것이라고 말한다. 그래서 성부, 성자, 성령을 단일신單一神으로 본다. 또한 그 성부가 십자가를 지고 죽었다고 하여 성부 수난설을 주장했다.

와 아들과 성령이 구별되지만, 본질에서는 동일한 위격에서 오는 아버지와 아들과 성령은 똑같이 통일성을 이루는 한 분 하나님으로 성부, 성자, 성령 삼위는 한 본질, 한 실재, 한 능력이라는 것이다.

이 삼위일체 교리는 이성적으로 이해하기가 쉽지 않다. 그래서 테르툴리아누스는 신앙 문제는 이성으로 따지는 것이 아니라 믿는 것이라고 했다. 또한 그가 성례전, 부활, 참회, 신약이라는 용어를 처음 사용하기도 했다.

사명, 기독교 진리를 수호하다

테르툴리아누스는 2세기 때 아프리카 교부들 가운데 헬라어 대신 라틴어를 쓴 최초의 교부로서 현재 36권의 저술이 남아 있다. 그는 대단한 열심과 열정을 가지고 글을 썼다. '불같은 테르툴리아누스' 라는 칭호를 얻을 만큼 글 쓰는 스타일이 공격적이었다. 교회를 박해하던 어려운 시기에 어떻게 그렇게 많은 저술활동을 할 수 있었는지 저술에 대한 그의 열정과 용기가 놀랍다. 폭넓은 그의 사상은 라틴 신학의 아버지로서 오늘날까지 강력한 영향을 끼치고 있다. 그는 하나님과 신자의 관계를 법률적 접근을 통해 이해했다. 그의 주장을 따르면 복음은 새로운 법이다. 따라서 하나님은 위대한 법률 제정자이며 재판관이다. 즉, 기독교인은 교훈과 법에 충실해야 할 뿐 아니라 사람이 하나님 앞에서 거룩하고 의로워지기 위해서는 주어진 그 법을 통해 도움을 얻어야 한다. 그는 《성경》에 대한 해박한 지식으로 《성경》을 인용했다. 이로써 가장 독창적이고 깊이 있는 주석가가 되었다.

그의 글의 특징은 짧지만, 재치 있고 생생하고도 직관적인 표현으로 가득 차 있다. 지나치게 논쟁적이어서 노골적인 표현도 서슴지 않았다. 언어가 거칠고 통속적인 면이 있지만, 한편 고상한 위엄과 참되고 진지한 존엄성이 있었다. 그가 생각하고 말하고 행동한 모든 것은 현실 세계와 연결되어 있었으며 실천하려는 결단에 집중되었다.

그의 저서는 성격상 세 가지로 분류할 수 있다.

첫 번째는 변증적인 작품이다. 《만방》과 《변증》은 이방 종교와 유대교에 대한 기독교의 변호로서 전자는 헬라 변증가들의 글을 모은 것이요, 후자는 로마 지방 장관들에게 보낸 글이다. 테르툴리아누스는 《변증》에서 기독교인들은 선량한 국민으로서 누구보다 국가에 충성하고 국법에 복종하나 황제를 신으로 숭배하지 않음은 유일신을 믿기 때문이라고 설명한다. 그는 기독교인들이 박해에 대항하여 궐기한다면 상업은 정체되고 로마 제국은 위기에 빠질 것이라고 말했다.

두 번째는 논쟁과 교리적인 작품이다. 《이단론》과 《마르키온 논박》, 《발렌티안 논박》, 《전갈》 등이 있다. 《이단론》에서 이단자들은 《성경》을 소유할 권리가 없으니 이는 교회의 소유요, 진리는 사도들을 통해 교회에 신탁되었기 때문이라고 했다. 또한 교회에서 가르치는 가르침에 충실하고 신앙고백을 통해 《성경》을 이해하는 것으로 충분하다고 했다. 이런 면에서 교회 공동체에 '신앙의 규칙'으로 요약된 것이 사도신경으로 발전되었다. 또 그의 《프락세아스 논박》은 단일신론을 논박하는 글로써 이 책으로 그는 삼위일체론에 큰 공헌을 했다. 그의 교리가 교회사에서 주요한 의미가 있는 것은 아타나시우스Athanasius, 아우구스티누스Augustinus, 다른 교부들, 니케아 공의회(325), 칼케돈 회의(451) 등에 영향을 주었기 때문이다.

세 번째는 도덕적·금욕적 작품이다. 《순교자》에서는 옥에서 순교를 기다리고 있는 자들에게 끝까지 인내하여 순교의 영광을 얻으라고 말하며, 《구경》에서는 기독교인은 우상들을 위해 벌이는 잔인한 경기와 음란한 연극을 관람해서는 안 된다고 말한다. 《우상》에서는 우상을 멀리하라고 하였고, 《일부일처》에서는 재혼을 음행으로 여겼으며, 《도망》에서는 핍박 시 도피는 하나님의 뜻에 어긋난다고 했다.

그는 195년에서 200년 사이에 교회를 떠나 몬타누스파Montanism로 불리는 종말론을 강조하는 분파에 가입했다. 이 파는 대체로 정통교리를 신뢰하였지만, 지나치게 종말과 직통 계시를 강조하며 교리와 생활에 엄격했다. 202년경 그곳 신자들이 가혹한 박해를 당하던 상황에서 몬타누스파들이 보인 용기와 열정을 테르툴리아누스는 보았다. 그러나 그는 결코 정통적인 기독교의 교리와 생활에서 떠나지는 않았다.

노년에 테르툴리아누스는 몬타누스파들과 결별하고

몬타누스파와 가톨릭파의 중간 입장을 취하는 독자적인 분파를 창설했다. 이 테르툴리아누스파는 그의 사후 200년 이상 존속하다가 아우구스티누스의 감화와 설득으로 마침내 기독교 주류파로 다시 합류했다. 그는 고령에 이르기까지 이방인, 유대인, 마르키온파, 영지주의와 싸우며 기독교 진리 수호의 사명을 다하다가 220년경에 카르타고에서 생을 마감했다.

잊을 수 없는 한마디

"당신들이 우리를 많이 죽이면 죽일수록 교회는 더욱 풍성한 추수를 거두게 될 것이다. 순교자들의 피는 교회성장의 씨앗이다."
"신앙의 문제는 이성으로 따지는 것이 아니라 믿는 것이다."
"진정한 기독교는 사도적 계승을 따르는 것이다."
"신앙은 주님을 위한 전투다."

하나님과 친구가 된 안토니

♦ 성 안토니 St. Anthony(251~356) **♦**

성 안토니는 말씀을 묵상하던 중 감동을 받아 부모에게서 물려받은 많은 재산을 가난한 사람들에게 나눠주고 여동생마저 수도원에 맡긴 후 스무 살에 수도생활을 시작했다. 그로부터 35년 정도의 훈련 기간이 지났을 때 인간 안토니는 완전히 변화했다. 그는 주변 사람에게 '하나님의 친구' 라는 존경을 받았으며, 인간 완성을 향한 새로운 길을 보여 주었다.

안토니가 살았던 시대는 기독교를 불법 종교 단체로 규정하고 신자들을 처형하다가 갑자기 합법 종교로 공포하며 막대한 지원을 아끼지 않았던 과도기 시대였다. 그리고 당시 교회는 황제 콘스탄티누스의 권력이 제공하는 여러 가지 특권을 누리며 변질하여 가고 있었다. 이때 하나님은 자신의 몸 된 교회를 위해 강력한 도구를 쓰셨다. 그 도구는 성 안토니였다. 안토니는 인간적 모든 관심을 포기하고 금욕생활을 하면서 하나님만이 유일한 관심이 되는 길을 보여 주었다.

최초의 기독교 성인 전기 작품인 《안토니의 생애》(아타나시우스 지음)는

•영성의 숲에서 하나님을 만나다

국제적인 베스트셀러가 되어 안토니를 따른 은자들의 행렬에 끝이 보이지 않을 정도로 큰 영향력을 미쳤다. 《안토니의 생애》가 성공한 가장 큰 이유는 인간 완성을 향한 새로운 길을 보여 주었기 때문이다.

부를 포기하고 수도의 길로 가다

안토니는 251년 이집트 테바이드Thebaid에 있는 마을 코마Coma에서 부자의 아들로 태어났다. 그가 열여덟 살 때 부모는 여동생과 많은 유산을 남기고 세상을 떠났다. 그는 교회에서 주님을 따르던 사도들의 신앙생활을 묵상하던 중 부자 청년을 향해 "네가 온전하고자 할진대 가서 네 소유를 팔아 가난한 자들을 주라 그리하면 하늘에서 보화가 네게 있으리라 그리고 와서 나를 따르라"마태복음 19:21고 하신 예수님의 말씀을 듣고 크게 감명을 받았다.

그래서 그는 그 말씀을 따르기로 결단하고 교회에 나오자마자 부모에게 물려받은 300에이커(1에이커는 약 1,224평)의 땅을 모두 팔았다. 그는 "내일 일을 위하여 염려하지 말라 내일 일은 내일 염려할 것이요 한 날 괴로움은 그날에 족하니라"마태복음 6:34는 주님의 말씀에 따라 자신의 재산을 모두 가난한 사람들에게 나눠주고, 여동생은 동정녀신도회에 맡긴 뒤 수도의 길을 떠났다.

안토니는 광야 암굴에 들어가 은둔하며 늙은 수사에게 교육을 받으면서 수도생활을 했다. 그는 "쉬지 말고 기도하라"데살로니가전서 5:17, "누구든지 일하기 싫어하거든 먹지도 말게 하라"데살로니가후서 3:10는 말씀을 따라 기도와 노동에 힘썼다. 그는 금식하면서 기도하고, 겸손하게 살 아감으로써 주변 사람에게 '하나님의 친구'라고 불리며 존경을 받았 다. 그는 더 깊은 영성의 경지를 사모하여 산간벽지의 무덤 속에서 수도하다가, 285년에는 버려진 요새에서 독거하며 마귀와 싸우면서 20년간 수도생활에 정진했다.

사탄과의 싸움에서 승리는 믿음과 경건에 있다

수도생활 초기에 안토니를 가장 힘들게 한 것은 내면의 생각들이었 다. 그 배후에는 수도생활을 그만두게 하려는 사탄이 있었다. 사탄이 때로는 친구나 친척 모습으로 나타났고, 요염한 미인으로 나타나기도 했다. 또한 과거의 부귀영화로 그를 유혹하거나 동정녀신도회에 맡기 고 온 여동생에 대한 죄책감에 시달리게 했다. 그뿐만 아니라 지도자 로서 지위를 약속하거나 음란한 생각, 달콤한 쾌락, 돈과 명예, 음식, 휴식에 대한 상념들, 힘겨운 앞날의 훈련, 위협과 공포 등이 안토니를 괴롭혔다.

　그러나 안토니는 혼자 싸우지 않았다. "여호와께서 내 편이 되사 나 를 돕는 자들 중에 계시니 그러므로 나를 미워하는 자들에게 보응하시 는 것을 내가 보리로다"시편 118:7라는 말씀을 묵상하며 우리를 위해 육체 를 입고 오셔서 마귀를 이기고 승리하셨던 주님과 함께 싸웠다.

▼스테파노 디 조반니Stepano di Giovanni의 〈악마에게 맞는 성 안토니St. Anthony Beaten by Devils〉, 1423~1426, 패널에 유채, 24×39㎝, 이탈리아 시에나 국립회화관

막시미누스

로마 제국 황제이며, 갈레리우스Galerius 황제 조카이기도 하다. 스스로 황제라고 칭하였고, 시리아 · 이집트 · 소아시아 남부를 지배했다. 갈레리우스가 죽은 후 막센티우스Maxentius와 결탁하여 콘스탄티누스 1세와 합세한 리키니우스에게 대항하였으나 타르수스에서 패했다. 그는 기독교인들에게 우상 숭배를 하게 함으로써 숭배하지 않는 기독교인들은 박해했다.

안토니의 모든 영적 진보는 사탄의 공격에 대항하며 단계적으로 올라간다. 안토니가 그리스도를 더욱 닮아갈수록 사탄이 그를 미워하는 정도는 더 격렬했다. 첫 전투에서 실패한 사탄은 직접 출현하여 안토니를 구타하고, 땅이 흔들릴 정도로 아주 굉장한 소음을 내거나 울부짖는 야수와 파충류의 환영으로 공격했다. 그러자 안토니는 사탄에게 "우리 주를 믿는 것이 우리에게는 징표이며 방벽이다"라고 응수하며 믿음으로 방어했다.

이런 믿음을 가진 안토니에게 주님은 빛 가운데 나타나서 말씀하셨다. "나는 네가 애쓰는 것을 지켜보고 있다. 네가 잘 참고 물러서지 않았으니 나는 너를 도울 것이고 너를 온 세상에 알리겠다." 안토니가 서른다섯 살이 되었던 때에 거처하는 지붕을 뚫고 들어오는 초자연적 빛으로 인해 사탄과의 싸움은 끝났다고 한다.

안토니는 이런 사탄의 여러 형태가 대부분 자기의 호기심과 생각의 반영에 불과하다는 것을 깨달았다. 그리고 그것을 극복하는 길은 '신앙과 경건'이라고 말했다. "육신적인 생각을 하면 사탄의 희생이 될 것이다. 그러나 마음으로 주를 기뻐하고 금식하고 기도하며 거룩한 삶을 살면 사탄은 두려워 아무 힘도 발휘하지 못한다. 누구든지 십자가의 표로 무장하면 사탄은 그 앞에서 안개같이 사라질 것이다."

그의 수도생활은 아주 단조로웠다. 기도와 명상 그리고 고행과 노동을 끊임없이 되풀이했다. 그는 머리털로 짠 내의를 입었고, 양모 옷을 입고, 가죽 띠를 맸다. 그러면서도 자기뿐 아니라 방문객인 손님 대접을 위해 곡식과 채소를 가꾸었다. 이따금 짐승들이 와서 농작물을 뒤집고 파헤쳤을 때는 "내가 너희에게 손해를 끼치지 아니하였는데 왜 너희는 내게 손해를 끼치느냐? 주님의 이름으로 물러가고 다시는 오지 말아라"고 했더니 그렇게 되었다고 한다.

안토니는 노동으로 벌어들인 수입 일부를 어려운 사람들을 위해 썼고, 기도를 쉬지 않고 했으며, 철야기도도 자주했다. 빵과 소금이 주식이었으며 해가 진 후 하루 한 번 먹었다. 그리고 가끔 이삼일에 한 번 먹는 힘든 금식을 실천하기도 했다. 이런 안토니의 생활 습관은 훗날 수도원의 황금률이 되었다.

안토니는 수도생활 중 세상에 단 두 번 나왔다. 한 번은 311년 막시미누스Maximinus▾의 대 박해 시에 죽을 것을 각오하고 알렉산드리아로 내려와 박해받고 있는 신자들을 격려하며 기도한 뒤 재판정과 사형장까지 따라갔다. 그러나 아무도 그를 잡지 못했다. 또 한 번은 351년 그가 100세 되던 해 이집트를 방문해서 정통신앙 변호를 위해 싸우고 있는 아타나시우스▾를 지원하기 위해서다. 이곳에서 안토니는 그리스도의 신성을 부인하는 아리안주의Racism▾는 독충보다 악하고 우상숭배보다 나을 것이 없다고 책망했다. 안토니가 돌아가려 할 때 많은 사람이 처소로 돌아가지 말라고 했다. 그러나 그는 "물고기가 물을 떠나면 죽듯이 암자에서 나온 수도사는 죽는다"고 하며 돌아갔다.

은둔자들과 신비주의자들의 탈선은 영적 오만과 독선인데 안토니는 항상 이것을 경계하고 "귀신들이 너희에게 항복하는 것으로 기뻐하지 말고 너희 이름이 하늘에 기록된 것으로 기뻐하라"누가복음 10:20는 말씀으로 두 제자를 가르쳤다.

거룩한 생활, 나는 날마다 죽노라

안토니의 설교의 중심 주제는 종말론적인 삶을 살 자였다. 다섯 가지 종말의 주제, 즉 죽음, 심판, 상급, 천국, 지옥에 대한 끊임없는 관심과 묵상을 요구했다.

"우리가 나태해지지 않기 위해서는 '나는 매일 죽노라'고린도전서 15:31고 한 사도 바울의 말씀을 깊이 생각해 보는 것이 좋습니다. 우리가 매일 죽는 것처럼 산다면 우리는 죄를 범하지 않을 것입니다. 우리가 매일 아침 일어날 때 저녁까지 살아 있지 못할 것으로 가정합시다. 마찬가지로 우리가 잠자리에 들 때 다시는 깨어나지 못할 것이라고 생각합시다. 우리가 이렇게 생각하고 날마다 산다면 우리는 죄를 짓지 않을 것입니다. 또한 아무에게도 원한을 품지 않으며, 땅 위에 보물을 쌓아 두지도 않을 것입니다. 그리고 모든 소유에서 자유로워지고, 모든 사람

아타나시우스

아타나시우스(?293~373)는 알렉산드리아의 주교이다. 그는 니케아 공회의(325)에서 아리우스의 이단설異端說를 매섭게 논파하면서 성부와 성자의 동일한 본질을 주장했다. 그의 주장이 공회에서 인정되어 정통 신앙의 아버지로 불린다. 그는 로마 가톨릭 교회, 동방 정교회, 성공회로부터 성인으로 인정되고 있으며 개신교로부터는 위대한 교회의 신학자로 여겨지고 있다.

을 용서할 것입니다. 여자를 향한 욕망이나 또 다른 비천한 쾌락을 단순히 억제하기보다는 그 덧없는 것에서 발길을 돌리고 심판의 날을 고대할 것입니다."

안토니는 날마다 양심의 순교를 겪으며 믿음의 싸움을 치열하게 해나갔다. 그는 많은 사람이 찾아와서 수도생활에 방해를 받자 깊이 궁리한 끝에 그를 알지 못하는 사람들이 살고 있는 테베의 북부로 떠났다. 강에서 배를 기다릴 때 하늘에서 음성이 들려왔다. "네가 진실로 혼자 있고 싶다면 지금 더 깊은 산 속으로 들어가라." 안토니는 사흘 동안 여행한 후 동굴이 있는 높은 언덕에 이르렀다. 이곳을 테바이Thebai 산이라고 부른다.

하지만 수도원은 지리적으로 고립된 장소일 뿐 사회적으로는 열린 곳이었다. 배우러 온 수도사들과 논쟁하는 철학자들, 재판관들과 군 지휘관들이 방문했고, 외국에서 찾아온 사람들로 인해 이곳 역시 혼자 있기에 적합한 장소는 아니었다. 그래도 그곳에서 그는 '하나님이 이집트에 보내신 의사'로서 영혼을 치유하고 온전케 했다.

안토니는 말년에 나일 강변에서 더 깊숙이 들어가 수도하며 살다가 356년 1월 어느 날, 105세의 나이로 세상을 떠났다. 그는 끝까지 하나님께 영광을 돌리려고 죽을 때도 자기 존재를 드러내지 않으려고 했다. 즉, 두 제자에게 성자의 유물 숭배 사상을 금하기 위해 자신의 시체 묻는

아리안주의

아리안주의는 아리우스 Arius(?250~336)에 의해 생겨났다. 그는 알렉산드리아 교회의 장로였으며, 하나님의 신적 성질을 나눌 수 없다고 주장했다. 또한 예수는 완전한 하나님이 아니며 인간도 아니라고 했다. 이런 주장에 관해 아타나시우스가 사도들의 정통 교리로 변호했다. 아리우스의 이단적 가르침의 뿌리는 이성주의Rationalism다. 인간의 이성으로 비추어볼 때 하나님의 속성과 예수의 성품은 불합리하게 보인다. 이 아리안주의는 교회사에 큰 화두가 되었다.

곳을 아무에게도 알리지 말라고 하면서 다음과 같은 유언을 남겼다.

"늘 조심하여 자네들의 오랜 수도생활을 무너뜨리지 않도록 하게. 지금 막 시작한 것처럼 자네들의 열성을 지키게. 배신을 일삼는 마귀들을 알고 있겠지. 그들이 힘을 잃었다고는 하나 얼마나 야비한지 자네들은 알 걸세. 그러니 그들을 두려워하지 말고 항상 그리스도에게서 영감을 끌어내도록 애쓰며 그분을 믿게. 그리고 자신을 잘 살피고 나에게서 들은 가르침을 기억하며 날마다 죽는 마음으로 살아가게."

자신에게 주어진 부를 기꺼이 포기하고 주님을 따른 안토니. 그는 자신이 가야 할 길을 아는 사람이었다. 그는 거룩한 것을 생각하고 마음으로 주를 기뻐하며 한평생 경건한 삶을 산 하나님의 사람이었다.

잊을 수 없는 한마디

"쇳덩이로 연장을 만들려는 사람은 먼저 무엇을 만들 것인지를 결정해야 한다. 낫을 만들 것인지, 칼을 만들 것인지, 아니면 도끼를 만들 것인지를. 우리도 어떠한 덕을 쌓을 것인지를 먼저 결정해야 한다. 그렇지 않으면 헛수고를 하게 될 것이다."

어느 형제가 안토니에게 "나를 위해 기도해 주십시오"라고 하자 안토니는 "그대 자신이 노력하지 않고 직접 하나님께 기도하지 않는 한, 나는 그대를 불쌍히 여길 수 없을 것이며, 하나님도 그대를 불쌍히 여기지 않을 것입니다."라고 말했다.

• 영성의 숲에서 하나님을 만나다

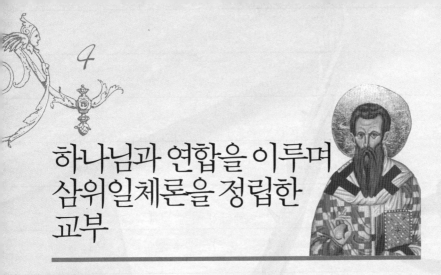

하나님과 연합을 이루며 삼위일체론을 정립한 교부

• 바실리우스 Basilius(?329~379) •

바실리우스는 그리스도의 신성을 부인한 아리우스 이단 사상과 맞서 정통 기독교 신앙을 세우고 삼위일체론을 확립하는 데 공헌했다. 그는 34세 때 장로가 되었고, 6년 후에는 카이세리의 감독과 카파도키아 총주교가 되었다. 그가 쓴 수도원 정신과 운영 원칙은 후에 '수도사 정책'으로 내려오다가 6세기 베네딕트 수도원 규칙의 기초가 되었다.

기독교 교리에서 그리스도가 참 하나님이라는 것을 분명하게 못 박은 것은 325년에 열린 니케아 공의회였다. 삼위일체론을 정통으로 확증한 니케아 공의회는 그리스도를 성부 하나님이 창조한 신이라고 주장하는 아리우스파를 몰아내고, 그리스도는 성부 하나님과 본질적으로 같다고 선언했다. 콘스탄티누스 황제가 사망한 후 그의 아들들은 자기들의 정치적 입장에 따라 니케아 정통파를 지지하거나 아리우스파를 지지했다.

니케아 공의회 이후 니케아 신조를 수호하는 데 앞장선 인물 가운

유세비우스

초기 기독교의 신학자이다. 그는 팔레스타인 카이세리에서 태어나 그곳에서 주교가 되었다. 그는 니케아공의회(325)에서 중립적이었으나 후에는 아타나시우스파에 속하여 삼위일체론을 확립하는 데 공헌했다. 또한 카이세리 도서관의 역사 자료를 이용하여 《교회사》를 썼다.

데 한 사람인 바실리우스는 당시 많은 사람에게 존경받는 수도사였다. 마침 카이세리_{Kayseri}의 감독이 세상을 떠난 뒤 후계자 선출에서 니케아파와 아리우스파 사이에 팽팽한 대결이 벌어졌으나 결국 니케아파인 바실리우스가 선출되었다.

그는 32세에 카이세리의 사제가 된 뒤 니코메디아의 감독 유세비우스_{Eusebius}의 권유를 받아들여 34세 때 장로가 되었고, 6년 후인 40세에 카이세리의 감독과 카파도키아_{Cappadocia} 총주교가 되어 9년간 봉사했다. 그의 밑에는 50명의 지방 감독이 있었다.

하나님 사랑과 이웃 사랑을 강조한 금욕주의자

바실리우스는 카이세리의 부유한 명문가에서 태어났으며, 헬레니즘 교육을 받았다. 그의 형제 8남매는 모두가 신앙생활을 했다. 외할아버지는 순교했고, 동생 그레고리와 여동생 마크리나_{Macrina}는 성인의 반열에 올랐으며, 동생 베드로는 세바스테_{Sebaste}의 감독이 되었다. 금욕주의를 추구한 여동생 마크리나는 탁월한 인물이었다. 바실리우스는 아테네와 콘스탄티노플에서 공부한 후 아버지의 뒤를 이어 수사학 교사가 되었지만, 그 뒤 여동생의 권유를 받아들여 수도사가 되었다. 바실리우스는 시리아·이스라엘·메소포타미아·이집트를 두루 방문하고 돌아와 스물일곱 살에 여동생이 수녀원을 건립한 것을 보고 수녀원 근처 이리스 강변에 정착하여 수도원을 세웠다. 그리고 아테네에서 유학 시절 만난 절친한 친구 나지안주스의 그레고리우스Gregorius of Nazianzus▼를 불러 함께 수도생활에 힘쓰며 영적 지도에 힘썼다.

바실리우스는 수도사들이 마땅히 지켜야 할 규칙을 문답형식으로 만들었는데, 이 규칙은 오늘날에도 그리스인의 수도원에서 사용되고 있다. 그는 과도한 고행을 경계하면서 구제와 덕행을 강조했다. 그리고 교회를 지도하는 일과 아리안주의를 대항하는 데 힘썼다.

그는 금욕주의자요 신학자였다. 그러나 수도원과 교회의 관계를 끊지 않았으며, 수도원 생활과 교회 공동체를 분리하지 않았다. 수도원 생활은 하나님 사랑과 이웃 사랑에 궁극적 목적을 두었으며, 개인적인 독거생활보다 공동체적인 삶의 중요성을 더 강조했다. 왜냐하면 혼자 사는 이는 아무도 섬길 수 없으며 수도원 생활의 핵심은 남들에 대한 봉사라고 믿었기 때문이다.

또한 바실리우스는 교회와 수도원 주변에 빈민구제소와 병원, 전염병 치료소 등 사회사업기관들을 설립하였으

나지안주스의 그레고리우스▼

카파도키아 삼대 교부 중 한 사람이다. 그는 나지안주스의 주교이자 콘스탄티노플 대주교로서 그리스 교부의 대표적 인물이며 삼위일체론을 세우고 퍼트리는 데 큰 역할을 했다. 그의 생애에 45편의 설교집을 남겼으나 몇 개만 전해지고 있을 뿐이다.

며, 공동체에서 가장 힘들고 더러운 일들을 도맡아 했다. 그가 실천한 이웃 사랑의 범위는 폭넓다. 그 예를 보면, 그는 대 기근 시 고리대금업 자와 냉담한 부자들에게 회개를 촉구하기 위한 설교를 하였고, 직접 '민중 급식반'을 조직하여 외지인, 이교도, 유대인까지 구제했다(368).

그가 쓴 수도원 정신과 운영 방법 및 원칙에 대한 대 규칙과 소 규 칙은 후에 '수도사 정칙'으로 종합되어 6세기 베네딕트 수도원 규칙 을 만들 때 영향을 미쳤다. 그것은 헬라(동방) 교회 수도원들의 공통된 규칙으로 발전했고, 개개의 수도단 규칙을 가진 서방 교회의 규칙과 달랐다. 그의 수도원 규칙은 다음과 같다.

첫째, 수도원장과 지도자에게 절대 복종해야 한다. 둘째, 가족 공동 체를 지향하여 한 몸, 한 생명의 공동체로 섬겨야 한다. 셋째, 이 수도 원에서 저 수도원으로 옮겨 다니지 말아야 한다. 일단 서원하고 수도 원에 입단하면 평생 죽을 때까지 그 수도원을 떠날 수 없었다.

그는 이런 생활이 바로 사도 바울이 말한 대로 살아가는 삶이라고 했다. "내 아들아 그러므로 너는 그리스도 예수 안에 있는 은혜 가운 데서 강하고 또 네가 많은 증인 앞에서 내게 들은 바를 충성된 사람들 에게 부탁하라 그들이 또 다른 사람을 가르칠 수 있으리라 너는 그리 스도 예수의 좋은 병사로 나와 함께 고난을 받으라 병사로 복무하는 자는 자기 생활에 얽매이는 자가 하나도 없나니 이는 병사로 모집한 자를 기쁘게 하려 함이라 경기하는 자가 법대로 경기하지 아니하면 승리자의 관을 얻지 못할 것이며 수고하는 농부가 곡식을 먼저 받는 것이 마땅하니라"디모데후서 2:1-6

그리스도가 곧 하나님의 본질임을 밝히다

바실리우스는 황제 테오도시우스 1세 Theodosius I 때 개최된 콘스탄티노플 종교회의(381~382)에 참석해 아리우스주의 신학을 이단으로 단죄하는 일에 공을 세웠다. 그는 삼위일체론을 주장하기 위해 다음과 같은 질문을 제안했다. "네가 알고 있는 분에게 예배를 드리느냐, 아니면 알지 못하는 분에게 예배를 드리느냐?"라고 물으면서 일반적으로 사용하는 '안다'는 말은 하나님의 위대함과 능력, 지혜, 선하심, 인류에 대한 그분의 사랑과 정의를 안다는 것을 의미하며, 우리가 그분에 관해 안다고 해도 그분의 본질에 접근한 것은 아니라고 말했다. 그는 하나님의 본질은 우리가 이해할 수 있는 그 이상에 속한다고 보았다.

그를 비방한 사람들이 하나님의 본질을 모르면서 어떻게 그분에게 구원받을 수 있는지 알 수 있느냐고 묻자, 바실리우스는 바울의 가르침대로 믿음 안에서 구원에 대한 확신이 생긴다고 대답했다. "믿음이 없이는 기쁘시게 못하나니 하나님께 나아가는 자는 반드시 그가 계신 것과 또한 그가 자기를 찾는 자들에게 상 주시는 이심을 믿어야 할지니라" 히브리서 11:6 또한 그는 우리가 하나님의 본질을 알기 때문에 그분에게 예배를 드리는 것이 아니라

테오도시우스 1세

테오도시우스는 히스파니아에서 같은 이름의 아버지 플라비우스 테오도시우스의 아들로 태어나 대대로 기독교 집안에서 자랐다. 그는 그라티아누스 황제로부터 동로마 제국을 다스릴 것을 임명받은 이후 서로마 제국의 황제 발렌티니아누스 2세가 죽은 후 동로마와 서로마 모두를 통치한 마지막 황제였다. 그가 죽은 후 로마 제국은 동부와 서부로 완전히 분리되어 다시는 합쳐지지 않았다. 그는 또한 기독교를 로마 제국의 공식적인 국교로 만들었다. 이런 기독교 부흥 정책과 국교화 때문에 그는 기독교 역사가들로부터 '대제大帝'의 칭호를 받았다.

하나님의 본질이 존재한다는 사실을 알기 때문에 그분에게 예배를 드리는 것이라면서 요한의 말을 인용했다. "본래 하나님을 본 사람이 없으되 아버지 품속에 있는 독생하신 하나님이 나타내셨느니라"요한복음 1:18 그러면서 그는 그리스도가 하나님에 관해 우리에게 알려줄 수 있는 능력을 가진 분이므로 그가 알려 주는 만큼 우리는 하나님에 관해 알 수 있다고 했다. 이는 그리스도가 곧 하나님의 본질이므로 하나님의 본질이 무엇인지 우리에게 알려준다는 것이다. "예수께서 집에 들어가시매 소경들이 나아오거늘 예수께서 이르시되 내가 능히 이 일할 줄을 믿느냐 대답하되 주여 그러하오이다 하니 이에 예수께서 저희 눈을 만지시며 가라사대 너희 믿음대로 되라 하신대"마태복음 9:28~29

바실리우스는 복음서에 기록된 소경 두 사람이 "예, 믿습니다"라고 말한 후 예수님께 예배드린 것을 예로 들면서 소경들은 하나님에 관한 지식에 근거하여 예수님께 예배드린 것이라고 했다. 그는 예배를 믿음의 결과로 이해했다. 믿음은 하나님의 능력에 근거하는 것으로 믿는 사람은 하나님에 관한 지식을 가졌기 때문에 지식의 양에 비례하여 믿음이 생기고, 또한 그 지식은 하나님으로부터 비롯한다고 보았다.

카파도키아 영성을 주도하다

당시 바실리우스는 유능한 행정가이자 빈틈없는 교회 정치가로서 명성이 높았다. 그는 그리스도의 완전한 신성을 수호하기 위해, 그리스도를 피조된 신이라고 여기는 아리우스파인 발렌티니아누스Valentinianus 황제와 맞서 싸웠다. 뜻을 같이하는 감독들의 지지가 필요했던 그는 약 372년에 근방의 작은 도시에 두 개의 관구를 신설하고, 친구인 나지안주스의 그레고리우스를 사시마Sasima 감독에, 자신의 동생인 또 다른 그레고리우스를 니사Nyssa의 감독에 임명했다.

터키의 카파도키아 영성을 주도한 이 세 사람은 정통 신앙의 수호자로서 아리안 이단에 대항하여 싸운 위대한 감독이었다. 세 사람은 수준 높은 논쟁을 할 수 있는 지식을 두루 겸비한 신학자들로 니케아 신조의 삼위일체론을 옹호하면서 성령 또한 그리스도와 더불어 본질에서 하나님과 동등하다고 주장했다. 이로 인해 성령론은 신학의 중요한 주제가 되었으며, 그들은 '세 실체가 한 본질'이라고 주장했다.

발렌티니아누스 황제는 바실리우스를 아리우스파로 만들려고 그를 만나 여러모로 설득했다. 그러나 바실리우스가 말을 듣지 않자 경호 대장은 그의 재산을 압류하고 고문하며 죽이겠다고 협박했다. 그러나 그는 조금도 굽히지 않고 이렇게 말했다.

"당신이 압류할 수 있는 나의 전 재산은 이 누더기와 몇 권의 책밖에 없소. 내 육체는 이미 그리스도 안에서

발렌티니아누스 황제

발렌티니아누스는 판노니아의 밧줄 만드는 집안에서 태었다. 그는 병사에서 혼자 힘으로 상당한 계급까지 승진한 인물이다. 율리아누스 아래 부관으로 있을 때 아리우스파에 속하여 기독교 신앙을 고집해 율리아누스의 눈 밖에 났다고 한다. 그는 일 처리가 뛰어났지만, 성격이 좋지 않은 것으로 유명하다. 또한 공동 황제로 자신의 동생을 임명하여 제국을 이끌기도 했다. 374년에 판노니아의 도나우 강 건너편에 살던 콰디 족이 로마가 요새를 세우는데 불만을 품고 제국의 국경을 침입했다. 이듬해 발렌티니아누스는 콰디 족의 사절을 만난 자리에서 갑자기 뇌졸중으로 쓰러졌고 분노한 채로 죽고 말았다.

죽었기에 죽음이야말로 나에게는 최고의 기쁨입니다. 그만큼 하나님께 더 가까이 갈 수 있기 때문이죠."

그의 대답에 놀란 경호 대장이 "아무도 감히 나에게 이렇게 말한 사람이 없다"고 하자, 바실리우스가 "아마도 지금까지 당신이 진짜 감독을 만나 보지 않았기 때문이다"라고 말했다. 그는 세속적 권력 앞에서 성직자로서 당당함을 보여 준 것이다.

그는 수도원 생활의 경건훈련인 기도, 개인의 깊은 묵상, 찬양, 독송誦 등 금욕생활을 통해 영혼을 정화하여 하나님과의 일치와 연합에 이르는 길을 택했다. 우리의 영혼은 《성경》 말씀의 묵상과 독경을 통해서 거룩한 덕성을 이루며, 하나님이 우리의 영혼 안에 거하신다는 것을 느낀다. 우리가 그의 성전이 되는 것이다. 이것은 우리를 시간과 공간에서 초월하게 하는 신비롭고 은혜로운 연합이다.

이 연합은 하나님을 위해 자기를 비우는 데서 출발한다. 즉, 우리 마음속에 부정한 것과 세속적인 것들로 꽉 차 있는 것을 비워 깨끗하고 순결한 마음으로 채우기 위해서는 자기 포기와 희생 없이는 이루어지지 않는다. 바실리우스는 구약 성경 중에서 특히 〈잠언〉과 〈전도서〉를 자주 인용하였으며, 하나님의 신비적 아름다움에 대한 동경에 관해서 말할 때는 〈아가서〉를 인용했다.

하나님을 믿는 절대 믿음으로 자신이 선택한 좁은 길을 기꺼이 간 그의 삶은 마음을 비운다는 것은 어떤 의미이며, 하나님과 연합하기 위해 현실에서 우리 자신이 포기해야 할 것이 무엇인지 자신을 성찰하도록 물음표를 던진다.

"수도생활은 자기 집이나 소유가 없다. 군인 역시 집을 가지지 않고 소유나 농토도 가지지 않는다. 군인은 왕으로부터 생활을 보장받기 때문에 자신의 의식주 등 생활 경비를 걱정할 필요가 없다. 왕의 명령이면 어느 집이나 그에게 허락되어 살 수 있다. 대신 군인은 더위와 추위에도 행군하고, 밤 경비도 서고, 여러 가지 고난을 겪는다. 적과 싸우면서 언제 생명을 잃을지 알 수 없는 위험이 따른다. 수도사는 그리스도의 군사로서 세상 염려로부터 자유롭고, 군인도 세상 염려로부터 자유롭다."

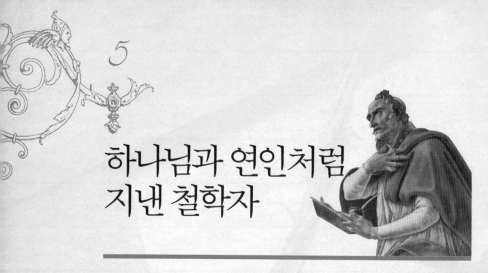

하나님과 연인처럼 지낸 철학자

◆ **성 아우구스티누스** St. Augustinus(354~430) ◆

로마의 주교이자 교부 철학의 대성자로서 고대 신플라톤주의 철학과 기독교를 결합하여 중세 사상계에 큰 영향을 주었다. 그는 젊은 시절 한동안 방탕한 생활을 했으나 암부로시우스 감독의 감화력 있는 설교를 듣고 마음을 다잡고 진리를 깨쳐 갔다. 그의 탁월한 신학적 통찰력은 모든 세대의 기독교 사상계에 큰 영향을 미쳐 '교부 중의 교부'라는 최고의 칭찬을 받았다.

아우구스티누스의 기독교에 대한 공헌은 개신교나 로마 가톨릭 모두 한결같이 경의를 표하며 그 공로를 인정하고 있다. 서구 기독교 역사가 지난 1,600년 동안 집중한 문제들을 규명한 사람이 바로 아우구스티누스로서 자신과 하나님의 관계를 이해하는 방식에 가장 크게 영향을 미친 인물이다. 그는 훌륭한 설교자이자 노련한 교회 행정가요, 탁월한 신학자였다. 그가 남긴 기독교 역사 철학의 본질은 지금에 와서도 그 효력을 잃지 않고 있다.

로마 제국이 미개인의 손에 넘어지고 찬란했던 고전문화가 몰락할 수밖에 없었던 시대에 성장하고 활동한 그는 고대와 새로운 중세 시대의 중간에 서 있었던 인물이다. 그는 고대 고전문화는 과거로 흘러가는 과정이므로 새로운 하나님의 도성이라는 영적 문명을 기다려야 한다고 주장했다.

모니카

하나님을 아는 것이 최고의 축복이다

아우구스티누스는 354년에 북아프리카의 타가스테 Tagaste(현재 알제리 북동부)에서 출생했다. 로마 관리였던 아버지는 성격이 거칠고 방종한 습관이 있는 세속적인 이교도였고, 어머니 모니카Monica는 독실한 기독교 신자였다. 아우구스티누스는 어려서부터 어머니의 양육을 받으며 자랐으나 성장하면서 곁길로 나가기 시작했다.

유년 교육은 지방 학교에서 받았으나 후에 가까운 마다우라Madaura에 있는 학교로 옮겼다. 열여덟 살 무렵 수도 카르타고Carthago로 유학을 간 그는 그곳에서 수사학을 공부했다. 카르타고에서는 당시 학생들 사이에 남녀 동거생활이 유행처럼 번지고 있었다. 아우구스티누스도 한 여인과 동거생활을 하면서 방탕의 길로 나갔다. 그리고 372년, 아들 아데오다투스Adeodatus를 낳았다. 그의 동거

마니교

3세기에 페르시아 왕국에서 마니가 창시한 종교이다. 이 종교는 기원후 3세기에서 7세기 동안 왕성하게 성장하였으며, 동쪽으로는 중국까지, 서쪽으로는 로마 제국까지 전파되었다. 서양에서는 마니교가 크게 성장하지 못했지만, 동양의 중국 남부에서는 14세기까지 존재하고 사라졌다. 하지만 당시 이 종교가 성장할 때는 다른 종교들에 위협이 되어 기독교·조로아스터교·이슬람교·불교 문화권에서 박해를 받았다.

신플라톤주의

플로티노스Plotinos의 《엔네아데스》를 기초로 전개해오는 사상 체계로써 플라톤·아리스토텔레스·스토아 학파 등으로 2~6세기에 유럽에서 활발하게 성장했던 그리스 철학을 말한다. 이 철학은 이데아계(현상계現象界)라고 하는 플라톤의 이원론을 잇고 있다. 이 신플라톤주의는 529년에 유스티니아누스Iustinianus 황제에 의해 이교도의 폐쇄령과 더불어 종지부를 찍게 된다. 그러나 이 사상은 중세·근세에 크게 영향력을 끼쳤다.

생활은 14년 동안 계속되었다.

그 당시 그는 키케로의 《호르텐시우스Hortensius》를 읽고서 '지혜에 대한 사랑'과 철학에 관심을 갖게 되었다. 그래서 진리에 관심을 두고 철학적 관점으로 《성경》을 읽어 보았지만, 그 문체나 내용이 별다른 감흥이 없어 덮어 버렸다. 진리 탐구를 위해서 힘쓰던 중 그는 마니교에 입교하였고, 11년 정도 마니교를 다니다가 마니교의 어설픈 교리 체계와 지도자들에게 실망했다.

그 후 그는 카르타고를 떠나 로마로 건너가서 수사학을 가르쳤다. 유명한 연설가이기도 했던 아우구스티누스는 서른 살의 젊은 나이에 밀라노 황실학교의 수사학 교수로 초빙되었다. 밀라노에서 신플라톤주의자들을 만나면서 삶의 의미와 신의 본성을 알기를 갈망하였고, 여러 철학과 종교 그룹 사이에서 인생의 답을 모색하다가 마침내 신플라톤주의를 거쳐 기독교에 안주했다.

아우구스티누스는 밀라노에서 정통 교회에 출석하면서 암부로시우스Ambrosius 감독을 만나 그의 감화력 있는 설교를 들으면서 《성경》의 참뜻과 진리를 조금씩 깨우쳐 갔다. 그는 '최고의 축복은 하나님을 아는 것이다' 라는 설교에 은혜를 받고 지금까지 살아온 자기의 인생을 되돌아보며, 어린아이 같은 겸손을 배우려고 노력했다.

아울러 이집트의 수도원 생활과 안토니에 얽힌 이야기는 그의 마음을 크게 뒤흔들어 놓았다. 그는 말씀대로 자기 재산을 팔아 가난한 사람들에게 나누어 주고 주님을 따랐던 수도사들의 삶에 비해 아직도 엉거주춤 망설이고 있는 자신이 너무 부끄러웠다. 자신의 도덕적 타락과 지적 교만이 그리스도의 진리를 받아들이지 못하게 한다는 것을 깨달았다.

아우구스티누스가 서른두 살 때 마침내 역사적인 회심의 때가 왔다. 어느 날 그는 친구의 집 마당에서 조용히 자신의 방탕한 생활을 돌아보며 한없이 울고 있었다. 그때 어린아이들의 노랫소리가 문밖에서 들려왔다. "그것을 집어라. 읽어라." 아우구스티누스는 이 음성을 "《성경》을 읽어라"는 말로 깨닫고 곧 《성경》을 펼쳤다. 〈로마서〉 13장 13절과 14절이 눈에 들어왔다. "낮에와 같이 단정히 행하고 방탕하거나 술 취하지 말며 음란하거나 호색하지 말며 다투거나 시기하지 말고 오직 주 예수 그리스도로 옷 입고 정욕을 위하여 육신의 일을 도모하지 말라" 이 구절을 읽고 나자 마음에는 기쁨이 넘쳐흘렀고, 모든 어둠이 말끔히 사라져 버렸다.

그의 영혼에 임한 빛은 마니교나 신플라톤주의에서는 찾을 수 없었던 광명이었다. 마치 사도 바울이 다메섹 도상에서 체험한 것과 같은 감동을 받은 그는 오랜 방황 끝

암부로시우스

암부로시우스는 오늘날 독일 트리어에서 태어났으며 그의 아버지는 갈리라 지방의 로마 제국 귀족 출신 장관이다. 법률가이자 밀라노의 주교였던 그는 신학적·도덕적 부흥에 매진하였으며, 아리우스파의 이단 사상에 맞서 정통 기독교의 전례와 성직에 대한 개혁을 이루었다. 그 당시 많은 사람이 빈부귀천을 막론하고 매일같이 그의 설교를 들으려고 찾아왔고, 그럴 때마다 그는 그들에게 겸손한 자세로 하나님의 말씀을 전했다. 특히 당시 문제였던 아우구스티누스를 주님의 품으로 돌아오게 하여 훗날 위대한 성인이 되게 하는 역할을 했다. 그는 죽음 앞에 "오, 주여! 어서 빨리 오소서! 지체하지 마시고 저를 거절하지 마옵소서"라는 말을 남겼다고 한다.

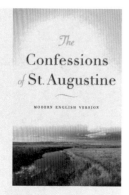

《참회록》

이 책은 아우구스티누스의 수많은 저서 가운데 가장 많이 읽히는 기독교의 고전 중의 하나다. 또한 그의 신학 사상과 철학 사상을 이해하는 데 중요한 책이다. 그가 이 책을 쓸 당시 로마 제국은 기독교를 법적 국가 종교로 인정하였지만, 마니교와 이단이 왕성하게 활동하고 있었기 때문에 기독교 성장은 더디고 있었다. 이에 아우구스티누스는 자기가 믿는 하나님을 보다 많은 사람에게 알리고 하나님에 대한 신앙을 가지자고 호소할 목적으로 《참회록》을 쓰게 되었다.

에 거듭났다. 아들의 회심을 위해서 10년 이상을 기도한 그의 어머니는 그가 세례를 받은 직후에 세상을 떠났다.

오랜 기간 심적 갈등을 겪은 아우구스티누스는 초기에 가졌던 철학적 신념을 포기하고 기독교 신앙을 다시 회복했다. 그리고 다시 아프리카로 돌아가서 하나의 신앙 공동체를 형성했다. 그는 34년 동안 타가스테와 히포Hippo에서 수도원 공동체를 설립하고 수도사로서 평생을 살았다. 그리고 많은 책을 저술했으며, 웅변과 논리학과 영적인 열정으로 유명해졌다. 이 세 가지가 결합하여 아우구스티누스는 기독교 역사에 아주 주요한 사상가 중 한 사람이 되었다. 아우구스티누스의 신학적 통찰력은 그가 살고 있던 시대를 풍미했을 뿐만 아니라 그 이후 모든 세대의 기독교 사상계에 영향을 미쳤다.

이전의 모든 방탕한 생활을 청산하고 고향에 돌아온 아우구스티누스는 부모에게 받은 재산을 정리하여 일부는 가난한 자들에게 나누어 주고 나머지는 수도원 건립을 위해 헌납했다. 수도원 운영 문제 때문에 히포를 방문했을 때 그곳 주교 발레리우스Valerius가 아우구스티누스를 만나 그를 후계자로 삼았다. 그리고 서른일곱의 나이에 늦깎이 사제가 되었다. 그는 사제품을 받으면서 주교의 허락을 얻어 성당 옆에 수도원을 세웠다. 사랑과 겸손으로 가난한 사람들을 섬기며 수도생활과 사제생활을 함께하던 그는 발레리우스의 뒤를 이어 히포의 주교가 되었다.

하나님의 뜻을 발견하는 것이 참된 행복이다

아우구스티누스는 평생 많은 책을 썼으며 그중에도 영원히 빛나는 것은 《참회록Confession》과 《하나님의 도성City of God》이다. 약 410년에 로마가 알라리크Alaric 족에 함락되고 약탈당하자 이에 놀란 로마인들은 이 재난이 자신들이 섬겨왔던 신을 버리고 기독교를 받아들였기 때문이라고 생각하고 그리스도인들을 맹렬히 비난하기 시작했다.

《하나님의 도성》은 이런 배경 아래 친구인 마르셀리우스Marcellius의 요청에 의해 기독교를 변호하기 위해서 저술한 책으로 전체 22권으로 되어 있다. 역사를 천상의 도성과 지상의 도성 간의 싸움으로 본 그는 곳곳에서 로마 제국을 비판하고 하나님의 도성을 교회와 동일시했다.

아우구스티누스는 영적인 역사를 현세적 역사 위에 놓고 하나님의 지상권을 주장하였으며, 하나님이 역사의 창조주라고 말했다. 즉, 하나님은 역사 위에 군림하

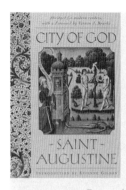

《하나님의 도성》

이 책은 아우구스티누스의 역사 철학이 담겨 있으며, 로마가 서고트 족에게 함락된 사건을 계기로 쓰이게 되었다. 당시 사람들은 로마가 함락된 것은 조상이 섬겨 왔던 신들을 무시했기 때문이라고 주장하며 기독교인들을 비난했다. 이때 아우구스티누스는 《성경》의 많은 사건과 인물을 이야기하며 역사 가운데 나타난 하나님의 계획과 사역을 설명하면서 그러한 비난에 맞섰다. 그러면서 역설적으로 이단자들의 반대를 통해 정통 신앙을 확립하려 하였고, 하나님의 말씀을 더 견고하게 했다.

시는 분으로서 철학자 헤겔Hegel의 주장처럼 역사 가운데 속박된 분이 아니라는 것이다. 모든 존재는 하나님의 의지와 행동의 결과로 창조 이전에 하나님은 자신의 창조에 대하여 벌써 계획을 세우고 계셨다. 그 계획의 일부분으로 현세에서 두 개의 도성이 투쟁하며 실현되다가 최후로는 역사 밖에서 하나님의 초자연적인 능력에 의해 실현된다는 것이다.

또한 아우구스티누스는 전 인류의 연대성을 주장했다. 그는 역사란 인간이 하나님의 계획 안으로 들어가 참여하는 가운데 창조되는 역동성이며, 여기서 하나님의 뜻을 발견하는 것은 인간의 자유요 책임이라고 말했다.

아우구스티누스의 모든 저작은 영원에 대한 의식에 흠뻑 젖어 있다. 우리의 참된 정체성은 보이는 세상이 아니라 더 높은 영역에 있으므로 세상의 즐거움과 보답에서 행복을 추구하려는 것은 헛수고라는 것이다.

그가 회심한 지 10년이 지나 쓴 《참회록》은 그가 쓴 책 중 가장 돋보이는 책이다. 개인적이고 정직하며 심리적 통찰력이 넘치는 이 책은 자신의 삶을 하나의 사례 연구로 활용해 하나님의 선하심과 위대하심을 드러내는 데 목적을 두고 있다. 《참회록》은 확대된 기도의 형태로 기록되었다. 전체 13권 중에 1권에서 9권은 자서전이고, 나머지 10권에서 13권은 기억, 창조, 영원에 관한 숙고를 담고 있는데, 이 부분은 나머지 부분을 위한 신학적 뼈대 역할을 한다. 《참회록》은 모든 영적 자서전의 모체로써 이런 장르로는 최초의 작품이다.

영적 목마름으로 하나님을 사랑하다

또한 아우구스티누스는 펠라기우스Pelagius와의 논쟁에서 구원의 방편은 인간의 노력이나 의지가 아니라 하나님의 은혜라고 주장했다. 그는 자기의 삶에서 선한 것은 모두 자신이 성취한 것이 아니라 '하나님의 선물'이라고 확신했다. 그는 자신의 노력에 의해서가 아니라 하나님의 사랑으로 인해 옛 생활에서 구원받았다고 말했다. 만일 그가 자신을 구할 수 있었다면 예수 그리스도의 죽으심과 부활에는 아무런 의미를 부여할 수 없었을 것이다.

아우구스티누스는 개인적으로 육체적인 욕망을 버리고 사랑이 많은 하나님께로 가는 것을 새롭게 표현한 수도자였다. 그는 진리를 향해 끊임없이 탐구하고, 어린아이와 같은 겸손을 배우려고 애쓰며 청빈한 삶을 살기 위해 노력했다. 또한 회개하고 거듭난 후에는 자신이 받은 달란트를 최대한 활용하여 모든 삶을 하나님의 일을 위해 헌신했다.

참된 사목자이며 탁월한 사상가였던 아우구스티누스의 복음적인 열정은 죽는 날까지 식을 줄 몰랐다. 병이 깊어져 이 세상에서 마지막 나날을 보내는 동안에는 다윗의 참회 〈시편〉 일부를 옮겨 적어 벽에 붙여놓고 침대에 누운 채 날마다 그것을 되새기고 읽으며 뜨거운 눈물

펠라기우스

영국 브리타니아에서 태어났다. 그는 4세기 말에 로마에 와서 법학을 공부했으며 이어 수도생활에 들어갔다. 고전과 《성경》에 대한 교양이 풍부하였으며, 정통 신앙에 대해 인간의 자유의지와 노력을 강조하고, 구원에 있어서 은총의 의의를 부정했다. 또한 그리스도의 구원이나 세례 등도 부정하여 아우구스티누스와 히에로니무스Hieronymus 등의 맹렬한 반박을 받았고, 종교회의에서 이단으로 선고받았다.

을 흘렸다. 그것은 자신의 죄에 대한 참회의 눈물이자 하나님의 끝없는 사랑과 자비에 대한 감사의 눈물이었다. 이런 그는 430년에 하나님의 부르심을 받을 때까지 생애 전부를 교회행정과 연구와 저술에 바쳤고, 교회 역사상 '교부 중의 교부'라는 최고의 칭찬을 받았다.

 잊을 수 없는 한마디

"내가 주 나의 하나님을 섬기기로 했을 때 그것이 오랫동안 내가 의도해 왔던 일이었을지라도 내 마음속에는 그렇게 하고자 하는 마음도 있었고, 또 그렇게 하지 않고자 하는 마음도 있었다. 그렇게 하고자 했던 것도 나였고, 그렇게 하고 싶어 하지 않았던 것도 나였다. 내 마음의 의지로는 어느 한 쪽만을 택할 수 없었다. 나는 늘 나 자신과 싸웠다. 나는 깊은 혼란에 빠졌다. 그것은 바로 내 속에는 내 마음 외에도 또 하나의 마음이 있다는 증거였다."

•영성의 숲에서 하나님을 만나다

서유럽에 영성의 꽃을 피우게 한 베네딕트

◆ 성 베네딕트 St. Benedict(?480~?543) ◆

서유럽 수도원 제도의 기초를 놓은 베네딕트는 약 600년간 서유럽의 영성에 큰 영향을 미쳤다. 초기에 3년간 동굴에서 수도생활을 했고 청빙을 받아 한동안 수도원장을 지냈으며, 수비아코 주위에 12년간 열두 개의 동굴식 수도원을 설립했다. 그리고 다시 몬테카시노로 가서 또 다른 수도원을 세웠는데, 이때 그가 만든 베네딕트 규범집은 동서양 모든 수도원의 표준 규칙이 되었다.

베네딕트가 활동하던 시대는 격동기였다. 당시 서로마 제국은 정치와 사회 그리고 도덕, 종교의 부패와 더불어 바바리안의 침입으로 침식되고 있었다. 베네딕트의 영향은 약 600년간(550~1150) 지속되었는데, 이 기간에 유럽의 여러 국가에서 성 베네딕트의 수도원 규칙을 채택한 수도원이 많았으며, 지적으로나 정신적으로 교회와 신자들의 생활에 큰 영향을 끼쳤다. 그래서 이 시기를 '베네딕트 세기'라고 부른다.

유혹을 이기는 비결이 성경 읽기와 기도이다

성 베네딕트는 480년에 이탈리아 중부, 로마의 북동쪽에 있는 조그만 마을 누루시아 Nursia 에서 태어났다. 귀족의 집안에서 태어난 베네딕트는 열네 살에서 열다섯 살 때 로마로 가서 법학을 공부했다. 그러나 열여섯 살 때 그의 눈에 비친 로마는 부패와 타락으로 가득 찬 환멸과 비애의 도시였다. 젊은이들의 타락한 모습에 염증을 느낀 그는 곧 로마에 닥칠 어려움을 예감했다. 그래서 공부를 포기하고 자기를 따르는 유모와 함께 로마를 떠나 수도원을 찾았다.

베네딕트는 이집트 수도사들이 행한 것처럼 로마에서 40마일(약 64.37킬로미터) 떨어진 황량한 곳, 수비아코 Subiaco 에 있는 동굴을 은둔지로 정하고 그곳에서 기도생활을 시작했다. 그 산에 은둔해 살던 로마노라는 늙은 수사가 자기가 먹는 빵을 나누어 밧줄에 달아 내리면서 종을 쳐 신호하면 굴속에 있던 베네딕트가 나와서 받아먹고 다시 기도와 명상을 했다. 베네딕트는 그 동굴에서 3년간 금욕생활을 하면서 여러 가지 시험과 유혹을 겪었다.*

어느 날에는 동굴 밖에 아름다운 여인이 나타나서 자기와 함께 화려한 로마에 가서 결혼하여 재미있게 살자고 유혹하기도 했다. 기도하던 베네딕트는 그 여인의 유혹에 이끌려 굴 밖으로 나가 보니 여인은 온데간데 없었다. 사탄의 시험인 줄 안 그는 불순한 육체적 정욕이 없어질 때까지 알몸으로 찔레밭에 뛰어들어가 뒹굴었다. 전신에 상처가 나고 피를 흘리면서 기도하는 동안 자기 안에 정욕이 있는 것을 통

• 영성의 숲에서 하나님을 만나다

▼ 일 소도마Il Sodoma의 〈성 베네딕트의 삶Life of Benedict〉, 1505, 프레스코화, 올리베토 마죠자치 수도원

회하였더니 그 후로는 정욕이 일어나지 않았다고 한다. 이 3년이라는 세월은 그가 자기 육체를 극복하고 기도를 통해 하나님께 가까이 가면서 고행과 모든 시험을 몸소 겪은 시간이기도 했다.

목자들은 가죽옷을 입고 덤불 속에 있는 그를 보고 처음에는 야생 동물인 줄 알았다고 한다. 그러나 그가 하나님의 일꾼인 사실이 알려지자 경건생활을 원하는 많은 사람이 그에게 몰려왔다. 많은 사람은 그에게 음식을 제공했고, 그는 사람들에게 영원한 생명의 양식을 주었다. 그런데 금욕생활하는 장소에서 멀지 않은 곳에 한 수도원이 있었는데 마침 그곳 원장이 죽었다. 그러자 그 수도원의 수도사들이 베네딕트를 원장으로 초빙했다. 베네딕트는 여러 번 사양하다가 결국 원장 자리를 수락했다.

그러나 이들의 느슨한 삶은 엄격한 기준을 적용하며 사는 베네딕트와 맞지 않았다. 수도자들은 그를 원장으로 초빙한 것을 후회하고 어느 날, 포도주에 독약을 타서 그에게 권했다. 그런데 그가 성호를 그어 축성하자 마치 돌로 맞은 것처럼 잔이 깨졌다. 독이 든 것을 알게 된 그는 일어나서 부드럽게 말했다.

"형제들이여, 주께서 여러분을 불쌍히 여기시기를……. 제가 일찍이 여러분에게 수도원장으로 적합하지 않은 사람이라고 말씀드리지 않았습니까?"

그는 독약을 탄 수도자를 탓하지 않고 온화함으로 감쌌다.

베네딕트 수도원, 서방 수도원의 모델이 되다

그는 다시 독신생활로 돌아갔으나 수비아코 주위에 12년 간 열두 개의 동굴식 수도원을 세우고 열두 명의 원장을 세웠다. 그 수도원들은 하나하나가 완전히 독립된 수도 원이었다. 베네딕트는 각 수도원을 감독하거나 복종을 강요하는 중앙 집중적인 체제를 만들지 않았다.

그 뒤 그는 수비아코를 떠나서 많은 수행원과 함께 529년에 로마와 나폴리 중간쯤에 자리한 몬테카시노로 가서 이교 사원이었던 아폴로 신전 터에 또 다른 수도원 을 세웠다. 도서관이자 학문 연구가 시작된 이곳은 서 방 수도원의 효시였다.

이 수도원은 역사적으로 수차례 파괴되었다가 재건되 었는데, 마지막으로 1944년 제2차 세계 대전 중에 파괴 되었다가 현재 다시 복구되었다.

베네딕트 수도원의 특징은 다음과 같다.

첫째, 수도사들이 일정한 수도원에 정주定住한다. 정주 란 평생 한 공동체에서 규범을 성실히 준수하며 사는 것 을 말한다. 함께 살며 각자의 개성을 존중하는 법을 배워 나간다. 둘째, 성대한 예전을 거행한다. 창설자 성 베네 딕트는 어느 것도 하루 일곱 차례 있는 기도회인 성무聖 務(하나님의 일)보다 더 중히 여기지 말 것을 권고하고 있다.

몬테카시노 대수도원

성 베네딕트는 529년에 몬 테카시노로 가서 아폴로에 게 바쳐진 이교 신전들을 모두 파괴하고 그들을 기독 교로 개종시켰으며, 530년 경에는 그곳에 모든 베네딕 트 수도원의 모체가 된 수 도원과 성당을 세웠다. 그 리고 그곳에서 몬테카시노 수도 공동체를 위한 규칙서 인 《베네딕트 규칙》을 저술 하여 올바른 금욕생활과 기 도, 공부, 육체 노동의 역할 을 엄격하게 규정하는 등 본격적으로 공동체를 지도 하기 시작했다.

셋째, 일정한 수도원에서 여러 수도 형제가 다 함께 성무를 성대하게 거행하며 각자 맡은 일을 충실히 이행함으로 날마다 성화하여 나가는 생활을 한다.

베네딕트는 수도사들에게 육체 노동과 더불어 《성경》 읽기를 강조했다. 수도원 생활의 표어는 '기도하고 일하라'였다. 그는 이곳에서 전도와 농사일과 더불어 가난한 자들을 구제하고, 병자를 치료하였으며 젊은 수도사들을 지도하고 훈련했다. 또한 세상을 떠날 때까지 이곳에서 살면서 이교도들을 기독교로 개종하게 하고, 《베네딕트 규칙》을 만들었다.

《베네딕트 규칙》은 단번에 쓴 게 아니라 그때그때 기록한 메모와 가르침을 뽑아 편집하고 기존에 여러 가지 수도원 규칙을 참고하여 수정한 것이다. 이 규범집이 지금까지 오랫동안 전해져 내려오는 데는 주목할 만한 이유가 있다. 그의 규범집은 법이라기보다는 안내 지침이었다. 더욱이 인간 본성을 예리하게 관찰했던 그는 사람들 간의 차이도 인정했다. 그래서 수도원마다 각자의 환경과 필요에 따라 규범을 수정할 수 있게 했다.

베네딕트는 63세 때 묵시를 통해 자신의 죽음이 가까이 왔음을 알았다. 그리고 병상에서 마지막 성체를 받고, 자기 일생을 통해 받은 은총을 하나님께 감사드리고 수도사들의 축복 속에 두 손을 들어 기도하면서 숨을 거두었다.

베네딕트 규칙: 순결, 청빈, 순종

베네딕트 수도원 규칙은 전부 13개 조항의 73개 장으로 되어 있다. 이 규칙은 단순하면서도 빈 틈이 없고, 엄격하면서도 온정미가 있다. 수도원 생활의 전반을 규정지어 놓은 이 규칙은 아주 치밀하면서도 일관성이 있으며, 비율법적이고 겸손하면서도 굴종함이 없다. 무익한 고행 대신 노동을 권장하고, 훈련에 힘쓰며, 모든 분야에 걸쳐 절제하며 균형과 중용을 존중했다.

베네딕트는 공동체 구성원 중에 가장 약한 사람들에게 특별한 관심을 쏟았으며, 이들이 자신을 무가치하다고 느끼지 않도록 여러모로 배려했다. 그는 초보자도 실천할 수 있는 적절하고 실제적인 영성을 추구했다. 베네딕트 영성의 중심에는 성무일과가 있다. 즉, 모든 형제가 참여하는 《성경》 읽기와 기도로 일과가 짜여 있다. 성무일과가 베네딕트 영성의 중심이라면 〈시편〉은 성무일과의 중심이다. 수도원 규칙을 좀 더 구체적으로 살펴보면 다음과 같다.

첫째, 수도사들은 각자 수도원장을 선택하되, 일단 선택하면 그의 권한은 절대적이다. 종신직인 원장을 그리스도의 대행자로 여긴다. 원장에게 순종하는 것은 하나님께 순종하는 것이다. 원장은 방종하는 자, 수도에 정진하지 못하는 자에게는 엄격하게 경고하고, 순종하는 자와 온순한 자, 인내하는 자에게는 자애롭게 더욱 격려한다.

둘째, 수도원에 들어오기를 원하는 자가 있으면 3일에서 4일 동안 그가 적응할 수 있는지 조사한다. 그 뒤 2개월 동안 수도사와 숙식을 같이 하며 그가 수도사로서 적응할 수 있는지를 살핀다. 특히 이 기간에 수도단 규칙을 교육한다. 그 규칙을 지킬 자신이 있으면 입단이 허락되나, 지킬 자신이 없으면 자유롭게 나가도 된다.

그런 다음 여러 가지 인내훈련을 거치고 6개월 후에 다시 한 번 규칙을 읽어주고, 또 4개월이 지난 후 최종적으로 결정하는데, 마지막으로 필기시험과 구술시험을 치른다. 이처럼 일 년간 예비 수련기를 거치면서 스스로 충분히 심사숙고하게 한 후 전체 수도사가 기도실에 모인 가운데 그를 공동체로 받아들인다. 그리고 한 번 입단하면 절대 돌아갈 수 없음을 다시 한 번 말해 준다.

셋째, 공동의 영창(합창기도), 〈시편〉 기도가 기본이었다. 후대에는 신부의 미사 기도가 첨가되었다. 수도사들은 하루에 일곱 번 기도했다. 새벽 3시, 6시, 9시, 12시, 15시, 18시, 21시의 영창이 의무적이었다. 육체 노동과 절도 있는 식사와 수면이 적절히 배치된 상태에서 하루에 일곱 차례 행하는 기도의 리듬은 오늘날까지 서방 수도사들의 기준이 되고 있다. 매시간 침묵(명상)으로 밤 시간을 보내야 하고, 명상 중에는 대화가 금지되었으며 어길 때는 중벌에 처했다.

넷째, 부활절 이후부터 9월 14일까지 온화한 날씨가 지속하는 기간에는 6시나 7시 정도 일어나 네 시간 동안 작업을 했다. 게으른 것을 영혼의 적으로 여기고, 일정한 시간을 정해 놓고 의무적으로 노동했다. 베네딕트 역시 매일 네 시간씩 《성경》과 고전을 읽었다. 수도사들은 《성경》과 초대 기독교 작품을 읽고 조용히 혹은 일을 하면서 그것을 묵상했다. 노동은 하루에 여섯 시간을 했다. 그는 침묵을 덕이라고 여겼으며, 겸비를 수도사의 최고의 덕 중 하나로 여겼다.

이 베네딕트의 수도원 규칙은 입단한 사람이 평생 지켜야 할 의무다. 규칙 중 특이한 것은 서약 때 일평생 몸담아 수도할 수도원이 정해진다는 점이다. 이것이 다른 수도원과의 차이점이다. 그리고 세 가지 서약, 즉 순결, 청빈, 순종은 필수 조건이었다. 이것이 지켜질 때 성자 이름 중에서 하나의 이름을 받게 되었다.

야망에 불타는 나이에 세속의 욕망을 끊고 수도사의 길을 찾아 고행한 베네딕트는 참으로 영성을 소중히 여기는 영혼의 사람이었다. 그는 자신은 지독한 고행을 겪었으나 정작 수도원 규칙은 고행을 피하고 노동과 훈련으로 중용의 길을 택했다. 엄격한 과정을 통해 수도원에 입단하게 하는 신중함은 오늘날 교회의 영성훈련 과정을 좀 더 신중히 하도록 돌아보게 한다. 또한 순결, 청빈, 순종의 세 가지 서약은 지금도 존경할 만한 신자의 영성 조건이다. 그리고 수도원의 분위기를 가족 분위기로 이끈 것도 오늘의 교회가 본받을 만하다.

잊을 수 없는 한마디

"하나님의 은혜에 감동되어 길어지는 경우가 아니라면 기도는 짧고 순수해야 한다."

"침묵을 귀하게 여기는 마음으로 좋은 말이라도 하지 말아야 할 때가 있는 법이다."

7

중세 암흑기를
그리스도의 사랑으로
불을 밝힌 실천가

◆ 성 베르나르 디 클레르보 St. Bernard de Clairvaux(1090~1153) ◆

프랑스의 교부이며, 수도원 영성을 보급한 중세 영성의 대표적 인물이다. 신비적 명상가, 영혼을 울리는
설교자, 도덕적 실천가, 뛰어난 문필가인 베르나르는 서방교회의 실질적 교황이라 불릴 정도로 중세에
큰 영향을 끼쳤다. 수도생활을 하면서 350개의 수도원을 세웠으며, 〈구주를 생각만 해도〉, 〈오 거룩하신
주〉, 〈날 구원하신 예수를〉 등 찬송 가사를 쓰기도 했다.

성 베르나르(버나드로도 불림)는 교회사적으로 매우 중요한 위치에 있다.
성경적 진리를 떠나 있던 중세 시대에 고대로부터 종교개혁 사이에
진리의 맥을 연결하는 역할을 했기 때문이다. 스콜라주의˘가 중세교
회를 장악하기 전, 베르나르는 중세 암흑 시기에 놓치고 있던 성경적
진리를 부활시키고, 비성경적 이성주의와 투쟁하며 교회를 주도해 나
갔다.

　그는 무엇보다 그리스도와의 사랑을 꽃피운, 아름다운 수도원 영성
을 보급한 중세 영성의 대표적 인물이다. 마르틴 루터, 장 칼뱅과 같

은 종교개혁의 핵심지도자들뿐만 아니라 청교도들까지도 베르나르를 흠모한 것은 교회사적 흐름으로 보았을 때에 매우 의미심장하다.

회심과 수도원 부흥

베르나르는 1090년 프랑스 디온Diyon 근방에 있는 퐁테인 Fontaines의 귀족 가문에서 6남 1녀 중 3남으로 태어났다. 아버지는 제1차 십자군으로 종군했다가 전사했고, 어머니 알제나는 자녀를 잘 양육하여 경건한 신앙생활을 하도록 했다. 어머니에게서 깊은 종교적 성품을 이어받은 베르나르는 어려서부터 독실한 신앙을 가지고 수도생활을 갈망했다.

그는 디온 부근에 있는 성 보를르St. Vorle에서 교육을 받았다. 여기에서 베르나르는 《성경》뿐 아니라 고전 작품을 많이 읽으면서 라틴어와 논리적인 사고법을 배웠다. 신앙생활에서 결정적인 회심의 계기를 준 어머니를 열일곱 살에 잃은 그는 한동안 방황했다.

그 후 뜻한 바 있어 독일로 유학의 길을 떠나려던 베르나르는 마음을 바꾸어 1113년, 스물세 살 때 형과 동생 네 명을 포함하여 30명의 동지를 이끌고 유럽에서 가장

스콜라주의

기독교 신앙을 체계적으로 정리하고 이를 이성을 통해 입증하고 이해하려 했던 중세 철학이다. 스콜라 철학의 목표는 중세 사람들이 진리라고 믿었던 기독교 신앙에 철학을 이용하여 이성적인 근거를 부여하는 것이었다. 그 과정에서 스콜라 철학자들은 앞선 사상가들의 저술과 논거를 바로 활용하기보다는 이전 사상들을 모아 비교, 고찰하고 그것을 비판적으로 검증한 후에 원하는 결론을 이끌어냈다. 이러한 비판적 논증은 스콜라 철학 방법론의 대표적인 특징이었으며 후대 사상가들에게도 많은 영향을 미쳤다.

성직자, 수도자의 의무이
다. 그들은 하루 일곱 번의
기도 시간을 가진다. 그 기
도 시간을 시간경이라고
한다. 독서 기도(말씀 기도),
아침 기도, 낮 기도, 저녁
기도, 끝 기도로 나뉜다. 모
든 시간경은 십자성호를
그으면서 "하나님 나를 구
원하소서. 주님 오셔서 나
를 도와주소서"라는 기도
로 시작한다. 처음에 성무
일도에는 8개의 정시과定時
課로 되어 있었으나, 제2차
바티칸 공의회 전례 개편
에 따라 일시경一時經이 폐
지되어 현재는 7개의 정시
과를 포함하고 있다.

엄격하다는 시토 수도원으로 들어갔다.

베르나르는 수도원의 고된 노동과 성무일도聖務日禱 ▼를 통해 자신을 새롭게 발견했다. 《성경》을 깊이 묵상하고 암송하였으며 교부들의 저작 연구에 몰두했다. 1112년부터 1115년까지 극도의 고행을 강행한 그는 건강을 해쳐 평생을 고생했다. 수도원이 크게 부흥하자 그는 1115년 어느 날 열두 명의 수도사를 데리고 새 수도원을 세우기 위해 떠났다.

프랑스 동편 알프스 산 골짜기에 목조 수도원을 짓고 지역 이름을 따서 '클레르보Clairvaux'라고 했다. 클레르보는 '독충의 골짜기'라는 이름이었는데 베르나르와 그의 동지들이 옮겨 온 후 '광명의 골짜기'라고 불렀다. 베르나르는 여기서 세상을 떠날 때까지 수도원 원장을 역임했다. 열정적이고 헌신적인 수도생활을 한 베르나르의 영향으로 그의 공동체는 급성장하여 당시 교회 개혁의 중심지가 되었다.

한편 베르나르는 교황의 부탁을 받아 제2차 십자군 전쟁을 위한 모집 대표 연설자로 나섰다. 그는 십자군 전쟁을 그리스도의 고난에 참여하는 성전으로 여겼다. 그래서 수도사들도 전쟁에 임해야 한다고 역설했다. 그 후 십자군이 다마스쿠스를 공격하기 위해 출발했지만, 비참하게도 실패로 끝나고 말았다(1148). 하지만 그의 명성이 매우 높았기에 그것은 그에게 큰 타격을 주지는 못했다.

그는 매년 수도원을 설립하여 34년 동안 68개의 수도원을 창설했고, 그가 죽을 때쯤에는 350개의 수도원이 규합되었으며, 164개가 그의 권위 아래 있었다. 1153년 8월, 베르나르는 63세의 일기로 생을 마감했다.

예수님이 지신 십자가에 이르는 길

베르나르의 영성과 신학은 근본적으로 중세교회의 신학과 같다고 할수 있다. 하지만 세 가지 근본적인 차이점이 있다. 마리아 무오설을 반대한 것과, 세례를 구원의 절대 조건으로 보는 영세관을 반대했으며, 겸손을 미덕으로 강조하여 세족식을 성례로 간주한 점이다. 그리고 그는 세속 학문의 지식은 거룩한 학문의 지식과 비교할 때 별로 가치 없다고 주장했다.

베르나르는 그리스도를 뜨겁게 사랑한 신비적 명상가였다. 그는 사도 바울이 말했듯이 "그리스도의 남은 고난을 내 몸에 채운다"는 《성경》의 교훈을 따라 건강을 잃어버릴 정도로 강한 수련을 했다. 그의 수도원 생활은 엄격하고 철저하여 자기 수실修室에 "베르나르야, 너는 무엇하러 여기 왔느냐?Ad quid Venisti?"라고 써 붙이고 스스로 격려하면서 수도생활에 정진했다. 그의 허리는 기도와 고행으로 구부러졌으나, 얼굴에서는 광채가 났다. 하나님에 대한 사랑이 지극하여 자기를 잊어버리고 하나님과 연합된 것처럼 보였다. 그는 이렇게 말했다.

"그대가 없는 것처럼 그대 자신을 잊어버려라. 자신을 의식하지 못하고 스스로 마음을 비우는 것은 경건한 일이며, 이렇게 하면 그 영혼은 자신에게서 벗어나 하나님을 더욱 분명히 볼 수 있다."

베르나르의 영성신학은 사랑의 신비주의이며, 신적 생명력과 그리스도의 합일을 통해 은혜와 사랑을 누린다. 사랑은 베르나르 신비신학의 중심을 차지한다. 그는 하나님은 사랑이시고, 모든 가치의 근원이며 인간 사랑의 대상이라고 했다. 또한 "사랑을 진리의 정점으로써 하나님의 한 속성이 아니라 하나님의 실체 자체"라고 했으며, 그 사랑이 없이는 아무것도 존재하지 않는다고 했다.

그의 신학과 신앙은 보수적이었으며, 이성으로 신을 인식할 수 없다고 생각했다. 신학연구와 이론적 투쟁보다는 실질적인 신앙생활과 말씀에 대한 순종에 더 관심을 기울였다. 그는 당시 수도원 전통을 개혁하고 《베네딕트의 규칙》에 명시된 단순함으로 돌아갔으며 침묵과 기도생활로 일관했다.

베르나르는 영성생활에 대한 가르침에서 자아와 하나님과의 관계에 초점을 두었다. 그는 사랑을 네 단계로 구분하고 있다. 첫째, 자신을 위해 자신을 사랑한다. 둘째, 자신을 위해 하나님을 사랑한다. 셋째, 하나님을 위해서 하나님을 사랑한다. 넷째, 하나님을 위해서 자신을 사랑한다. 여기서 사랑의 첫 단계를 자기 긍정이라고 한다면 둘째 단계는 역설적인 자기부인이며, 마지막 단계는 초월적 자기 긍정이라고 할 수 있다.

베르나르는 이 세상에서 신을 인식하는 통로는 세 가지가 있다고 말했다. 창조된 피조물을 통해서, 경건한 사람이 특수한 계시를 통해서, 인간의 내면을 통해서 신을 인식할 수 있다고 했다. 즉, 마음을 다하고 생각을 다하고 힘을 다하여 신을 갈망할 때 영혼의 깊은 내면에 신은 찾아온다는 것이다. 그러면서 그는 이것이 이 세상에서 인간이 신을 인식할 수 있는 최상의 것이라고 했다.

그는 모든 일을 그리스도 중심으로 했다. 베르나르의 영성신학은 그리스도와 합일의 체험을 강조하는 그리스도 신비주의였다. 그의 최대 관심사는 겸손과 인내와 사랑으로 십자가에까지 이른 고난의 인간 예수였다. 그가 지은 찬송 가사가 이를 말해 주는데, 〈구주를 생각만 해도〉, 〈오 거룩하신 주〉, 〈날 구원하신 예수를〉 등이 있다.

그의 학식과 영적 감화력은 전 유럽 기독교 사회를 덮었기에 교황청에서 고위 성직과 심지어 교황으로 추대하겠다고 했지만, 모든 공직을 거절하고 오직 시골의 한 작은 수도원 원장직만 맡아 평생 수도사로서 정진했다. 그는 1174년에 성자로 추앙되고, 1830년에는 교회 박사로 추대되었다. 그의 경건하고 신비적인 사상은 마르틴 루터에게도 큰 영향을 끼쳤다.

영적 성장으로 나아가는 길

사람들은 무엇보다 베르나르의 도덕적 감화력과 언행일치의 일관된 성품을 높이 찬양했다. 그는 자기가 설교한 대로 실천하였고, 자기가 교훈한 대로 살기를 게을리 한 적이 없다. 하나님을 진실로 사랑하는 사람은 자기 동료와 이웃에게도 마땅히 봉사해야 한다고 했다.

베르나르는 수도원에 갇혀 수도만 한 것이 아니라 그 시대의 탁월한 설교자로 활동했다. 그의 설교를 들은 청중 가운데 일부는 수도원으로 들어가는 것이 자기 소명임을 깨닫고 설교가 끝난 후에 클레르보˘에 들어갔다. 그의 설교는 한 번에 만 명의 청중이 능히 들을 수 있을 정도로 불을 토하는 열변이었다. 기도로 소경을 눈뜨게 하고, 벙어리를 말하게 하며 앉은뱅이를 걷게 하기도 했다.

특히 베르나르는 영적 저술가로 널리 알려져 있다. 그 대표적으로 86편으로 구성된 《아가서 설교집Sermons on the Song of Songs》이 있는데, 《성경》을 영적으로 해석한 놀라운 책이다. 이 책은 그의 수도사들에게 영적생활에 대해, 또한 하나님과의 신비한 연합에 이르는 단계들에 대해 가르치고 있다. 그리스도에 대한 신비적 명상을 최고의 기쁨으로 여긴 그는 〈아가서〉에 나오는 신랑(그리스도) 신부(개개인의 영혼)에 대해 자주 묵상했다.

"우리는 고요히 명상하기를 원하며 동시에 설교해야 할 직무를 가지고 있다. 우리는 신랑 되시는 주님이 오시기를 기다리며 또한 사람들을 주님 앞으로 인도하여 주님 대신에 그들을 성장하게 할 직무를 가지고 있다. 그러므로 경건한 명상생활을 하면서도 가끔 이를 중단하고 주님의 어린양들을 기르기를 힘써야 한다. 그리고 누구든지 혼자만을 위해 살지 말고 모든 사람을 위해 살아야 한다."

• 영성의 숲에서 하나님을 만나다

성 베르나르 디 클레르보 수도원

또한 그는 베네딕트가 그의 《규칙》에서 서술한 겸손의 열두 단계에 기초하여 《하나님 사랑Loving God》, 《겸손과 교만의 단계들The Step of Humility and Pride》을 비롯해 《은혜와 자유 의지Grace and Freewill》 등 여러 권의 책을 저술했다. 여기에는 인간 본성에 관한 몇몇 예리한 통찰력이 담겨 있다.

베르나르가 수도생활을 하면서 350개의 수도원을 설립한 것은 그가 얼마나 많은 영향력을 끼쳤는지를 짐작할 수 있다. 감화력 있는 그의 설교를 들은 수많은 남자가 수도원에 입단하기 위해 아들을 감추고, 아내를 감추고, 친구를 감추는 시대가 있었다는 것은 크든 작든 모임에서 설교하는 사람들에게 큰 도전을 준다. 베르나르의 이런 영성은 오직 그리스도를 사랑하는 그의 열정에 있었다.

잊을 수 없는 찬송

"구주를 생각만 해도 내 맘이 좋거든 / 주 얼굴 뵈올 때에야 얼마나 좋으랴.
만민의 구주 예수여 귀하신 이름은 / 천지에 온갖 이름 중 비할 데 없도다.
참 회개하는 자에게 소망이 되시고 / 구하고 찾는 자에게 기쁨이 되신다.
예수의 넓은 사랑을 어찌 다 말하랴 / 그 사랑 받은 사람만 그 사랑 알도다.
사랑의 구주 예수여 내 기쁨 되시고 / 이제와 또한 영원히 영광이 되소서."

• 영성의 숲에서 하나님을 만나다

학문과 청빈을 표방한 탁발 수도사

● **성 도미니크** St. Dominic(1170~1221) ●

아시시 프란체스코와 같은 시대를 산 탁발 수도사이다. 1216년에 도미니크 수도회를 창설하였으며 영성의 기초를 관상觀想에 두었다. 도미니크 수도회는 프랜시스 수도회처럼 탁발주의와 설교주의를 교단의 2대 원칙으로 삼았으며, 인간을 구원하기 위한 봉사의 한 방편으로 본질적인 요소는 설교에 두었다. 청빈과 학문을 중시했던 도미니크 수도회는 중세 학문 발전에 기여하기도 했다.

수도원의 역사에서 12세기가 수도사들과 참사회원들의 시대였다면 13세기는 탁발 수도사들의 시대였다. 이들은 세상과 유리된 수도원에서의 생활보다는 세상으로 나가서 민중 교화와 선교활동을 펼치는 데 큰 관심을 갖고 활동했다. 대표적인 인물 중 한 명인 성 도미니크는 복음 정신이 무너져 혼란에 빠져 있던 13세기 교회 상황에서 설교를 통해 복음을 전하고 구원 봉사를 수행해야 할 소명감으로 도미니크 수도회(일명 설교자의 수도회)를 설립했다. 그가 만든 수도회 수도사들은 사유재산을 가질 수 없었으며 전적으로 탁발에만 의존하여 살았다.

남프랑스 선교여행, 진리의 등을 밝히다

도미니크는 1170년에 스페인 북부 칼라루에가Calaruega에서 성주였던 아버지 펠릭스Felix와 신앙의 명문가 출신인 어머니 후안나Juana 사이에서 맏아들로 태어났다. 도미니크의 탄생에는 특별한 이야기가 전해져 내려온다. 그가 태어나기 전 그의 어머니가 꿈을 꾸었다. 횃불을 입에 문 개 한 마리가 그녀의 품으로 들어왔는데, 개가 태어나자마자 온 세상을 환하게 비추는 꿈이었다고 한다. 이는 그녀가 잉태하게 될 아들이 장차 그리스도의 등불로 온 세상을 환히 비추어 사람들을 주께로 인도할 위대한 설교자로 성장하게 될 것을 암시하는 꿈이었다고 전한다.

신앙심이 두터운 부모 아래서 자란 도미니크는 일곱 살 때 구미엘Gumiel의 수석 사제였던 삼촌에게 성직 교육을 받았다. 그는 열네 살에 교육의 중심지로 유명한 팔렌치아 대학교에 입학하여 그곳에서 문학과 신학을 수년간 공부한 뒤 스물네 살 때 오스마Osma 대성당에서 사제 서품을 받았다. 박학다식하고 신앙이 돈독했던 그는 오스마의 주교 디에고Diego ▾와 깊은 신앙적 우의를 맺었다.

1203년, 당시 남부 프랑스는 정치적·문화적·종교적 분위기가 가라앉는 추세였다. 중세 초기에 전 유럽으로 신앙적 영향력을 행사하던 분위기는 이 시기에 들어서 퇴조하고 있었다. 또한 그 당시 이단인 카타리파Cathari(일명 알비파)의 전성 시대였다. 조직적인 면에서 막강했던 그들은 청빈생활을 하면서 복음을 선포하기 위해 이곳저곳으로 순례하는 것을 이상으로 삼았다. 카타리파는 세상을 극단적으로 부정하며 기존 교회와 성직자들, 교회의 체제와 재산에 대해 강한 반감을 갖고 있었다.

교회는 남부 프랑스 지역에서 이단 사상을 몰아내고 그들이 다시 교회에 돌아오도록 여러모로 노력했다. 도미니크는 오스마 주교 디에고와 함께 이 일에 동참하기 위해 남부 프랑스 지방으로 선교여행을 떠났다. 그는 여기서 그들이 이단으로 여기는 카타리파가 민중에게 존경을 받는 반면, 가톨릭의 사제들이 경멸당하는 것을 보고 크게 충격을 받았다. 그의 시야를 넓혀 준 이 여행은 가치관 형성에 결정적인 영향을 미쳤다.

그는 1206년에 몬트리올에서 처음으로 이들과 토론을 벌이며 진리를 밝히고자 애썼다. 이렇게 이단자들의 전향을 위해 인내와 끈기로 애쓴 그의 겸손과 친절 그리고 용기가 그들에게 감동을 준 결과 그에게 동참하는 형제들이 생겨났다.

이후 교황 인노켄티우스 3세Innocentius III에 의해 이단에 대응하기 위한 목적으로 시토회 설교 수사회에 합류한 도미니크는 9년 동안 이들과 함께 활동하면서 도미니크

카타리파

카타리파 또는 알비파는 12세기에서 13세기까지 프랑스 남부의 알비와 툴루즈를 중심으로 생겨난 기독교 교파이다. 이들의 교리는 이원론과 영지주의를 바탕으로 되어 있다. 지구에서 인간의 삶 목적은 물질적인 것과의 연결을 끊고 권력을 포기하여 사랑의 법칙에 합치하는 것이라 주장했다. 12세기 교황청은 알비파를 이단으로 파문했고, 1209년에 알비파 탄압을 위해 알비 십자군을 일으켰다. 결국 카타리파는 가톨릭 교회의 탄압으로 1350년에 사라졌다.

수도회 창설을 구상했다. 이단의 위협에 빠진 교회를 지키기 위해서는 사도들과 같은 청빈생활을 하면서 복음을 전파하는 수도회가 필요하다고 절감했기 때문이다. 도미니크는 1216년에 공식적인 수도회 기틀을 만들어 이듬해 교황청에서 발행한 공문을 통해 설교자 수도회로 인정을 받았다.

첫 공동체는 교구로부터 설교에 전념할 수 있는 재정적 지원을 받음으로써 개인적인 가난만을 실천했다. 그러나 5년 뒤부터 수도회는 이 같은 고정적 수입을 거절하고 공동체 전체에 엄격한 가난을 채택해 수도원의 재산 소유마저도 허락하지 않았다. 물론 이 수도회가 추구하는 궁극적인 목적이 가난 자체는 아니었다. 이들에게 가난은 수단이었지만, 이렇게 무소유의 삶을 사신 그리스도를 본받아 사는 삶은 이단의 무리에 대항하는 강력한 무기가 되었다.

그 뒤 도미니크 수도회는 남프랑스를 벗어나 전체 교회를 대상으로 활동하면서 서유럽 전역으로 빠르게 퍼져나갔다. 1220년에 도미니크 수도회의 첫 번째 총회가 이탈리아 볼로냐에서 열렸다. 도미니크는 이듬해인 1221년 8월 6일에 이탈리아 볼로냐에서 51세로 생애를 마쳤으며, 1234년에 성인으로 시성諡聖되었다.

도미니크 수도회, 안일과 향락을 멀리하고 사회봉사에 힘쓰다

그가 도미니크 수도회를 세운 지 4년이 못되어 그 수도회는 스페인·이탈리아·프랑스·폴란드 등 여러 나라로 퍼져 나갔다. 장래의 지도자들이 훌륭한 설교를 준비할 수 있는 역량을 길러야 했기에 공부는 중요한 과제였다. 그래서 도미니크 수도회에서는 재능을 갖춘 젊은이들을 선별하여 일류대학이 있는 파리·로마·볼로냐 등지에 보내어 공부하게 했고, 그로 인해 지성적인 엘리트들을 확보할 수 있었다.

그리고 얼마 지나지 않아 도미니크 수도회 수도사들은 파리·볼로냐·쾰른·옥스퍼드 등에서 대학 교수직으로 확고한 자리를 차지하게 되었다. 많은 학자를 배출한 수도회는 중세 학문 발전에 일조했다. 그중 알베르투스 마그누스Albertus Magnus, 토마스 아퀴나스Thomas Aquinas 등이 대표적인 인물이다. 토마스 아퀴나스는 1243년에 이 수도회에 들어가 철학적·신학적 가르침에 근거를 둔 확고한 정통주의 신학을 고수하여 스콜라 철학을 완성했다.

도미니크 수도회는 프랜시스 수도회처럼 탁발주의와 설교주의를 교단의 2대 원칙으로 삼았다. 도미니크와 프란체스코는 같은 시대의 인물로서 그들이 행한 업적은

알베르투스 마그누스

독일의 신학자이면서 스콜라 철학자·자연과학자이다. 아리스토텔레스 사상을 라틴 사람들에게 이해시키려 했다. 즉, 신학과 철학 사이에 명백한 경계선을 그음으로써 철학이 지니는 자율적인 가치를 분명히 했다. 파리와 쾰른에서 가르치고 레겐스부르크의 주교가 되었으며 도미니크회의 중심인물로 토마스 아퀴나스와 함께 스콜라 철학을 완성했다. 그리고 철학적 사색, 자연의 귀납적 연구 등에서 권리만을 주장하지 않고 그 기초를 놓았으며, 신앙이나 신학의 경계를 명백히 밝혔다.

토마스 아퀴나스

중세 기독교의 대표적인 신학자이자 스콜라 철학자이다. 또한 그는 자연 신학의 으뜸가는 선구자이며 로마 가톨릭에서 오랫동안 주요 철학적 전통으로 자리 잡고 있는 토마스학파의 아버지이기도 하다. 교회학자 33명 중 하나이며, 로마 가톨릭에서는 그를 교회의 위대한 신학자로 여기고 있으며 이에 따라 그의 이름을 딴 학교나 연구소 등이 많이 있다. 아퀴나스의 생애에 대한 최초의 기록자인 토코의 기욤 Guillaume de Tocco은 토마스 아퀴나스가 49살이 되는 해에 사망했다고 전한다.

같으나 성격은 서로 달랐다. 프란체스코가 다정다감한 이탈리아 사람인 데 비해 도미니크는 의지가 강하고 통솔력도 뛰어난 스페인 사람이다. 프란체스코는 학문과 문화에 매이지 않고 좀 더 철저한 가난에 집중했다면, 도미니크는 가난을 중요시하면서도 학문적인 면을 중요하게 여겼다. 도미니크 수도회는 프랜시스 수도회와 함께 중세 가톨릭의 양대 탁발 수도회라 할 수 있다. 그들은 밖은 검은색이고 속은 흰 모자가 달린 검은 외투를 입었고, 높은 직위에 있는 자는 흰색모자, 일반회원들은 검은색 모자를 썼다. 도미니크 수도회는 검은 의상 때문에 검은 옷의 수도사들 Black Friars이라고 불리기도 한다.

1217년에서 1221년 사이에 수도회의 조직을 위한 근본적인 작업들이 진행되었다. 도미니크는 중앙집권적인 것과 지방분권적인 것, 수도회의 고유한 특징인 관상생활과 사목적인 일을 위한 활동, 영감과 조직 사이의 균형을 유지하면서 수도회를 가꾸어 나갔다.

남녀 수도원이 따로 있어 남자 수도원은 주로 전도와 도시민에게 설교를, 그리고 여자 수녀원은 교육에 힘쓰게 했다. 도미니크 수도회 운동의 상당 부분은 종교적인 여성 운동이기도 했다. 수도사들의 목회활동 대상은 개종한 여자들에게 한정되어 있었다. 이들이 계속 이 일을 행함으로 13세기 여성 운동이 교회적으로 확고한 지위를 얻는 데 크게 기여했다. 나아가 도미니크는 다음 시대의 여성 공동체에 관한 모범을 제시하기 위해 여자 수녀원인 제2수녀원을 설립했으며, 교회로 통합하기 위해 수많은 도미니크회 여자 수도원이 생겨났다. 이런 형태는 급속도로 전 유럽으로 확장되었다.

도미니크 수도회는 수도원 안에서의 명상보다는 사회로 나와 활동하는 것을 더 중요하게 여겼다. 그리고 의식보다 설교에 중점을 두었고, 안일과 향락을 멀리하며 금욕과 봉사활동에 힘썼다. 또한 프랜시스 수도회와 마찬가지로 도미니크 수도회는 남자 수도원과 여자 수녀원 외에 평신도로 구성된 제3의 수도회를 조직하여 그 정신으로 살게 했다. 이 수도회의 선교 사역은 멀리 타국에까지 확대되어 나갔으며 그 영향이 매우 컸다.

관상기도로 하나님의 음성을 듣다

도미니크는 설교하는 수도사들의 영성 기초를 관상에 두었다. "관상은 세상과 격리된 채 이루어지는 은둔적 성격을 띠지 않고, 사도적 활동과 조화를 이루는 선교적 차원의 것이다. 설교는 관상의 결실을 전하는 것이며, 공부는 설교를 위한 관상의 방편이다." 이렇듯 도미니크는 설교자들의 삶 전형을 사도들의 선교활동에서 찾고자 했다.

도미니크가 설립한 수도회의 본질적인 요소는 설교다. 설교는 하나님의 말씀과 진리를 선포하는 것이며, 무엇보다 용서와 화해, 구원을 주시는 예수 그리스도를 선포하는 것이다. 설교는 인간을 구원하기 위한 봉사의 방편이다. 구체적으로 도미니크가 지향하는 설교의 특징은 이러하다.

첫째, 설교는 항구하고 지속적이어야 한다. 둘째, 설교는 공동체적이어야 한다. 셋째, 설교는 성령의 이끄심과 하나님 말씀의 풍요로움으로 바탕을 이루어야 한다. 넷째, 설교는 교의적이어야 한다. 신학적·관념적인 것이 아니라, 초기 사도들이 했던 것처럼 그리스도로 인해 주어진 구원을 선포해야 한다. 다섯째, 설교는 긍정적이어야 한다. 구원이 선물임을 선포하고 그리스도를 통해 드러난 하나님의 선하심을 알려야 한다. 여섯째, 설교는 그리스도 중심적이어야 한다. 일곱째, 설교는 예언적이어야 한다. 미래를 비추어 줌으로써 하나님의 구원의 뜻을 밝히고 역사 안에 존재하는 시대의 징표를 알려야 한다.

침묵, 고독, 정적 속에서 마음으로 하나님의 음성을 듣는 기도인 명상기도(예수의 기도 - 마가복음 1:35, 엘리야의 기도 - 열왕기상 19:8, 12)가 영적 추리와 논리적 생각을 하는 기도 자세라면 추리가 멎을 때가 관상기도의 문턱이다. 묵상과 청원 그리고 깨달아 얻는 것까지 모두 중지해야 관상기도에 들어갈 수 있다. 관상기도는 '조용하고 단순한 내적기도'로써 그때는 내가 하는 기도가 아니라 성령께서 하시는 기도다.

이는 대 우주의 아버지인 하나님의 자비로운 가슴에 안겨 있다는 느낌뿐이다. 영적 애인의 품에 안겼다는 고요한 느낌이다. 말이 없고 사랑, 평화, 신뢰, 황홀, 기쁨뿐이다. 때때로 사랑의 고백과 속삭임뿐이다. 아무것도 염려하지 않는다. 사랑하는 주님을 내가 소유하기보다 나를 주께 전적으로 내어 주기만 한다. 도공의 손에 쥐어진 흙덩이같이 지금 무슨 일이 일어나고 있다는 느낌뿐이다. 이것이 관상기도다.

성 도미니크는 '진리'를 수도회의 기본 신조로 삼고, 관상과 활동이 통합된 생활로 규정했다. 즉, 열렬한 기도 생활을 하면서 동시에 사도직 활동을 병행하도록 권면했다. 도미니크는 1221년에 세상을 떠났지만, 그의 수도회 설립 정신은 제도화되어 계속 이어지고 있다.

도미니크 수도회의 또 한 가지 주요 활동은 이단을 개종시키는 일이었다. 이 일을 위해 수도회는 1232년 때부터 종교재판에 관여했다. 이들은 초기에 이단들과 토론하여 그들의 비정통적 신앙을 깨우쳐 회심을 유도하고 거짓 가르침에 대항하였으나 보헤미아의 개혁자 얀 후스 Jan Hus 에 대한 재판에서 고문과 화형이라는 폭력을 사용하고 중세에 마녀사냥을 주도하는 잘못을 저질렀다(1415). 따라서 그들은 사회로부터 존경을 받기도 했지만, 한동안 두려움과 미움의 대상이 되기도 했다. 또한 마르틴 루터의 종교개혁을 반대하고 나선 종교개혁의 가장 강력한 적으로 인식되었다. 그 뒤 종교개혁의 승리와 예수회의 창립 그리고 프랑스 혁명의 영향으로 도미니크회의 영향력은 서서히 줄어들었다가 19세기에 다시 학문적인 분야에서 그 중요성이 인식되었다.

얀 후스

체코의 신학자이자 종교개혁자이다. 그는 존 위클리프의 예정구원설을 기반으로 성서를 기독교 믿음의 유일한 권위로 인정할 것을 강조하는 복음주의적 입장을 보였으며, 교황 등 로마 가톨릭 교회 지도자들의 부패를 비판하다가 1411년에 교황 요한 23세에 의해 교회로부터 파문당했으며, 콘스탄츠 공의회의 결정에 따라 1415년에 화형당했다. 하지만 그가 화형당한 이후 그의 신학사상을 이어받은 사람들이 보헤미안 공동체를 만들고, 그의 주장은 마르틴 루터 등 알프스 이북의 종교개혁자들에게 영향을 끼쳤다.

오늘날 도미니크회는 이탈리아 · 독일 · 프랑스 · 스위스 등지에 흩어져 있다. 1887년에는 도미니크선교수녀회가 설립되어 선교와 더불어 교육사업과 자선사업을 시작했으며, 우리나라에도 1990년에 진출해 활동하고 있다. 다소 급진적이고 과격한 면이 없지 않았으나 평생 청빈을 몸소 실천함으로써 교회에 새 바람을 불러일으킨 성 도미니크는 오늘을 살아가는 우리에게도 많은 교훈을 준다.

잊을 수 없는 한마디

"카타리파의 가르침은 동의하지 않지만, 사도들의 본을 따라 가난한 삶을 사는 생활방식은 훌륭한 일이다. 그러므로 우리가 카타리파보다 더 청빈하고 금욕적이지 못하면 도저히 그들을 교회로 인도할 수 없다."

• 영성의 숲에서 하나님을 만나다

9

가난과 결혼한
평화의 메신저

◆ 성 프란체스코 St. Francesco d'Assisi(1182~1226) ◆

13세기 초에 프란체스코회를 설립하여 로마 가톨릭 교회의 개혁 운동을 이끈 개혁가다. 그리스도를 닮
아가는 삶의 비결로 가난을 택했던 그는 최소한의 사유재산조차 허용하지 않았다. 그는 온 세상, 곧 모
든 생명체를 하나님이 주신 아름다운 선물로 보는 놀라운 재능을 갖고 있었다. 단순하고 무조건적인 사
랑을 실천한 그의 삶은 수많은 사람에게 큰 영향을 주었다.

아시시의 성 프란체스코만큼 많은 사람에게 알려지고 사랑받은 성인
이 없다고 할 정도로 그는 종교를 초월해 다양한 민족과 계층의 사람
들에게 존경과 사랑을 받아왔다. 비록 그가 남긴 글은 거의 없지만,
그를 따르는 사람들과 친구들이 그의 생애와 사상에 대해 많은 내용
을 기록해 놓았다. 프란체스코는 그 시대에 로마 가톨릭 교회의 개혁
을 온몸으로 외친 개혁의 선구자였다.

주인을 섬기겠느냐, 종을 섬기겠느냐?

'작은형제회' 수도단의 창설자인 프란체스코는 이탈리아 아시시Assisi
에서 부유한 포목장사였던 아버지 피에트로 디 베르나르도네Pietro di
Bernardone와 어머니 파카Pica 사이에서 맏아들로 태어났다. 그는 처음에
'조반니Giovanni'란 이름으로 세례를 받았으나 아버지가 그의 이름을
프랑스에서 유래한 프란체스코로 바꾸었다. 자존심이 강하고 가문의
체통을 중요시하는 아버지는 아들이 자신의 가업을 이어받아 훌륭한
사업가가 되기를 바랐다. 그러나 그의 어머니는 아들이 좀 더 가정적
이고 안정적인 직업을 선택하여 살기를 원했다.

프란체스코는 젊은 시절에 라틴어와 프랑스어 등 고등교육을 받았
다. 성격이 매우 활발했던 그는 성장기에 아시시의 청년들 사이에서
유행의 선두가 되어 놀고 마시고 춤추고 노래하고 시를 쓰면서 세월
을 보냈다. 그러던 중 아시시와 페루자 사이에 전쟁이 일어났다. 프란
체스코는 군인으로 그 전쟁에 참전했다가 포로가 되어 적군의 감옥에
서 일 년을 보냈다. 그때가 스물한 살이었다. 포로생활에서 돌아온 프
란체스코는 건강이 악화하여 모든 일에 흥미를 잃었고, 친구와 잘 어
울리지도 않았다. 때로는 깊은 사색에 잠기며 고독한 시간을 보내기
도 하며 인생에 대한 허무와 무상을 느꼈다.

얼마 후 건강을 회복하게 된 그는 더 높은 이상을 갖고 기사가 되기
를 꿈꾸었다. 십자군 원정에 참전하는 명성과 더불어 기사도의 낭만
은 그 당시 많은 젊은이의 마음을 사로잡았다. 1204년에 교황과 황제

• 영성의 숲에서 하나님을 만나다

사이에 전쟁이 일어났을 때 이탈리아 남부에 있는 풀리에로 출정할 기회를 갖게 된 그는 스폴레토Spoleto라는 곳에서 주님이 보여 주신 환상을 보게 되었다. "주인을 섬기겠느냐? 종을 섬기겠느냐?"라는 주님의 물음에 "주인을 섬기겠다"고 응답하자 아시시로 돌아가라고 해서 되돌아왔다.

▼성 프란체스코의 생애

1205년 어느 날, 프란체스코는 아시시 밑에 있는 평원으로 혼자 말을 타고 교회로 가던 중 맞은편에서 오는 문둥병자를 만났다. 처음에는 놀라서 피하려다가 비겁한 자신을 발견하고 마음 깊이 잘못을 회개하고 말에서 내려 문둥병자에게 다가가 사랑의 마음으로 그를 안아주고 입을 맞추었다. 그 경험은 지금까지 부모의 품에서 귀하게 자라왔던 자신의 한계를 극복하고 새로운 삶을 개척하는 매우 중요한 계기가 되었다.

▼성 다미아노 교회

그의 삶의 방향을 바꾸어 놓은 또 하나의 일화가 있다. 아시시의 교외 조그마한 언덕에 성 다미아노 교회St. Damiano Church▼가 있었다. 오랫동안 수리하지 않아서 퇴락하고 황폐한 작은 교회였다. 프란체스코는 때때로 이곳에 찾아와 기도했다. 1206년, 프란체스코가 스물세 살 되던 해 어느 날, 다미아노 교회에서 십자가를 바라보며 회개 기도를 드리는 가운데 주님의 음성을 들었다. "프란체스코야! 내 집을 세워라. 내 집이 무너져가고 있다."

처음에 그는 단순히 다미아노 교회를 수리하라는 말씀으로 생각했다가 날이 갈수록 타락의 늪으로 빠져 들어가는 전체 교회를 개혁하라는 의미로 깨달았다. 그는 먼저 다미아노 교회를 수리하기 시작했다. 필요한 경비는 집에 있는 값비싼 포목과 귀중품을 팔아서 마련하고 그 돈을 성당의 책임 신부에게 내놓았다.

이렇게 달라진 그의 생활은 집안에서 큰 문제가 되었다. 이를 알게 된 아버지는 노발대발하며 그를 방에 가두었다. 그래도 프란체스코는 가난한 이들에게 재산을 나누어 주겠다는 뜻을 굽히지 않았다. 이 일로 인해 그는 아버지에게 고소당하여 재판을 받게 되었다. 결국 프란체스코는 재산 상속권을 포기하였을 뿐만 아니라 육신의 아버지와 결별하고 하늘 아버지를 따르겠다고 작정했다.

1209년에 그는 삶에 이정표가 된 또 하나의 중요한 사건을 경험했다. 예배를 드리는 중에 〈마태복음〉 10장을 읽다가 복음을 듣고 또 한 번 삶의 전환점을 갖게 된 것이다. "너희가 거저 받았으니 거저 주어라 너희 전대에 금이나 은이나 동을 가지지 말고 여행을 위하여 배낭이나 두 벌 옷이나 신이나 지팡이를 가지지 말라 이는 일꾼이 자기의 먹을 것 받는 것이 마땅함이라"8~10절

그 말씀에 감동을 받은 프란체스코는 그 자리에서 자신이 입고 있던 좋은 옷을 벗어 버리고 통으로 된 자루 옷을 걸치고 허리는 교회에 굴러다니던 새끼줄로 묶고 신고 있던 신발을 던져버렸다. 그는 예배를 마치고 나와 사람이 많이 모여 있는 곳에 가서 두 손을 높이 들고 "형제들이여 하나님께서 여러분에게 복 주시기를 원합니다"라고 축

복의 말씀을 선포했다.

세상을 변화시키는 작은형제회

세상과 타협을 거부한 그는 설령 자신의 생각이 세상 모든 이의 생각과 다르더라도 자기 뜻을 굽히지 않았다. 그를 움직이는 가장 큰 힘은 그리스도를 본받아 살겠다는 철저한 헌신이었다. 프란체스코가 처음 거리에서 설교하기 시작했을 때 사람들은 비난하며 비웃기도 했다. 하지만 그의 놀라운 행동에 큰 관심을 가지고 그를 따르는 사람들이 생기기 시작했다.

얼마 후 그의 형제들은 열한 명으로 늘어났다. 프란체스코가 스물여덟 살 되던 해였다. 그는 그들을 '작은형제회Order of Minor Brothers(일명 프란체스코회)'라고 이름 짓고, '전도, 청빈, 봉사' 하는 생활을 같이 했다. 그들의 목표는 '그리스도를 닮는 일'이었다. 프란체스코와 그를 따르는 사람들은 한 곳에 머무는 집이 없었다. 작은 터스칸 산과 언덕, 도시를 돌아다니며 손닿는 대로 일을 도와주고, 때로는 문둥병환자들을 돌보았다. 그들이 한마디도 하지 않은 채 시내를 한 바퀴 돌고만 와도 회개하는 자가 속출했다. 아시시의 유력한 인물 중에 프란체스코가 이끄는 형제회에 들어오는 사람이 너무 많아 나중에는 시에서 항의하기도 했다.

작은형제회는 그리스도를 벌거벗고 따르기 위해 개인적으로나 공

동으로도 돈이나 소유를 갖지 않았다. 프란체스코는 "완전한 가난은 기쁨을 준다"고 가르쳤다. 그와 함께하는 수도사들도 의식주를 염려하지 않았다. 이는 하나님이 친히 그들에게 공급해 주시리라 믿었기 때문이다. 구제는 하나님의 뜻이며 신성한 것으로 생각했다. 그리고 누구든지 시장거리에서 맨발로 서서 구제를 청해 본 사람들만이 가난한 사람들에게 참 동정을 가질 수 있다고 보았다.

프란체스코의 가르침으로 무장한 그의 형제들은 "천지에 아무것도 없다 할지라도 내 정신은 자유하다"는 마음으로 수도생활을 함으로써 모든 이에게 매우 큰 도전을 주었다. 특히 도시 빈민들의 지지를 받았다. 그들은 굶주리고 목말랐다. 하지만 용감한 예수의 제자들은 언제나 노래와 웃음을 잃지 않았다. 그들은 밤새도록 기도하며 즐거워하고 기뻐하였기에 '하나님의 익살꾼'이라는 별명을 얻었다.

프란체스코의 사역 가운데 맨 먼저 조직된 작은형제회에 이어 클라라수녀회와 제3수녀회가 설립되었다. 특히 제3수녀회는 가정이나 직업을 포기하지 않으면서 프란체스코의 규범을 따를 수 있게 했다.

말년에 프란체스코는 눈물과 기도가 너무 많아서 눈이 점점 어두워졌다. 그리고 그는 1224년 9월, 라 베르나

산에서 기도와 명상을 하던 중 예수님이 십자가에 달렸을 때 받은 상흔 傷痕처럼 양손과 발과 허리에 오상을 체험했다. 이는 가톨릭 최초의 공식적 상흔으로 인정받았다. 그리고 1224년 9월에 프란체스코는 완전히 눈이 멀었다. 1226년 10월 3일, 죽음이 가까웠을 때 그는 〈태양의 노래〉를 반복하여 부르면서 천국을 향했다. "오, 나의 자매 죽음이여, 나는 진심으로 그대를 환영합니다"라는 것이 그의 마지막 말 중의 한마디였다고 한다.

가난은 나의 신부, 어머니, 누이

성 프란체스코의 신비주의는 그리스도를 따르는 고난의 신비다. 그는 가난과 결혼했다. "가난은 나의 신부, 어머니, 누이다"〈아가서〉에 나오는 용어라고 했다. 이 절대 청빈이야말로 그리스도께서 세상에 계실 때 생활하시고 교훈하신 터전이었으며, 초대교회의 기독교인이 지향했던 목표였다. 프란체스코와 그의 형제단의 절대 청빈생활은 소극적이거나 부정적인 금욕이나 극기가 아니었다. 그는 청빈을 신부처럼 환희와 기쁨의 대상으로 여기고 영원히 충실한 반려자로 여기며 생활했다. 프란체스코가 청빈생활로 하늘 아버지만 사랑하고 의지한 생애, 인간을 사랑한 마음 그리고 자연을 대하는 태도는 모두 예수 그리스도와 비슷하다.

그의 목표는 예수 그리스도의 교훈을 좇으며 그의 발자취를 온전히

▼ 조토 디본도네Giotto di Bondone의 〈새에게 설교하는 성 프란체스코St. Francis Sermon to the Birds〉, 1297∼1299, 이탈리아 회화, 270×200cm, 성 프란체스코 성당

따르는 데 있었다. 그는 온 세상, 곧 모든 생명체를 하나님이 주신 아름다운 선물로 보는 놀라운 재능이 있었다. 그는 자연에서 하나님을 찾으려 했다. 그가 만든 〈태양의 노래〉를 보면 "만물을 형제자매로 여기며 태양은 형이요, 달은 누이라"고 했다. 모든 피조물, 심지어 죽음까지도 생명의 독특성을 가지며 창조자의 생명과 성품을 드러내는 것으로 보았다. 그가 산새들에게 설교한 예화는 유명하다. 새들에 대한 설교는 자연과 우주적 교감을 나타내는 상징적 사건이다.

그의 수도단은 절대 사랑과 청빈으로 그리스도의 가르침과 그분의 발자취를 따르는 단체였다. 그리스도를 닮아가는 삶의 비결로 가난을 택했던 그는 최소한의 사유재산조차 허용하지 않았다. 어떤 것을 소유하는 것은 하루하루 하나님만 의지하는 삶에서 찾을 수 있는 안전을 소유물에서 찾으려는 행위로써 사람들을 갈라놓기 쉽다고 생각했기 때문이다. 가난의 동기는 가난하신 그리스도께 대한 사랑이었으며, 겸손은 내적 가난, 마음의 가난과 같은 뜻이다. 가장 완전하고 참된 기쁨은 예수님 때문에 고통당하는 것으로 보았다.

프란체스코는 진정한 가난이란 외적인 환경이 아니라 영혼의 상태라고 느꼈다. 그러므로 가난은 전적으로 자발적이어야 하고 사랑을 실천해야 했다. 따라서 완전하고 자발적이며 내적인 가난만이 자유를 준다고 믿었다.

그는 스물세 살에 회개하고 신앙생활을 시작해서 마흔다섯 살에 하나님의 부르심을 받고 생을 마감하였지만, 온몸으로 사람들을 사랑한 성자이며 평화를 만천하에 선포한 사도였다. 프란체스코의 이 같은 사랑의 삶은 당시 사회에 엄청난 영향력을 끼쳤다. 〈평화의 기도〉는 그가 직접 쓰지는 않았지만, 그의 삶을 가장 정확하게 담아내고 있다는 평가를 받는다. 그 기도문은 지금도 우리에게 생생한 감동으로 다가오며 우리의 삶을 다시 한 번 추스르는 동기를 부여해 준다.

잊을 수 없는 한마디

주여, 내 자매인 물을 통해 찬미를 받으소서. 물은 매우 유용하고 겸허하며 귀하고 순수합니다. 주여, 내 자매인 달과 별들을 통해 찬미를 받으소서. 당신께서는 하늘에 그 깨끗하고 귀하고 아름다운 것들을 만들어 놓으셨습니다. 주여, 내 형제인 바람을 통해 찬미를 받으소서. 그리고 공기와 구름과 아름다운 날씨를 통해 찬미를 받으소서. 그것들을 가지고 당신께서는 당신이 만드신 모든 것을 먹여 살리십니다. 주여, 내 자매인 물을 통해 찬미를 받으소서. 그것을 가지고 당신은 밤을 밝히십니다. 물은 아름답고 명랑하고 활기차고 튼튼합니다. 주여, 당신의 모든 생물로써 특별히 내 형제인 태양을 통해 찬미를 받으소서. 태양은 대낮이고, 그것을 가지고 당신은 우리에게 빛을 쏟아 주십니다. 태양은 아름답고, 커다란 광휘로써 빛납니다. 태양은 가장 높으신 당신을 닮았습니다.

-〈태양의 노래〉(프란체스코가 병상에서 쓴 찬미가)

백합처럼 순결한
맨발의 성녀

◆ **성녀 산타 클라라** St. Santa Clara(1194~1253) ◆

여자 수녀원 클라라회를 창설한 클라라는 성 프란체스코의 설교를 듣고 감동을 받아 수도생활을 시작했다. 그는 청빈, 단순함, 봉사의 삶을 살았으며, 40년 동안 수녀원을 돌보며 살았다. 병고에 시달리면서도 희생적인 사랑을 몸소 실천했던 클라라는 물질 만능으로 병들어 가는 오늘날 단순한 생활과 함께 예수 그리스도를 닮아가라는 교훈을 우리에게 준다.

프란체스코의 첫 여성 제자인 클라라는 스물한 살에 여자 수녀원 원장으로 임명받았다. 수녀들은 맨발로 지내고, 맨바닥에서 잤으며, 고기를 먹지 않았고, 침묵을 지켰다. 그들은 심지어 하루를 생활해 나가는 데 필요한 재물조차도 소유하지 않았다. 후에 클라라는 자매들에게 그런 과격함을 완화하도록 설득했으나 그가 가장 중요하게 여긴 것은 복음적 가난이었다. 단순함으로 이끈 흔들림 없는 결단력과 복음적 생활, 이상을 잃게하는 현세적 압박에 맞선 용기 있는 저항, 열렬한 기도생활 등으로 그는 영원한 안식에 들어갈 때까지 순명으로 그 직책을 성실히 수행했다.

　당시의 기록들은 아시시의 다미아노 교회에서 살던 클라라의 생활에 대한 칭찬으로 가득하다고 한다. 그는 식탁 옆에서까지 환자들을 돌보았고, 구걸하는 수녀들의 발을 씻겼다. 그가 기도드릴 때는 얼굴이 너무나 빛나서 주위 사람들의 눈이 부실 정도였다고 전해진다. 그의 영향력은 대단해서 교황과 추기경 및 주교들의 자문 역할을 할 정도였으며, 그가 이끈 클라라회는 급속도로 이탈리아 전역과 프랑스·독일로 보급되었다.

화려한 옷을 벗고, 거친 무명옷을 입다

그리스도를 위해 모든 것을 버린 백합같이 순결한 성녀 클라라는 이탈리아의 아시시에서 귀족인 오프레두초Offreduccio와 오르토라나Ortolana의 딸로 태어났다. 용모가 예뻤던 그는 열두 살 때 혼인을 서두르는 부모의 강권을 물리쳤다. 1212년, 열여덟 살 때 사순절에 어머니와 함께 예배에 참석했던 클라라는 성 프란체스코의 설교를 듣고 크게 감명을 받아 수도생활을 하기로 결심했다. 그는 프란체스코를 찾아가 거룩한 복음에 따라 자기도 수도생활을 할 수 있도록 도와달라고 부탁했다. 그리고 성지주일에 부모 몰래 집을 나와서 프란체스코와 형제들이 기다리고 있는 포르치운쿨라Portiuncula 성당˙으로 갔다.

　그곳에는 프란체스코가 출가한 형제들과 함께 생활하고 있었다. 프란체스코와 그의 형제들은 성당 입구에서 횃불을 들고 클라라를 영접했다. 그가 그곳 제단 앞에서 입고 있던 화려한 옷을 벗어 버리자 프란체스코는 가위로 그의 금발 머리카락을 자르고, 거친 무명옷과 노끈으로 허리를 매는 참회의 수도복을 입게 했다. 그리하여 클라라는 스승이요 영적 아버지인 프란체스코를 따라 세속을 떠나 예수님의 가난과 겸손과 사랑의 길을 걷기 시작했다.

▼포르치운쿨라 성당

프란체스코는 그때 아직 여자 수녀원을 세우지 않았으므로, 바스티아 근방 성 바오로라는 베네딕트 수도원에 그를 머물게 했다. 그러나 클라라의 부모가 그를 강제로 집으로 데려가려고 하자 그는 머리에 둘렀던 수건을 벗어 삭발한 자기 머리를 보여 주면서 강경하게 거절했다. 얼마 후에는 동생 아그네스Agnes까지 언니를 따라 집을 나와 클라라에게 왔기 때문에 가정의 박해는 더 심했다. 화가 난 그의 아버지는 열두 명의 장정을 무장시켜 아그네스를 데려오려고 하였지만, 클라라의 간절한 기도의 힘으로 끝내 아무도 데려갈 수 없었다.

그 뒤 클라라와 그의 친구들은 다미아노 교회 근처의 작은 수녀원으로 거처를 옮겨 공동체를 형성했다. 이 공동체는 나중에 '클라라회'로 불리게 되었다. 클라라는 1215년에 새로운 공동체를 지도하는 수녀원장이 되었으나 정작 그는 언제나 자신을 그리스도와 가난한 자매들의 시녀라고 불렀다. 그 뒤 그의 어머니도 이 공동체에 동참했고, 막내 베아트리체Beatrice도 입회했다.

클라라는 1216년에 인노켄티우스 3세로부터 '가난의 특권'을 얻었는데, 이것은 전적으로 애긍哀矜(불쌍히 여김)에 의존해도 좋다는 허락이다. 클라라는 이 가난의 특권을 유지하는데 늘 고심했다. 클라라회의 수녀들은 당시 어느 수도회보다도 엄격하고 가난했다. 그래서 다른 성직자들이 규칙이 너무 엄격하다고 반대해서 많은 어려움을 겪었다. 그러나 클라라를 비롯한 동료는 높은 수준의 관상가들이었으며, '복음적 완덕의 가장 완전한 표현'이 되고자 끊임없이 노력했다.

클라라회의 수도 회칙을 승인받기까지

성 클라라와 그의 공동체는 그때까지 여성단체에는 알려지지 않은 고행을 수도생활에 부과하고 실천했다. 이들은 프란체스코가 자신의 생활양식과 비슷한 신앙적 권고로 작성하여 준 생활양식에 따라 일체의 물건이나 재산을 소유하지 않고 자선품에 의존하며 살았다. 그러다가 클라라는 1228년에 프란체스코 수도 규칙과 우고리노 규칙(베네딕트 규칙에 따른 생활양식)을 기초로 새로운 수녀회의 규율을 정한 뒤 이 규율에 대한 인준을 받기 위해 교황청에 올렸으나 교황 그레고리우스 9세Gregorius IX 로부터 거절당했다.

1240년에 클라라가 아시시를 침공한 사라센인들을 쫓아내는 기적을 행한 일화는 유명하다. 사라센 침공으로 수녀원이 점령 직전에 있었을 때 그는 수녀원 벽에 기도문을 붙였다. "오! 주님, 제가 당신의 사랑으로 길러 온 무력한 이 자녀들을 적의 손에서 구해 주시는 것이 당신의 마음에 맞는 일이 아니옵니까? 제가 지금 보호해야 할 이들을 주께서 보호해 주시기를 간절히 애원합니다." 그리고 자매들에게는 "두려워 마시오, 예수 그리스도를 믿으십시오"라고 말했다. 결국 사라센은 도망가고 말았다.

1243년, 클라라는 자신이 작성한 규칙의 인준을 교황 인노켄티우스 4세에게 다시 요청하였으나 거절당했고, 1247년에 새로운 규칙을 의무적으로 받게 되었다. 이 규칙은 작은형제회와의 영적 유대는 보장되었지만, 공동 재산을 인정하는 것으로 클라라가 하나님께만 전적인 신뢰를 두는 가난으로 살고자 하는 이상과는 거리가 있었다.

그래서 클라라는 인준 받은 프란체스코의 회칙을 근본으로 하여 관상과 봉쇄封鎖생활에 적용하는 고유한 규칙을 다시 썼다(1252). 클라라는 이 규칙에서 자매들의 생활은 복음적인 생활로써 교회와 일치하고, 특히 프란체스코 형제회와 같은 정체성으로써 형제회와 일치하며, 예수님의 가난과 겸손에 근본을 두는 생활이라는 것을 원칙으로 했다. 그리고 재산이나 토지를 임대함으로 얻어지는 고정적 수입을 거절하고, 말씀대로 손수 일하여 생

그레고리우스 9세

이탈리아 아시시 출신으로 교황 인노켄티우스 3세의 조카이다. 1198년에 추기경이 되었으며 1227년 3월 19일에 교황으로 선출되었다. 그레고리우스 9세는 교회를 국가에 예속시키려고 시도한 로마 제국의 프리드리히 2세를 두 번씩이나 파문하기도 했다. 파르마에서는 이단을 무력화하기 위해 교회군을 조직하기도 했다. 또한 그는 성 프란체스코와 친교하였고 도미니크 수도사들을 보호하기도 했다. 1241년에 로마에서 사망했다.

계를 마련하며 애긍에 의존하라고 명시했다. 그리고 관상생활을 위한 수단으로 봉쇄와 침묵, 하나님의 자녀가 누려야 하는 자유를 강조하며, 엄격한 규정을 내릴 때에도 가족과 같은 분위기 안에서 지혜롭게 배려하는 융통성을 보여 주고 있다.

1224년에 시작된 그의 중병은 세상을 떠날 때까지 계속되어 건강 때문에 큰 고통을 받았다. 그럼에도 40년 동안 공동체를 한결같이 헌신적으로 섬기며 청빈과 희생적인 사랑을 몸소 실천하였던 클라라의 성결함이 널리 알려져 세상에 큰 영향을 끼쳤다.

성 프란체스코의 뜻이 담긴 클라라회의 규칙은 그녀가 운명하기 이틀 전에야 겨우 승인을 받을 정도로 그 엄격성 때문에 논란이 많았다. 교회 역사 안에서 여성 수도자로서 최초로 쓴 이 규칙은 마침내 1252년 9월 16일 자로 인준을 받았고, 교황 인노켄티우스 4세가 1253년 8월 9일 교령으로 재확인했다. 그토록 원하던 교황 칙서를 첨부한 수녀원 규칙을 받은 클라라는 크게 기뻐하였으나 이틀이 지난 8월 11일에 세상을 떠났다. 그녀는 숨을 거둔 지 2년 뒤 1255년에 성인으로 추대되었다.

주님의 고난에 동참한 관상생활

클라라의 생활은 그 엄격성과 높은 덕으로 유명하다. 하루 대부분은 침묵으로 지냈고, 눈이 오더라도 맨발로 다녔으며, 하루에 주님의 기도를 백 번씩 바쳤다고 한다. 그의 말과 표정은 공동체가 완덕을 지향하는 데 큰 격려가 되었고, 하나님과의 일치는 관상생활의 모범이 되었다. 그는 수도생활 중 수많은 기적을 체험하였고, 자주 탈혼ecstasy에 빠졌다고 한다. 클라라는 수녀원 재산을 수녀원 밖의 사람들도 이용하도록 배려하는 등 획기적인 삶을 살았다. 특히 그는 주님의 고난에 대하여 큰 관심을 가졌다. 그 때문에 클라라의 몸에 십자가의 형상이 새겨졌다고 전해져 온다. 사람들에게 했던 그의 믿음의 고백이 그러한 삶을 보여 준다.

"가난하고 겸손하신 그리스도를 본받으려 노력하면 주님은 그만큼 기쁨으로 채워주십니다. 당신의 정신을 영원히 울리는 종 앞에 두십시오. 당신의 영혼을 하나님 영광의 빛 속에 잠기게 하십시오. 하나님 본질의 성육신이신 그리스도에게 마음으로 결합하십시오. 이 같은 관상기도에 의해 당신을 전적으로 그의 신성을 닮은 모습으로 변하게 하십시오. 이 같이 함으로 하나님의 벗만이 지각하는 바를 느낄 수 있을 것이며, 하나님께서 세상 맨 처음부터 하나님을 사랑하는 사람들을 위해 마련해 두신 신묘한 감미로운 기쁨을 느낄 것입니다.

모든 처녀 중에 가장 빛나는 처녀(마리아)가 그리스도를 육체에 잉태했듯이 당신도 그분의 뒤를 따른다면, 특히 그분의 겸손과 청빈을 따른다면, 청순한 처녀로서 그리스도를 영적으로 언제나 잉태(임재)할 수 있을 것입니다.

당신이 이 세상의 헛된 보화를 소유하는 것보다 가장 귀한 그분을 소유할 수 있을 것입니다. 나는 주님 안에서 당신에게 부탁합니다. 아

조토 디본도네Giotto di Bondone의 〈성 프란체스코의 죽음을 슬퍼하는 성 클라라St. Francis
Mourned by St. Clare〉, 1300, 프레스코화, 270×230cm, 성 프란체스코 성당

무쪼록 주님을 찬미하기 위해서만 사십시오. 당신이 주께 바치는 영광과 존귀를 도리에 합당한 것이 되게 하십시오. 그리고 언제나 당신의 희생을 지혜의 소금으로 맛나게 하십시오.

내가 건강하기를 원하는 것과 똑같이 당신의 건강을 빕니다. 아무쪼록 나의 자매들과 나를 당신의 기도 속에서 생각해 주십시오."

40여 년간 하나님 중심의 청빈한 삶을 지향하며 사람 밑에서 종으로 산 클라라의 영성은 세속의 안일함을 누리려는 뭇 여성들을 거룩한 삶으로 돌이키게 했다. 그의 삶은 물질 만능으로 병들어 가는 세상의 수많은 사람에게 단순한 생활과 그리스도께 대한 깊은 사랑을 하도록 격려하며, 관상기도를 통해 예수 그리스도의 신성을 닮아가라는 교훈을 우리에게 준다.

잊을 수 없는 한마디

"세상일에 매달려 사는 가련한 소경들을 얽어매는 기만적 유혹에는 눈을 팔지 말고, 당신의 존재 전체로 그분을 사랑하십시오. 당신을 사랑하기 위해 자신을 다 내어 주신 그분! 태양도, 달도, 그 아름다우심을 찬양하는 그분을 사랑하십시오."

"영원의 물건을 위해 시간의 물건을 놓아두고 지상의 물건들 대신 천상의 물건을 선택하여 하나를 포기하고 백 배를 받으며 복되고 영원한 생명을 소유하네."

11

고독과 시험을 넘어선 고요한 개혁가

◆ 토마스 아 켐피스 Thomas à Kempis(?1380~1471) ◆

독일의 수도사로서 1413년 사제 서품을 받았다. 수도원에서 70년 동안 살면서 동료와 열심히 일하고 기도하며 침묵을 벗 삼아 깊은 명상을 했다. 생애 대부분을 아그네스템베르크의 아우구스티노회 수도원에 있으면서 많은 수양서와 전기를 저작했다. 서른세 살 전후로 쓴 《그리스도를 본받아》는 기독교 문학 가운데 가장 영향력 있는 작품으로 꼽힌다.

한 수도자가 쓴 책 한 권이 수많은 독자의 인생을 바꾸고 또한 끊임없이 지혜와 용기를 주고 있다. 브리태니커 백과사전에 의하면 《그리스도를 본받아》는 기독교 문학 가운데 가장 영향력 있는 작품으로 꼽힌다. 메시지의 단순성과 책의 내용에 다가가기 쉬운 접근성은 이 책을 매력적으로 만든다. 《기독교 명저 60선》에서 이현주 목사는 《그리스도를 본받아》의 영향력을 이렇게 표현했다.

"지난 500년 기독교 역사에서 이 작은 책이 끼쳐 온 방대한 영향력을 모두 측량하기란 거의 불가능한 일이다. 그 지혜의 깊이와 생각의 명료함 그리고 사람을 변화하게 하는 능력에서 아마도 《성경》 다음 가는 책이라고 할 만하다."

말씀 묵상이 내적 부요한 삶을 살게 하다

14세기 유럽 대륙은 100년 동안 유럽을 파멸한 페스트에서 벗어날 길을 찾고 있었다. 게다가 조직화된 교회를 침식케 하는 부패 문제를 처리해야 했다. 그가 태어나기 오래 전부터 시작된 분열은 그의 세기까지 계속되었다.

토마스 아 켐피스는 1380년에 독일 뒤셀도르프Düsseldorf 근처에 있는 작은 마을인 켐펜Kempen에서 태어났다. 그래서 그의 이름은 켐펜에서 태어난 토마스란 뜻으로 '토마스 아 켐피스'라고 불린다. 부친 헤메르켄Hämerken은 평범한 대장장이였고, 어머니는 어린아이들을 위한 학교를 운영했다. 어머니는 두 아들의 경건생활에 큰 영향을 끼쳤으며, 아들 요한과 토마스는 모두 교회 역사상 위대한 인물이 되었다.

토마스는 네덜란드의 데벤터르Deventer와 빈데스하임Windesheim에서 학교에 다녔는데, 여기서 '공동생활 형제단'을 알게 되었다. 열세 살에 형 요한이 소속되어 있던 '공동생활 형제단'에 들어간 그는 창설자인 게르하르트 그루테Gerhard Groote의 일기를 편집하면서 큰 감화를 받았다. 이 수도회는 1376년에 교황 그레고리우스 11세Gregorius XI가 인준한 수도회였다. 이곳에서 토마스 아 켐피스는 그루테의 제자인 플로렌티우스Florentius에게 7년간 영성훈련을 받았다.

토마스는 이곳 수도회에서 함께 생활한 소감을 이렇게 표현했다. "그들은 하나님 안에서 한마음과 한뜻을 가진 사람들이었고, 모든 회원은 서로 물건을 공동 소유했으며, 소박한 음식에 검소한 옷차림을 즐기고 주님 말씀대로 내일을 걱정하지 않는 사람들이었다. 그들처럼 경건하고 하나님과 동료끼리 서로 사랑하는 마음이 가득 차 있는 사람은 일찍이 본 일이 없었다. 그들은 땅 위에 살지만, 이 세상 사람들은 아니라 할 만하다." 그는 스승과 스승의 동료의 경건과 덕망의 인격에 큰 감동을 받았다.

그 뒤 그는 열아홉 살 되던 해(1399)에 형이 원장으로 있는 즈볼러Zwolle의 성 아그네스 수도원으로 옮겨 경건생활과 말씀 연구에 집중했다. 그는 그런 과정에서 "누구든지 나를 따라오려거든 자기를 부인하고 자기 십자가를 지고 나를 따를 것이니라"마가복음 8:34는 말씀을 주님의 명령이라 확신하고 그분을 위해 살기로 했다. 그는 이 수도원에서 1414년에 사제 서품을 받았으며, 1429년에는 부수도원장이 되었는데, 그의 외적인 삶은 그리 주목할 만한 것은 없었다. 하지만 그의 내적인 삶은 깊고 부요했으며, 그리스도께 대한 순수한 헌신으로 충만했다. 그는 한동안 교황의 명령으로 그곳을 떠나 있다가 1448년에 다시 돌아와서 1471년에 세상을 떠나기까지 머물며 수도했다.

게르하르트 그루테

경건의 창시자이다. 그는 유복한 가문에서 성장하였지만, 모든 것을 뒤로하고 자국의 선교사와 방랑 설교자로서 활약하면서 사람들에게 철저하게 회개와 개인적인 경건을 강조했다. "여러분의 지식의 근원과 여러분의 삶의 모범은 그리스도의 복음입니다." 이에 많은 신자가 따르면서 '신경건 운동'이 확산했다. 특히 그들은 스콜라 신학의 사변적이고 이성을 철저히 경계하고, 영성의 원천을 오직 《성경》에 두었다. 이 운동은 토마스 아 켐피스에게 영향을 주었다.

그는 《성경》 안에서 믿음의 삶을 산책하고, 그리스도의 품을 거닐었던 타고난 수도승이었다. 헛된 명예나 이름이 들어나는 것을 싫어했다. 그의 소명은 《성경》을 포함한 사본들을 필사하는 것이었다. 한평생 《성경》을 네 번이나 필사했는데, 그의 필사체가 얼마나 아름다운지 그가 베낀 《성경》은 보는 이마다 경탄을 자아낸다고 한다. 그는 아그네스 수도원의 사가史家이자 수도원의 부원장으로서 수도사들을 지도하고 수도원 문서를 책임졌으며, 영적 감화력을 많이 끼친 활동적인 명상가였다. 이런 그의 수도원 생활은 《그리스도를 본받아》를 통해 정점을 이루었다.

그레고리우스 11세

프랑스의 리무쟁에서 1329년경에 태어났다. 1348년경 19세의 나이로 추기경이 된 후 이탈리아의 페루자에서 법학을 공부했다. 그는 학식이 풍부하고 겸손한 성직자라는 평을 받는다. 그의 재위 중 앙주 왕가와 아라곤 두 왕가 사이에 대립이 발생하여 비스콘티 가문Visconti family에 대항하는 전투가 치열했다. 그래서 그레고리우스 11세는 이탈리아 중부의 자신의 영토를 회복하기 위해 전쟁하지 않을 수 없었다. 그리고 교회 내부적으로는 수도회, 특히 도미니크회와 성 요한 기사단을 개혁하려고 노력했다. 그는 프랑스인으로서는 마지막 교황이자 최후의 아비뇽 교황이었다.

《그리스도를 본받아》, 하나님과 친밀한 사귐을 갖게 하다

토마스 아 켐피스는 하나님을 향한 불타는 사랑과 깊은 겸손, 《성경》에 대한 해박한 지식, 인간성에 대한 통찰력과 너그러운 이해심으로 인생의 참된 목적을 알고 그것을 성취하려는 모든 이에게 슬기롭고 신뢰할 만한 조언자가 되고 있다.

이런 토마스를 연구한 크루이스 박사는 "토마스의 《그

▼ 라틴어로 출판된 《그리스도를 본받아》(1418). 가장 오래된 책으로 추정되고 있다.

리스도를 본받아》는 예수가 하늘로부터 이 땅으로 가져온 빛을 가장 완벽하게 반사하고 있으며 최고 수준의 그리스도교 철학을 전개하고 있다"라고 했다.

토마스 아 켐피스의 영성은 그의 삶과 저서를 통해서 이해할 수 있다. 앞에서 이미 밝혀졌지만, 그는 묵상과 내적 삶을 강조하는 영적 운동가였다. 그는 아우구스티누스파 수도회의 한 지부인 신앙공동체에 속하는 젊은이들을 위한 영적 지도자로 평생을 조용히 보내며 필사자로서 한평생을 살았다. 이런 생활의 배경에서 나온 《그리스도를 본받아》▼는 헌신에 대한 고전 작품으로써 수세기 동안 존 버니언의 《천로역정》에 버금가는 영향을 미친 대표적인 신앙서적이다.

라틴어로 기록된 그의 대표작 《그리스도를 본받아》는 4부로 되어 있다. 1부는 영성생활에 관한 권고, 2부는 내적 생활에 관한 권고, 3부는 내면의 위안에 관하여, 그리고 4부는 복된 성만찬이다. 4부에서 토마스는 성만찬의 신학적·역사적 배경을 설명하고 있다.

책 제목이 보여 주고 있듯이, 이 책의 목적은 그리스도인들에게 그리스도의 모범을 본받음으로써 완전한 길을 가도록 가르치는 데 있다. 또한 지나치게 바쁜 외적인 삶에 대해 경고하고 있으며, 내적인 경건의 삶을 강조하고 있다. 적극적으로 세상에 나가서 죄악과 싸우는 길을 말하지는 않지만, 고요히 은둔하여 하나님과 친하게 깊이 사귀는 길을 감동적으로 가르치고 있다.

이 책은 14세기에서 16세기에 로마 가톨릭을 휩쓸었던 '근대 경건운동Devotio Moderna' 이라는 영적 운동을 나타내는 완벽한 표현으로 불려 왔다. 《그리스도를 본받아》에 있는 영적 지침의 주제 중 몇 가지를 소개한다.

군중을 뒤로하고 떠나라

말하기 좋아하는 병의 치료약은 무엇일까? 대화는 줄이기보다는 완전히 끊어버리기가 더 쉽다. 이는 내면성과 영성을 원하는 사람은 군중을 뒤로하고 떠나 예수님과 시간을 보내야 한다는 것이다. 집에서 조용한 시간을 충분히 보내지 못한 사람은 다른 사람들과 같이 있는 자리에서도 편안함을 느낄 수 없다. 입을 다무는 방법을 터득하지 못한 사람은 확신을 하고 말할 수 없다. 사병으로서 살아남은 경험이 없는 사람은 장군으로서 성공할 수 없다. 말씀에 순종해 보지 않은 사람은 말씀을 경외할 수 없다.

침묵과 고요함

믿음이 있는 사람은 고요함과 침묵 속에서 성숙하며, 《성경》 말씀의 의미를 분명히 깨닫게 되고, 매일 밤 주님을 향한 헌신의 눈물을 흘린다. 조용히 있는 법을 터득해 갈 때 이미 그 사람은 창조자에게 그만큼 더 가까이 가게 되고 세상의 북새통으로부터는 멀어진다. 친구나 친척들에게서 멀어질 때 하나님과 천사들은 그 사람에게 찾아오신다.

시험에 대처하기

깨어 있으라 : 우리는 세상 사는 동안에 시험과 환난은 피할 수 없다. 〈욥기〉에 기록되어 있는 것처럼, "이 땅에서 우리의 인생은 전쟁과 같다." 이 세상에는 시험을 받지 않아도 될 만큼 거룩한 사람이 한 사람도 없다는 사실을 명심하라. 우리는 절대 시험에서 자유로울 수가 없다.

시험의 유익함 : 시험이 우리에게 고통만을 주는 것같이 보여도 사실 우리에게 유익할 때도 많다. 시험으로 인해 우리가 겸손해지고 깨끗해지며 교훈을 받을 수 있기 때문이다. 앞서 간 모든 신앙의 선배도 수없이 많은 시험과 환난을 겪었다. 그들은 시험받으면서 오히려 그 시험을 이용하여 그들의 영적 성장을 도모했다. 시험을 성공적으로 이겨내지 못한 사람들은 길가에 버려졌다.

평안을 누리는 방법

진정한 자유와 평안을 얻는 방법은 다음과 같다. 첫째, 우리 자신의 뜻대로 하려고 하기보다는 다른 사람들의 뜻대로 하려고 노력하라. 둘째, 늘 더 가지려고 하지 말고 덜 가지려고 노력하라. 셋째, 필요하다고 인정되고 중요하다고 생각하는 일에 대해서는 자신을 희생하고 더 낮은 위치에 처하기를 힘쓰라. 넷째, 매사에 언제든지 우리에게서 하나님의 뜻이 온전히 이루어지기를 소망하라. 이 네 가지 방법을 실천하는 사람은 평안과 안식을 누릴 것이다.

토마스는 위대한 영성 거장들의 일대기를 필사하거나 집필하면서 영성의 진수를 체험했다. 그는 '고독'과 '시험'이라는 인간이 다루기에 가장 어려운 주제를 훌륭하게 넘어선 영성의 사람이었다. 주님과 만나는 시간의 '양'과 '길이'에 비례하여 우리는 고독과 시험 중에서도 큰 평안을 얻게 된다. '교회 성장과 부흥'이란 사명감 때문에 하나님과 깊이 만나는 고독과 침묵의 기도 시간을 소홀히 하고 있지는 않은지 생각해보자. 영적 거장들의 생애를 통해 도전받고 영적생활에 가장 대적이 되는 육적 욕망을 정화, 승화하는 싸움을 계속하여 영적 생활의 날이 무디어지지 않기를 바란다.

잊을 수 없는 한마디

"일시적인 기쁨을 추구하지 않는 사람이 어디 있는가? 이 세상에 몰두하지 않는 사람이 어디 있는가? 우리 모두 그렇게 하지만, 선한 양심이 있는 사람은 모든 집착에 뻗은 촉각을 잘라내고 신성하고 유익한 것에 대해 묵상한다. 그런 사람이 바로 하나님께 소망을 두는 사람이다. 그런 사람이 평온함의 바다에 자신의 배를 띄우는 사람이다."

"하나님이 당신에게 준 말씀을 바라라. '네 골방에 들어가 문을 닫아라'(마태복음 6:6). 사랑하는 친구 예수님을 불러 같이 있어 달라고 요청하라. 골방에서 그와 함께 거하라. 왜냐하면 다른 곳에서는 그런 평화를 찾을 수 없기 때문이다."

Spirituality

제 2 부

지성과 영성으로
타락한 세상에서
불과 바람과 폭포 같은
삶을 살았던 사람들

전기 종교개혁 ~ 후기 종교개혁 | 1483~1688

12

프로테스탄트
종교개혁의 기수

◆ 마르틴 루터 Martin Luther(1483~1546) ◆

독일의 종교개혁자이며 신학 교수이다. 엄격한 수도생활에 회의를 느끼던 그는 "오직 의인은 믿음으로 말미암아 살리라"는 말씀을 묵상하던 중 이신칭의以信稱義의 깨달음을 얻어 신앙의 전환점을 갖게 되었다. 1517년에 로마 교황청이 면죄부를 파는 데 반대하여 이에 대한 항의서 95개조를 발표했으며, 이로써 기독교 역사에 큰 획을 긋는 위대한 종교개혁을 수행했다.

프로테스탄트 종교개혁은 1517년 10월 31일에 시작되었다. 이날 루터는 면죄부 판매를 반대하는 그 유명한 95개조 반박문을 비텐베르크 성당 문에 붙였다. 교황 레오 10세Leo X는 특별교서를 통해 루터가 60일 이내에 주장을 철회하지 않으면 출교하겠다고 위협했지만, 그는 교황의 교서를 공개적으로 불태웠다. 4개월 후 루터는 보름스 제국회의에서 주장을 철회하라는 요구를 재차 받았으나 이를 거부하면서 유명한 말을 남겼다. "여기 내가 서 있습니다. 나는 달리 말할 수 없습니다. 하나님, 나를 도와주소서. 아멘."

오직 의인은 믿음으로 살리라

루터는 1483년 11월 10일에 독일의 주요 광산 지대의 거점인 만스펠드Mansfeld 근처에서 태어났다. 아버지는 광부였고, 어머니는 독실한 기독교인으로 자녀 교육에 엄격했다. 이렇게 엄격한 종교적인 환경은 루터의 인생관에 영향을 미쳤다. 루터는 어렸을 때 남의 호두열매 한 개를 훔친 벌로 어머니에게 피가 나도록 매를 맞은 적이 있다고 한다.

독일 최고 학부인 에르푸르트 대학에 입학한 그는 철학과 고전을 공부했다. 그 후 법률가가 되기를 원하는 아버지의 뜻을 따라 법학을 공부했다. 루터는 웅변가인 동시에 노래를 잘해 학생들 사이에서 인기가 높았다. 학생 시절 그가 거리를 지나가며 부르는 노랫소리는 듣는 사람을 감동하게 했다고 한다.

1505년 어느 날, 친구와 함께 길을 가다가 갑자기 천둥과 번개와 함께 세찬 소나기가 쏟아졌다. 곁에 있던 친구가 갑자기 벼락을 맞아 죽는 광경을 보고 두려웠던 루터는 "성 안나여, 나를 도우소서. 내가 수도사가 되겠나이다" 하고 기도한 뒤 아우구스티누스 수도원에 들어가게 된다. 스물두 살에 수도생활을 시작한 그는 1507년에 사제가 된 뒤 신학박사 학위를 취득했고, 1511년에는 새로 설립된 비텐베르크 대학의 성경 교수가 되었다.

이때 루터는 자신이 속한 수도회에서 엄격한 영적 규범을 정확히 지키면서 하나님이 자신을 사랑한다는 확신을 얻고자 원했다. 그러나 어떻게 해도 하나님을 만족하게 해드릴 수 없다는 생각이 들자 두려

빌라도의 28계단

움을 느끼며 낙담했다. 그는 수도원에서 노동과 고행, 철야와 금식을 통해 수련의 강도를 높였지만, 여전히 하나님께서 자신을 정죄한다고 느꼈다. 완고하고 지나친 요구를 하며 불가능한 기준을 제시해 놓고 못 미치는 자들을 벌하시는 분으로 하나님을 이해했기 때문이다.

1511년, 로마에 갔을 때 루터는 엄격한 수련생활에 점차 환멸을 느끼기 시작했다. 그 수련에는 유명한 빌라도의 28계단을 무릎으로 올라가는 일도 있었다. 그는 로마에서 금욕과 고행을 통해서도 두려움과 죄책감에서 벗어나지 못한 것과 로마 교황청의 부패를 보면서 충격을 받았으나 가톨릭 신앙은 흔들리지 않았다. 로마에서 돌아온 그는 비텐베르크 대학 전임교수를 역임하며 수도원 부원장을 지냈다.

종교개혁을 전후한 어느 날, 10여 년을 갈등과 고통 속에서 지내던 중 그는 사도 바울이 쓴 〈로마서〉 1장을 읽으면서 '하나님의 의'에 대해 깊이 묵상하다 "오직 의인은 믿음으로 말미암아 살리라"로마서 1:17는 말씀에서 그리스도에 대한 절대 신뢰를 깨달았다. '의'란 인간의 노력으로 얻을 수 있는 게 아니라 하나님께서 대가와 공로 없이 주시는 선물이라는 사실을 깨닫게 된 것이다. 인간 사랑의 수준을 하나님에 대한 순전한 사랑으로 끌어올림으로써 구원을 얻는 것이 아니라 하나님이 우리를 회복하

게 하시고 인도하시기 위해 내려오셨다는 것이 그의 시
각이다. 이 깨달음을 '탑의 경험'이라고 부른다.

종교개혁의 불을 댕기다

그 당시 로마 교황 레오 10세˘는 성 베드로 교회를 증축
하는 데 비용이 모자라자 유럽 일대에 수도승들을 파견
하여 속죄권을 팔아 교회 건축 비용에 보충하려 했다. 그
러나 루터는 《성경》에서 면죄부에 관한 언급이 전혀 없
을 뿐 아니라 신앙 행위를 통해 하나님과의 관계를 바르
게 한다는 중세신학의 전체적인 틀을 뒷받침하는 근거를
발견하지 못했다.

도미니크회 수도사 요한 테첼Johann Tetzel이 면죄부를
판매하는 것을 보고 루터는 분개하여 1517년 10월 31일
12시에 비텐베르크 성당 문에 교황과 면죄부를 반대하는
95개조 선언문을 써서 붙이고 정면으로 도전했다. 면죄
부에 관한 내용만 담은 95개조 반박문의 목적은 신학자
들의 토의를 이끌어내기 위함이었다. 그러나 그 반박문
이 널리 배포됨으로써 큰 논쟁이 시작되었다.

이윽고 루터는 1520년 6월 15일에 교황 레오 10세에게
서 60일 이내에 그의 모든 견해를 공식으로 취소하지 않

레오 10세˘

본명은 조반니 디 로렌초
데메디치Giovanni di Lorenzo
de Medici이다. 그는 학문과
예능을 장려하고 로마를 르
네상스 문화의 중심지로 만
들었다. 재위 기간에 성 베
드로 성전의 건축 기금을
마련하기 위해 면죄부 반포
를 승인하였으며, 이 때문
에 마르틴 루터가 95개조
선언문을 비텐베르크 성당
문에 게시하여 종교개혁을
일으켰다. 레오 10세는 북
이탈리아의 메디치 가문의
지배권을 확립하려고 프랑
스와 전쟁을 하였지만, 패
배한다(1515). 그해 그는 프
랑수아 1세와 종교 협약을
맺은 후 화목했다. 그는
1517년에 제5회 라테란 종
교회의Lateran Council를 개
최하고, 교권의 회복을 기
도했으나 실패했다. 1521년
10월 25일에 레오 10세는
말라리아 병에 걸려 회복
하지 못하고 사망했다.

마르틴 루터의 삶과 종교개혁(쉴레, 1874)

으면 이단자로 판정할 것이란 특별교서를 받았다. 그러나 그는 특별교서를 공공장소에서 불태우며 더더욱 그의 투지를 강하게 보였다. 또한 그에 관한 문제의 교서뿐만이 아니라 교회법령집, 기타 교황권을 지지하는 책과 문서들을 불태웠다. 그래서 1521년 1월, 루터에 대한 파문과 출교가 공식적으로 선포되었다.

그 뒤 4년 동안 루터는 로마 교황청에 도전하는 주요 저작들을 출판했다. 바르트부르크 성에 숨어 있으면서 이미 불타오른 종교개혁을 의식하며 여러 가지 저작을 했는데, 그중에서도 3개월 동안 〈신약 성경〉을 독일어로 번역한 일은 그의 큰 공적이다. 그는 그 시대 지방 사투리의 혼란을 공통 표준어로 통일하는 기반을 세웠다. 그것이 독일어권에 미친 영향은 후에 《킹제임스성경》이 영어권에 미친 영향과 비교할 만하다. 그리고 종교개혁이 진행되면서 비텐베르크의 학자들과 함께 〈구약 성경〉을 독일어로 번역하기도 했다. 또한 〈내 주는 강한 성이요〉라는 찬송을 비롯해 루터가 지은 찬송으로 종교개혁에 미친 영향은 《성경》 번역으로 미친 영향에 버금간다. 이로써 루터의 명성은 더욱 높아졌다.

1525년 6월, 루터는 마흔두 살에 그의 복음 운동에 자극받고 수도원에서 탈출한 아홉 명의 수녀 중에서 카타리나 폰 보라Katharina von Bora와 결혼했고, 6남매를 낳았다. 그는 자신이 결혼하려는 목적 가운데하나가 사제로서 결혼을 머뭇거리는 사람들에게는 자신이 설교한 것을 몸소 실천하면서 본을 보이기 위해서라고 했다.

루터의 복음 운동은 북독일 전역과 프랑스·스웨덴까지 퍼져 갔다.

그는 최후까지 문필로써 로마 교황청과 싸우다가 1546년 2월 18일에 63세의 나이로 세상을 떠났다. 임종하는 머리맡에서 제자들이 "스승이여, 당신은 그리스도의 가르침과 스승 자신의 교리를 고수합니까?" 하고 묻자, 그는 "그렇다!"라고 말하며 눈을 감았다. 그의 유해는 95개조 선언문이 게시됐던 비텐베르크 성당에 매장되었다.

신비주의를 버리고 신앙의 길로

루터는 그리스도의 십자가를 '희생'과 '모범'으로 이해했다. 그리스도의 희생은 '나를 위하여' 그리고 '우리를 위하여' 대신해서 당하신 고난이다. 우리는 그 그리스도의 수난 이야기를 듣거나 명상하거나 읽을 때 그리스도와 함께 울고, 떨고, 고통당하고 괴로워해야 한다. 이는 우리도 그분의 발자취를 따라 가야 하기 때문이다.

수도원 시절 루터는 구원을 얻기 위해 가혹한 금욕주의적 경건훈련을 했다. 그는 금식과 자선 그리고 기도, 철야, 고행 등을 통해 자신의 구원을 완성하려고 노력했다. 그는 동료로부터 '경건의 기적'을 이룬 '젊은 성자'로 불릴 정도로 수도에 정진했다. 루터의 경건훈련의 목적은 구원을 전제로 한 것이었다.

루터는 종교개혁 초기에는 신비주의의 영향을 받았다. 독일 신비주의의 발생은 신앙적인 면에서 미사를 통한 은총의 수단을 강조하는 중세 로마 가톨릭 교회에 대한 반발 때문이다. 그들은 사제의 중재가 아닌 하나님과의 직접적인 교통을 통해 하나님의 존재를 인식하고 은혜를 얻으려고 시도했다. 이 같은 독일 신비주의가 종교개혁자 마르틴 루터에게 큰 영향을 끼쳤다.

루터에게 신비주의는 초기 그의 경건훈련과 개신교적 경건을 이루는 한 과정이 되었고, 개인 구원과 '크리스천의 자유'라는 측면에서 종교개혁 사상의 한 기초가 되었다. 루터는 자기 자신을 비우고 예수 그리스도를 따라나선다는 신비주의적 경건 자체는 의미가 있다고 보았다. 그러나 루터는 신비주의를 통해 자기의 마음 깊은 곳을 바라보았을 때 하나님을 발견하지 못하고 자신의 이기심만 발견했다. 그래서 루터는 '오직 믿음으로', '오직 은총으로' 구원받는다는 대명제 아래 인간이 하나님을 찾아 나서는 상향적 신비주의를 하나의 인간적 행위로 여겨 배격하고 신앙의 길을 택했다. 그 이유는 신비와 신앙은 각기 다른 길과 목표가 있기 때문이다.

첫째, 신비주의는 죄를 이기심이나 자기애 등으로 보는데, 루터는 하나님께 대한 불순종을 죄로 여겼다.

둘째, 신비주의는 그리스도의 중재 사역을 약하게 보지만, 루터는 '오직 믿음으로' 구원받는다고 보았다. 은혜와 믿음도 하나님이 주시는 것으로 보았다.

셋째, 신비주의는 하나님과 인간의 질적 합일을 추구하는데, 루터는 하나님과 인간의 질적 차이와 간격의 차이를 주장한다.

넷째, 신비주의의 위험은 기독교 역사를 신화로 변절하게 하는 데 있다. 하지만 《성경》을 신화로 보게 되면 성경적 계시가 약해져 그리

《루터의 탁상담화》

이 책은 가까운 사람 열두 명 정도가 모여 약 20여 년 동안 나눈 성경적 이야기를 마르틴 루터가 사망한 지 20년 후에 사본을 정리하여 책으로 엮은 것이다. 이는 교황 그레고리우스 13세의 분노로 〈탁상담화〉를 모두 수거하여 불태웠기 때문이다. 1626년에 카스파르 반 슈파르가 집터를 파 내려가던 중 구덩이에서 그 책의 인쇄본을 발견할 때까지 〈탁상담화〉는 모두 사라진 것으로 생각했다. 그 책은 질긴 린넨 천으로 말린 채 밀랍으로 단단히 봉해져 있었다. 그는 이 책을 독일에서는 위험했기 때문에 영국으로 보냈고, 우여곡절 끝에 1646년에 영어로 번역되어 출판되었다.

스도의 수난 사건이 하나의 상징으로 되어 버린다. 그래서 루터는 《성경》은 신화가 아니며 '오직 《성경》 안에서' 구원의 길을 찾을 수 있다는 명제로 로마 가톨릭과 신비주의자들에게 대항했다.

다섯째, 신비주의는 성례전적 은총과 교회의 역할과 교직제도가 과소평가되는 경향이 있었다. 그러나 루터는 성례전이나 교회의 역할을 절대 과소평가하지 않았다. 루터는 교회의 사람이었다.

또한 그는 만인제사장을 주장했다. 사제직은 인정하지만, 사제들의 특별한 지위는 인정하지 않았다. 그는 세례를 받은 사람은 누구나 제사장이며, 하나님의 말씀을 선포할 수 있다고 주장했다. 그뿐만 아니라 요리사, 재단사, 제화공처럼 종교와는 무관한 직업도 사제나 수도사의 소명만큼 거룩하다고 말했다.

1566년에 출판된 《루터의 탁상담화Martin Luther's Table Talk》라는 책은 400년이 지나는 동안 독일 개신교인들에게 많은 영향을 주었고, 여러 나라 말로 번역되었다.

루터의 모든 영성은 성경연구를 통해 얻은 이신칭의以信稱義에서 출발한다. 루터에게 믿음이란 의심과 낙담과 혼란의 시대에도 예수 그리스도 안에서 하나님의 약속을 신뢰한다는 뜻이다. 즉, 우리가 하나님과 그분의 약속을 신뢰한다면 우리는 하나님과 바른 관계를 맺고 있는 것이라면서 이렇게 말했다. "이것을 깨달았을 때 나 자신이 거듭남을 느꼈다. 천국의 문이 활짝 열렸고, 나는 그 문으로 들어와 있었다."

루터는 성경연구를 통해 빗나간 구원의 진리를 성경적 진리로 회복하게 한 개혁의 기수였다. 그는 신비주의의 영향으로 기독교 역사를 신화로 변질하게 하는 것을 거부하는 한편 로마 가톨릭에 대항하여 "의인은 오직 믿음으로 말미암아 산다"는 말씀으로 기독교 역사에 큰 획을 긋는 위대한 개혁을 수행했다.

잊을 수 없는 한마디

"믿음이 없이는 아무도 이 일을 못한다. 믿음이 없는 행위는 아무리 영광스러워 보이고 아무리 숭고한 이름을 얻더라도 모두 죽은 것이다."

"기독교 세계에서 제사장은 한 사람의 공직자일 뿐이다. 그는 직무 수행에서만 우선권을 가진다. 그러나 자신의 직무 밖에서는 여느 사람과 다를 바 없이 한 사람의 농부이거나 주민이다. …… 평신도와 사제, 영주와 감독, 종교인과 세속인은 직무와 일을 제외하면 근본적으로 조금도 다르지 않다. 모든 사람은 영적으로 존귀하다."

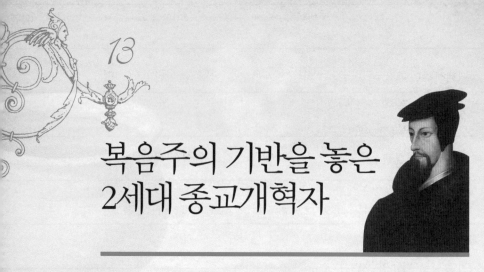

복음주의 기반을 놓은 2세대 종교개혁자

◆ 장 칼뱅Jean Calvin(1509~1564) ◆

장로교를 창시한 개신교 신학자이자 프랑스의 종교개혁자이다. 제네바에서 종교개혁에 성공하고 신정정치 체제를 수립했다. 프로테스탄트 종교개혁을 시작한 것은 루터였지만, 그 발전 과정에서는 칼뱅이 큰 영향을 미쳤다. 구원은 인간의 선한 행실에 달린 것이 아니라 하나님께 달려 있다는 예정론을 주장했으며, 수많은 저서와 성경 주석을 남겼다.

중세 로마 가톨릭 교회에 반발한 종교개혁은 《성경》 해석 등 종교 문제에 대한 '개인적 판단'을 할 수 있는 자유를 전제로 이루어졌다. 칼뱅은 새로운 교리의 핵심을 하나로 집약해야 할 필요성을 느꼈고, 스물여섯 살에 《기독교 강요》를 써서 개신교 교리의 기반을 닦았다. 제네바에서 시작했던 칼뱅의 종교개혁은 서유럽과 북미까지 퍼져 나갔고, 사회 전반에 걸쳐 변화의 바람을 일으켰다.

오늘날 개신교에서 칼뱅을 계승한 장로교가 최대 교파인 것을 볼 때 그의 영향력을 짐작할 수 있다. 칼뱅은 루터와 츠빙글리에 비해 제2세

대 종교개혁자라고 칭한다. 루터가 독창적이고 창조적이
며 진취적인 개혁자였다면 칼뱅은 개혁사상을 논리적으
로 체계화한 인물이다.

복음주의를 변호하기 위한《기독교 강요》

장 칼뱅은 1509년 7월 10일에 북부 프랑스 피카르디 지
방의 노용Noyon에서 교회의 서기와 회계를 맡은 제라르
칼뱅의 아들로 태어났다. 칼뱅은 아버지에게서 지적인
면과 조직적 두뇌를 물려받았고, 어머니에게서 경건한
영성을 물려받았다. 부유하고 다복한 가정에서 자란 그
는 귀족의 자녀들과 함께 공부하며 성장했다.

칼뱅은 파리에서 문학과 수사학을, 오를레앙Orleans 대
학에서는 법학을 전공하여 인문주의적 소양을 갖췄다.
이때 그는 종교개혁에 대한 호감을 느끼고 있던 헬라어
의 권위자인 멜키오르 볼마르Melchior Wolmar 교수 아래서
헬라어에 정통하도록 훈련을 받게 된다. 그 뒤 1529년에
볼마르 교수가 부르지 대학교University of Bourges로 초빙되자
칼뱅도 학교를 옮겨 거기서 이탈리아의 유명한 법학 교
수인 안드레아스 알치아티Andreas Alciati를 만난다. 이 두 교
수는 칼뱅이 종교개혁자가 되도록 한 중요한 인물이다.

멜키오르 볼마르

독일의 고전학자 멜키오르
볼마르는 칼뱅의 스승이다.
그는 루터파 신앙을 가진
인물이었고, 칼뱅에게 헬라
어를 가르쳤다. 또한 그는
칼뱅을 가르칠 당시 아홉
살 소년이던 테오도뤼 베
자Theodorus Beza를 문하
생으로 받아들여서 개인적
으로 그를 가르치고 있었
다. 베자의 천재성을 알아
본 그의 삼촌 니콜라스 베
자가 파리 의회 의원으로
서의 영향력과 자금을 활
용하여 볼마르에게 특별히
부탁하여 조카를 그의 문
하생으로 맡겼다. 그때 그
베자가 훗날 자신과 함께
종교개혁에서 동역하게 되
리라고는 칼뱅은 상상도
못했을 것이다.

프랑수아 1세

프랑스 르네상스의 아버지로 일컬어지는 그는 프랑스의 국왕으로 1515년에 랭스 대성당에서 대관식을 치른 뒤, 1547년까지 통치했다. 발루아 왕가(1328~1589, 필립 6세에서 앙리 3세까지 이어지는 프랑스의 왕가) 출신으로는 아홉 번째 군주이다. 그의 치세에 프랑스는 거대한 문화적 진보를 이룩했다. 그는 잉글랜드의 헨리 8세와 그의 강력한 맞수인 로마 제국의 카를 5세 그리고 쉴레이만 대제와 같은 시대에 살았던 사람이다. 앙리 4세와 더불어 프랑스 사람들로부터 가장 사랑받은 왕이다. 그러나 그는 프로테스탄트 운동을 자신에게 반대하는 음모로 보고 기독교인들을 옥에 가두고 처형하며 박해했다. 프로테스탄트를 이끈 칼뱅을 강제로 국외로 추방시켰다. 그는 1547년에 사망했다.

인문학과 철학을 공부하는 동안 그는 변론에서도 의사 표시가 정확하여 교수와 학생들의 총애를 받았다.

칼뱅은 1532년에 세네카의 〈관용에 대하여〉 주해를 발표하여 인문주의자로서의 학문적 재능을 인정받았다. 그리고 이듬해 에라스뮈스와 루터를 인용한 이단적 강연의 초고를 썼다는 혐의를 받고, 은신해 지내면서 교회를 초기 사도 시대의 순수한 모습으로 복귀시키겠다고 다짐했다. 그래서 그는 지금까지 받아왔던 재정 지원(성직록)을 받지 않기로 하면서 공식적으로 로마 가톨릭 교회와 결별했다(1534). 그리고 국왕 프랑수아 1세 Francois I 가 개신교 박해자로 변하자 칼뱅은 프랑스 국경을 넘어서 스위스의 바젤로 피신했다. 이때 프랑스에서는 충직한 신자들이 화형에 처해 순교를 많이 당했다.

1536년 3월, 칼뱅은 그의 유명한 대작 《기독교 강요》를 출판했다. 이것은 박해받고 있는 프랑스의 프로테스탄티즘에 대해 변호하고, 그가 체득한 신앙을 옹호하기 위한 것이었다. 특히 이 책이 프랑스 왕 프랑수아 1세에게 헌정되면서 개신교도에 대한 정치적 관용을 호소하는 매개가 된 사실은 의미 깊은 일이다. 《기독교 강요》 초판은 1559년의 최종판에 비해 간단한데, 6장으로 구성되어 있다. 1장은 율법-십계명, 2장은 신앙-사도신경, 3장은 기도-주기도문, 4장은 성례, 5장은 거짓 성례, 6장은 그리스도인의 자유, 교회와 국가로 이루어져 있다.

제네바를 복음적 공동체의 모델이 되게 하다

칼뱅은 그 뒤 다시 피난민 동족들이 살고 있는 스트라스
부르로 가려고 했지만, 프랑스와 독일의 전쟁으로 도로
가 막혀서 제네바를 경유하게 되었다. 한 여관에서 투숙
하고 있었는데, 그때 제네바에서 종교개혁을 지도했던
기욤 파렐Guillaume Farel이 칼뱅의 숙소로 찾아왔다. 종교
개혁을 시작한 지 얼마 되지 않은 제네바의 종교개혁을
성공적으로 성취하기 위해서는 혼자 한계가 있음을 느낀
그는 칼뱅에게 종교개혁에 협조해 달라고 요청했다. 칼
뱅이 이 요청을 받아들이지 않자 파렐은 저주까지 하면
서 강력하게 요구했다. 그래서 칼뱅은 제네바에 머물며
종교개혁자로서 새로운 삶을 시작했다.

그들의 목표는 제네바를 하나님의 도성, 즉 교회와 국
가의 기능이 결합한 하나님의 다스림인 신권 통치의 도
성으로 바꾸는 것이었다. 파렐의 요청도 있었지만, 칼뱅
은 그를 통해서 들려오는 하나님의 음성을 들었다. 그래
서 그는 파렐과 함께 1537년 1월 16일에 제네바 시의회
에 〈제네바 교회의 조직과 그 예배에 관한 신앙고백서〉

기욤 파렐

종교개혁자인 파렐은 칼뱅
이 1536년 여름, 제네바로
오기 전에 제네바에서 종
교개혁을 성공하게 한 인
물이다. 그는 마르틴 루터
의 설교 영향으로 설교자
로서 각지를 돌아다니며
복음을 전했다. 제네바가
기독교 도시로 된 것도 파
렐의 열정적이고, 선동적인
설교 때문이다. 그는 자신
의 지지 세력을 데리고 가
톨릭 교회로 들어가 미사
를 방해하며 강단에 올라
가 설교를 하기도 했다. 하
나님의 말씀에 어긋난다
하여 교회에서 그림들을
내다 버리게 했다. 칼뱅과
함께 제네바·로잔에서 종
교개혁을 위해 활약했으며,
1538년에 제네바에서 추
방되자 뇌샤텔Neuchâtel을
중심으로 하여 프랑스 종
교개혁에 힘썼다.

를 제출했다. 그 주요 내용은 매 주일 예배 때마다 성만찬을 베풀자는 것과 치리에 관한 것으로 성화의 삶에 관련된 것이다.

제네바 시의회는 칼뱅을 성서 교사로 초빙했다. 그는 매 주일 설교하고, 《기독교 강요》를 프랑스어로 번역하면서 시민의 일상생활을 지도했다. 불경건한 시민은 징계하고, 사교댄스는 금했으며, 도박장을 경영하는 자는 골패를 목에 걸고 거리로 끌고 다녔다. 또한 사치스러운 화장을 시킨 미용사는 감금했고, 간음한 남녀는 함께 끌려가 거리를 돌고 시외로 추방했다. 이런 일들은 처음에는 환영을 받았으나 후에는 반동세력이 강해져 오히려 칼뱅이 동지들과 함께 추방당했다.

결국 그는 1538년 4월에 제네바를 떠나 프랑스의 스트라스부르로 갔다. 그는 그곳에서 설교자, 신학 교수로 있으면서 《로마서 주해》를 저술해, 추기경과 논쟁을 벌이기도 했다. 1538년 9월, 칼뱅은 부커Bucer의 권고를 받아들여 학자가 되려는 꿈을 접고 그곳에서 피난민들을 돕는 목회를 하기에 이른다. 그는 여기서 목회 경험을 통해서 교회와 예배의 중요성을 깨닫게 되었다.

칼뱅은 스트라스부르에 머무는 동안, 1539년 8월에 《기독교 강요》를 다시 썼다. 그 뒤에도 이 책은 1543년, 1559년에 계속 조금씩 증보되었는데, 최종판(1559)은 칼뱅의 견해를 이해하는 데 매우 중요한 저작이다. 또한 칼뱅은 1540년 3월에 《로마서 주석》, 1541년에 《성만찬에 대한 소론》을 출판했다. 그는 2세대 종교개혁자로서 이런 저술들을 통해 종교개혁의 신학적 토대를 굳건하게 구축했다.

1540년, 제네바 시의회는 파렐과 칼뱅을 지지하는 인물들이 권력을 장악하고 칼뱅에게 복귀해달라고 초청장을 보냈다. 칼뱅은 한때 추방당했던 제네바 정부와 시민의 환대를 받으면서 제네바로 다시 돌아오게 되었다. 1541년 9월, 그의 나이 서른두 살 때였다. 제네바로 돌아온 그는 교회의 조직과 훈련, 치리에 힘쓰는 한편 신학적 대적과 논쟁을 했다. 칼뱅이 여러 목사와 함께 기독교를 위한 직제와 정치에 관해 작성한 교회법령이 그해 11월에 제네바 시에서 통과되었다. 여기서 칼뱅이 강조한 바는 교회가 진정으로 질서를 확립하려면 4중적인 직제가 있어야 한다고 했다. 즉, 목사, 교사, 장로 그리고 집사다.

　그 뒤 제네바는 칼뱅의 교리와 그 교회 조직을 적용하는 도시이자 복음주의 신앙의 피난처가 되었다. 그는 교회와 국가가 독립적으로 운영되면서 서로 돕기를 기대했다. 칼뱅은 얼마 지나지 않아 제네바를 이끌어가는 가장 유명한 시민이 되었고, 교회 외부의 일에도 상당한 인격적, 도덕적 권위를 갖게 되었다. 유럽 각국에서 망명객들이 몰려와 그 수가 날로 더하자 그들에게 특수한 보호와 특권을 부여하는 법령도 제정되었다. 칼뱅에게는 언제나 반대자들이 있었지만, 그의 영향으로 제네바는 복음적 공동체의 모델이 되었다.

　이 제네바 종교개혁에서 칼뱅이 무엇보다도 역점을 두고 강조한 것은 하나님의 말씀을 전하는 설교였다. 중세 스콜라주의 신학자들이 설교보다는, 《성경》의 모든 명제적 진리들을 철학적인 이론과 접목하여 하나의 신학 체계를 세우는 데 골몰했던 것이다. 이에 반해 칼뱅은 주로 《성경》을 주석하고 강해설교를 했다. 따라서 칼뱅의 종교개혁은

이델레타 데 부레

칼뱅의 아내인 이델레타는 재세례파 출신으로 알려진다. 그는 임종 시 칼뱅이 가르쳐온 아브라함의 품이 아니라 끝 날에 있을 부활의 소망을 고백하면서 죽었다고 한다.

단순히 제도와 직제 등의 변경이 아니라 말씀을 통해 마음에 부딪쳐 오는 성령의 역사에 의존했던 것이다.

한편 칼뱅은 1540년 8월에 이델레타 데 부레[Idelette de Bure]라는 여성과 결혼했다. 그녀는 칼뱅의 교회에 출석하는 교인으로서 남편과 사별한 여성이었다. 그런데 1542년에 칼뱅의 아들이 태어난 지 며칠이 안 되어 세상을 떠났다. 그리고 1549년에는 아내마저 세상을 떠났다.

1564년 4월, 칼뱅은 과로로 병상에 누운 뒤 다시 일어날 수 없음을 알고는 유언서를 작성했다. 28일에는 제네바 교직자를 전부 모으고, "나의 사후에도 사역을 굳게 지속하라"고 부탁하고, 5월 27일에 하나님 나라로 갔다. 그의 동료 파렐에게 보낸 최후의 편지에는 "그리스도, 사나 죽으나 그리스도! 그분 안에서는 삶이나 죽음이나 다 유익한 것이오"라고 고백했다.

하나님의 주권의식으로 도시를 복음주의로 만든 칼빈의 사상

칼뱅의 성경관 : "누구든지 《성경》을 바로 읽지 않고서는 참되고 올바른 가르침을 알 수 없다." 칼뱅에 의하면 교회가 할 수 있는 것은 유일한 진리이신 그리스도에 의해 항상

인도되고 새로워지도록 맡기는 일이라고 했다. 즉, 그리스도는 성령으로서 역사하시므로 교회는 성령 안에서 항상 움직이고 성장하고 새로워져야 한다는 것이다.

칼뱅이 주요 설교를 한 성 피에르 성당

칼뱅의 핵심사상 : 칼뱅은 다른 신학자들처럼 단순한 사변가가 아니다. 그가 불후의 명작 《기독교 강요》를 완성한 것은 기독교를 올바른 궤도에 올려놓기 위한 실천적인 것이지 사변적인 신학 사상을 저술한 것은 아니다. 그의 핵심사상이라고 일컬어지는 《예정론》도 《성경》과 그의 종교적인 체험을 토대로 하여 오직 하나님만이 구원의 주인공이라는 사실을 주장한 것이다. "나의 구원은 하나님께로부터 오며, 하나님의 은총으로 말미암은 것이다. 구원의 최종적인 원천은 인간을 죽음에서 건지기 원하시는 하나님의 뜻에 달려 있다." 그는 그리스도 안에서 하나님의 은총으로 구원받을 사람과 그 은총에 참여하지 못할 사람을 구분하는 예정설을 주장했다.

칼뱅의 회심과 제네바 신조 : 칼뱅이 언제 회심했는지는 정확하게 알 수 없다. 다만 그가 적어도 1529년 이전에 루터의 작품을 접했으며, 루터의 성만찬 교리를 츠빙글리의 성만찬 교리와 비교할 수 있었을 것이라는 점에서, 아마 1529년에서 1532년 사이에 회심한 것으로 추정된다. 그의 회심에 관한 언급은 《시편 주석》(1557)의 서론 부분에 나타난다. "나는 교황주의의 미신에 너무나도 중독되어 있었기 때문에 이 깊은 늪에서 헤어나기 어려웠다. 그러나 하나님께서는 갑작스러운 회심으로 나의 마음을 녹여 말씀의 가르침을 받아들일 수 있게 했다"(Parker, Portrait, pp. 20-22.). 그리하여 칼뱅은 신앙인으로서 새 출발하게 되었다.

칼뱅은 놀라운 하나님의 섭리에 붙잡혔다. 그 결과 순수한 학자인 그가 제네바에서 자유, 질서, 훈련 세 가지 점에 유의하며 그를 동지로 강청한 파렐과 함께 제네바를 훌륭한 복음주의 도시로 만들기 위한 개혁 실천자가 되었다. 그리고 1537년에 그는 성찬식의 집행과 여기 참여할 수 있는 신자의 자격을 엄격히 제한하여 도덕적·신앙적으로 흠이 있거나 회개하지 않는 자를 참석지 못하게 했다. 또한 '제네바 신조'를 공포하여 교회생활 훈련에 대한 지침을 세웠다.

칼뱅은 평생 여러 가지 병으로 고생하며 병약했지만, 강한 정신력으로 인생의 마지막 순간까지 저술 사역을 계속했다. 자신을 수줍어하고 부드러우며 겁이 많은 사람이라 표현했으나 하나님의 말씀에 비추어 옳다고 생각하는 것은 격렬한 반대에 부딪혀도 결코 자신의 주장을 굽히지 않았다. 칼뱅은 인간적인 면에서는 약점이 있었지만, 하나님의 주권으로 회심을 경험한 이후, 삶의 주권을 하나님께 드리고 오로지 말씀으로 자신의 삶과 기독교를 개혁해 나갔다.

한평생 하나님의 뜻을 구하며 그분의 뜻대로 살기 위해 노력하면서 이 세상에 큰 영향을 끼친 그의 삶을 보면, 하나님의 역사하심을 느낄 수 있다. 그는 하나님의 주권의식의 철두철미한 신앙으로 《예정론》을 통해서 하나님의 주권을 증거했다. '사나 죽으나 그리스도'를 외친 그리스도 중심의 인생을 살았던 그는 한 도시를 복음주의 도시로 만든 신앙 실천가였다.

잊을 수 없는 한마디

"만약 하나님의 말씀이 머리에서만 맴돈다면 그 말씀을 믿음으로 받아들인 게 아니다. 그러나 하나님의 말씀이 마음 깊이 뿌리를 내리면, 모든 유혹의 계략을 거스르고 물리치는 난공불락의 방어막이 된다. …… 지성이 생각을 얻는 것보다 마음이 확신을 얻는 게 더 어렵다."

"믿음은 하나님의 선물이다. 그리고 믿음은 칭의와 용서를 낳으며, 우리가 천국의 심판대에 두려움 없이 설 수 있다는 확신을 준다. 선행은 믿음에 대한 확증이다."

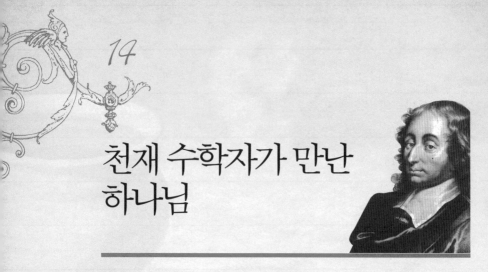

천재 수학자가 만난 하나님

◆ 블레즈 파스칼Blaise Pascal(1623~1662) ◆

프랑스의 수학자이자 물리학자 · 철학자 · 작가 · 신학자로 활동했다. 그는 열세 살에 '파스칼의 삼각형'을 발견했고, 열여섯 살에 '파스칼의 정리'를 발표했으며, 열아홉 살에는 최초로 계산기를 발명했다. '원뿔 곡선론'과 '확률론'을 발표했으며, '파스칼의 원리'를 발견했다. 현대 실존주의의 선구자로서 예수회의 방법에 따른 이단 심문을 비판했다.

파스칼은 인간의 현실을 비참함과 위대함, 어둠과 빛의 양면으로 관찰하며 인간 모순의 원리를 설명했다. 이것은 철학적 이원론과 다르다. 그는 '은총'과 '자연'의 관계를 수평과 수직의 체계로 설정하고, 인간의 인식에서나 완성에 하나님의 개입, 자연 속에 임하시는 은총의 개입을 절대적으로 요청하는 인간학을 수립했다. 이런 인간에 대한 그의 인식은 인간의 역사는 동시에 하나님의 역사가 되며, 인간은 절대자인 하나님의 은총을 받음으로써 비로소 행복에 이를 수 있다고 주장했다.

수학에 탁월한 재능으로 전통 개념을 뒤집다

블레즈 파스칼은 1623년 6월 19일에 프랑스의 중부 지방인 오베르뉴 Auvergne의 클레르몽Clermont에서 세무원장의 아들로 태어났다. 어머니는 경건한 신앙심과 자비심이 깊었으나, 파스칼이 네 살 때 일찍 세상을 떠났다. 그는 허약한 체질 때문에 집에서 간호를 받아야 했기에 정규 교육을 받지 못했다. 대신 자녀에게 헌신적인 아버지에게 교육을 받았다.

아버지는 학문을 좋아한 학자로서 많은 학자와 교제를 돈독히 했다. 아이들에게 언어 공부를 먼저 시키면서 수학은 열다섯 살 이전에는 이해하기 어렵겠다고 생각했지만, 파스칼은 유일하게 수학에만 상당한 호기심을 가졌다. 그래서 파스칼은 열네 살에 수학자들의 주별 모임에 참석하여 수학 강좌를 들었다. 이 모임은 후에 '프랑스 과학원 French Academy of Science'으로 발전했다.

파스칼은 열두 살 때 혼자서 유클리드 기하학 정리 32까지 추론하였고, 열여섯 살에는 원뿔곡선에 관한 논문을 썼다. 그 논문은 동시대 수학자들에게 아르키메데스 시대 이후 '수학 분야에 가장 위대하고 가치 있는 기여를 한 논문'으로 갈채를 받았다. 또한 이 논문은 원뿔곡선에 대한 현대적 접근 방법의 기초가 되었다.

파스칼은 항상 실생활에 유용한 과학과 수학을 추구했다. 십 대였을 때 그는 덧셈과 뺄셈을 할 수 있는 대수 기계를 발명했다. 이 파스칼의 계산기는 오늘날의 계산기와 컴퓨터를 발달할 수 있게 한 디딤

돌이 되었다. 파스칼은 물리학에서도 천재성을 발휘했다. 스물한 살 때는 기압에 관한 에반젤리스타 토리첼리▾Evangelista Torricelli의 책에 관심을 갖고 '진공에 관한 새 실험'을 발표하여 아리스토텔레스Aristoteles의 권위에 기초한 '자연은 진공을 아주 싫어한다'는 전통 개념을 뒤집는 결과를 낳았다. 이는 유체정역학에 영향을 미쳤으며, 압력에 관한 원리인 '파스칼의 원리'를 발견하게 되었다. 이것은 오늘날 고등학교에서 물리 시간에 널리 가르쳐지고 있다.

파스칼은 피에르 드 페르마Pierre de Fermat▾라는 수학자와 함께 '확률론'이란 새로운 분야를 개척하기도 했다. 비록 그들의 연구는 다양한 도박장에서 수행되었지만, 곧 사교계에 발을 끊고 금욕생활로 접어들었다. 또한 1658년에는 사이클로이드의 문제를 완성했는데, 이것은 후에 미적분학의 발달에 중요한 기초가 되었다.

인생의 비밀은 오직 십자가에 있다

파스칼이 스물세 살 때 아버지 에티엔 파스칼Etienne Pascal은 사고로 엉덩이뼈를 다쳤다. 이때 기독교 신자였던 접골사 형제가 집에 머물면서 그의 아버지를 치료했고, 이

들의 영향으로 파스칼은 기독교 신자가 되었다. 파스칼
은 "인간의 마음은 어떤 피조물로도 채워질 수 없고, 오
직 창조주 하나님에 의해서만 채워질 수 있으며, 예수 그
리스도에 의해서 계시된 하나님의 형상을 한 빈 공간God-
shaped vacuum이 존재한다"고 믿었다. 이것은 파스칼의 최초
의 회심이다.

그러나 그 후에도 파스칼은 한동안 도박이 열리는 많
은 파티에 참석했으며, 불행히도 이런 생활방식에 마음
을 빼앗기게 되었다. 그러나 1654년에 마차가 튕겨 나가
는 사고로 간신히 목숨을 건지는 일이 있었다. 이때 말은
죽었으나 그는 무사했다. 그는 하나님께서 그의 생명을
보존케 하셨음을 확신하고, 자신의 삶을 되돌아보게 되
었다.

파스칼은 그해 11월 23일 밤, 은총의 불을 경험하고 결
정적인 회심을 하게 된다. 그날 밤 그는 〈요한복음〉 16장
을 읽던 중 하나님의 음성을 들었다. 그것은 강력한 영적
체험이었다. 그는 참되신 하나님 앞에서 큰 평안과 기쁨
을 얻었다. 파스칼은 곧 무릎을 꿇고 주 앞에 엎드렸고,
주께서 자신의 모든 것을 사용하시기를 원했다. 그 이후
그는 교만과 음욕 등의 모든 죄를 버리고 겸손히 자신을
낮추었다. 그는 완전히 새로운 사람으로 변했다.

그는 회심한 그때부터 죽을 때까지 오직 한 가지 소망

피에르 드 페르마

프랑스의 변호사이자 천재
수학자이다. 그는 르네 데
카르트와 함께 17세기 전반
기의 두 주요 수학자로, 근
대 정수론의 실마리를 열어
미적 · 적분학의 아버지로
불린다. 더욱이 빛이 곧게
나아가는 것에 흥미를 느끼
고서 페르마도 해석기하학
의 방법을 발견했다. 확률
론을 확립한 블레즈 파스칼
과 서신을 교환하면서 그
분야에도 기여했다.

을 가지고 살았다. 그것은 사람들의 생각을 구원자이신 하나님께로 향하게 하는 것이었다. 파스칼은 그날 받은 특별한 계시와 신앙선언문을 기록한 후 겉옷에 꿰매어 죽을 때까지 가지고 다녔다. 이것은 파스칼이 세상을 떠난 후 사람들에게 발견되었고, 지금은 파리 국립도서관에 보관되어 있다고 한다.

그 기록의 상단에는 빛으로 둘러싸인 십자가가 그려져 있고, 그 아래는 다음과 같이 쓰여 있었다.

"확신! 기쁨! 평화! 예수 그리스도, 나는 당신을 저버리고 피하고 부인하고 십자가에 못 박았습니다. 이제 나는 절대로 당신을 떠나지 않겠습니다. 나는 나의 구원자이신 예수 그리스도께 나 자신을 전적으로 복종시키겠습니다."

인간의 지혜를 빌리지 아니하고 오로지 《성경》 말씀만을 의지해 생활했던 그는 '인생의 비밀은 오직 십자가뿐'이라는 해답을 얻은 것이다.

파스칼은 1655년 1월, 포르루아얄Port Royal 수도원°에서 은둔하였으며, 사시M. de Saci와 이야기를 나누어 《에픽테토스와 몽테뉴에 관한 드 사시와의 대화Entretien avec M. de Saci sur Epiktétos et Montaigne》가 나오게 되었다. 당시 프랑스 가톨릭 교회의 정치적 주도권을 잡고 있던 예수회와 얀선파 사이에 신학 논쟁이 벌어졌다. 얀선파는 선행보다는 하나님의 사랑과 은혜를 통해 구원받을 수 있다는 칼뱅주의에 동조하는 프랑스 내의 가톨릭의 한 파였다.

파스칼은 예수회와 로마 교황청에서 이단이라는 소리를 들은 적이

포르루아얄 수도원

있었는데, 얀센파였던 파스칼도 그 논쟁에 가담하여 1656년에서 1657년, 《시골 친구에게 보내는 편지 Lettres provinciales》의 〈제1의 편지〉에서 〈제18의 편지〉까지 익명으로 간행했다. 예수회의 타락한 도덕과 비양심적인 윤리관을 신랄하게 비판한 이 서한들은 출판되자 곧 로마 가톨릭 교회의 금서목록에 올랐다. 이 책은 신학적·철학적 사상으로만 유명한 것이 아니라 그 뒤 프랑스어 문체 형성에 큰 영향을 끼쳤다.

그는 기독교를 변증하기 위한 책을 집필하다가 지병으로 1662년 8월 19일에 세상을 떠났다. 당시 그의 작품은 출판되지 못했으나 저술을 위해서 썼던 많은 메모가 남아 있었다. 그 뒤 1670년에 가족과 동료는 그가 남긴 메모들을 모아 번호를 붙여 보관했다가 하나의 단행본을 만들었다. 파스칼의 사상이 담긴 그 책이 바로 《팡세》다. 이 책의 주제는 크게 두 부분으로 나뉘는데 하나는 타락한 인간의 본성을 다루고, 다른 하나는 《성경》 속에 나타난 구세주의 존재를 증명한다.

생각하는 갈대, 인간학의 문제를 풀다

파스칼의 하나님과의 만남은 인간학, 곧 인간 인식에서부터 시작한다. 그는 인간의 위대함과 허무함을 통찰함으로 인간이 모순덩어리임을 지적한다.

"나무는 자신의 비참함을 모른다. 그러나 인간은 자신의 비참함을 아는 점에서 위대하다."

파스칼의 유명한 《생각하는 갈대》가 의미하는 것도 바로 이것이다. 안다는 것, 이것은 인간이 자신을 넘어서는 절대적인 우주 앞에서 깨어 있는 것, 즉 명철한 자아의식 그 이상도 이하도 아니다. 그런데 이 비참함의 의식은 어디서 오는가? 파스칼은 짐승은 인간과 다름없이 비참하지만, 이것 때문에 괴로워하지는 않는다고 말한다. 그것이 곧 그의 본성이고 자연의 상태이기 때문이라고 한다. 그렇다면 인간이 비참함을 의식한다는 사실은 위대함을 반증하는 것이 아니고 무엇이겠는가.

그래서 파스칼은 인간의 모순됨을 느끼며 탄식한다. 파스칼은 인간을 '비참'과 '위대'의 풀 수 없는 혼잡, 역설, 이중성의 극적 존재라고 본다. 그는 이렇게 인간에 대한 현상학적 고찰에서 출발하여 갖가지 이성적 해결을 시도한 결과 마침내 초이성적인 차원으로 넘어간다. 그리고 인간은 인간 자체로 설명될 수도 없고 충족될 수도 없다고 한다. 철학에 절망한 파스칼은 신적인 빛에 호소하며, 그 빛을 이렇게 설명한다.

"인간은 과거에 행복한 상태에 있었다. 그러나 죄로 인해 이 상태에서 실추했다. 만일 타락하지 않았다면 무죄 속에서 확실히 진리와 행복을 누렸을 것이고, 인간이 애당초 타락한 존재였다면 그는 진리와 행복이란 관념도 없었을 것이다. 우리는 행복의 관념이 있지만, 이에 도달할 수 없다. 진리의 영상映像을 느끼고 있지만, 오직 허위만 낳는다. 결국 가장 불가해한 신비(죄 및 죄의 전승)가 없다면 우리는 우리 자신에 대해 불가해한 것이 된다."

파스칼의 인간학은 엄격히 성경적 인간학과 일치하는 것을 알 수 있다. 처음에 그는 인간의 현실을 비참함과 위대함, 어둠과 빛의 양면으로 관찰하며 모순의 원리를 설정했다. 이것은 마치 인간을 상반되는 두 요소의 양립으로 보는 철학적 이원론과 같은 것으로 보이게 할지도 모른다.

그러나 우리는 더 이상 환상을 가질 수 없다. 왜냐하면 이 이원론의 범주에 머무는 것을 거부하는 데 파스칼의 인간학의 본질이 있다는 것을 알기 때문이다. 그는 철학이 인간이라는 한 주제 가운데 수평적으로 설정했던 두 개의 대립적 항목을 '은총'과 '자연'이라는 다른 차원 위에 수직적으로 설정함으로써 기독교적 인간학에 관해 말했다. 즉, 자연 속에 임하는 은총의 개입을 절대적으로 요청하는 파스칼에게 인간의 역사는 동시에 하나님의 역사가 되며, 그의 인간학은 절대자와 관련해 비로소 완성된다고 했다.

인간이 인간일 수 있는 길을 찾다

'인간은 절대로 인간을 알 수 없다'는 결론에서 이성과 신앙의 관계가 밝혀진다. 이성은 신앙을 설명할 수 없다. 다만 이성은 자신에 대한 변증법적 비판을 통해 자신을 부인하고 신앙에 복종할 것을 동의하는 것뿐이다. "이성의 부인, 이보다 더 이성에 합당한 것은 없다." 여기서 '이성의 부인'이란 이성이 자처하기를 즐기는 절대적인 기능에 대한 부인이다. 그리하여 진정한 이성의 능력을 깨달은 자는 회의해야 할 때 회의하고, 확신해야 할 때 확신하며, 복종해야 할 때 복종할 줄 안다.

이런 이성의 복종은 한편 논리와 질서를 초월한 '마음의 질서'가 있다는 확신을 바탕으로 한다. 우리가 진리를 아는 것은 이성에 의해서만은 아니다. 가령 공간, 시간, 운동이 존재한다는 것과 같은 제일 원리는 마음의 인식이며, 이것은 이성적 추론에 못지않게 확실한 것이다. 실상 이성의 추리란 이런 마음을 통한 직관적 원리 위에 비로소 가능한 것이 아닌가.

파스칼에게 이성은 이미 밝혀진 원리 위에서 이를 조정하고 추리를 이끌어나가는 방법적인 도구에 불과하며, 그 자체로는 진리 인식도 불가능하다. 진정한 인식은 오직 감정(본능)에 속해 있다. 즉, 추리의 결과가 아닌 직접적이고 포괄적인 인식, 이 판이한 논리와 방법을 가진 마음을 통해 우리는 신을 느끼고 신을 아는 것이다. "하나님을 느끼는 것은 마음이며, 이성이 아니다. 이것이 곧 신앙이다."

다시 말해 여기서 마음이라 함은 허황한 감상적 도취나 신비주의적 열광이 아니다. 이성의 타락이 마음을 신앙의 유일한 기관으로 만든 것이다. 따라서 마음의 확신이 따르지 않은 신앙은 인위적이며 구원에도 무익하다.

그렇다면 이성을 통해 일할 수밖에 없는 우리는 모든 노력을 포기해야만 할까? 아니다. 다만 노력의 성격이 달라질 뿐이다. 이성을 통해서는 우리는 신앙을 얻을 수 없다. 만약 신앙을 얻을 수 있었다면 이것은 신앙의 본질에 어긋난 것이다. 이제 이성은 자신에 대한 내면적 비판을 통해 모든 것을 판단하고자 하는 자신의 오만을 꺾어야 한다. 이것이야말로 이성의 진정한 의무며, 원죄에 대한 속죄다. 이때 비로소 하나님이 마음속에 신앙을 넣어 주실 것을 우리는 기대할 수밖에 없다.

신앙으로 들어가는 데는 이성, 영감, 습관의 세 길이 있다. 그러나 마음만이 하나님을 느낄 수 있다. 이성은 하나님을 느끼지 못한다. 이것이 신앙의 본질이다. 신앙을 확립하는 것은 신앙의 습관이다. 우주 가운데 인간만이 자신의 비참함을 아는 존재라는 파스칼의 선언은 절망 중에서도 우리를 겸손하게 한다.

잊을 수 없는 한마디

"자기 자신을 알아야 한다. 이것이 진실을 찾는데 유용하지 않다면 적어도 자신의 삶을 규제하는 데는 유용하다. 이보다 더 옳은 일은 없다."

"사람들은 인간을 대할 때 보통 오르간을 치는 것처럼 생각한다. 인간은 사실상 변덕스럽고 변화 많은 오르간이다. 그 파이프는 음계의 순서대로 배열되어 있지 않다. 보통의 오르간만을 칠 줄 아는 사람은 이 인간 오르간으로 화음을 만들지 못할 것이다. 어디에 건반들이 있는지 알아야 한다."

15

미국 영적 대각성 운동을 이끈 선구자

• 조너선 에드워즈Jonathan Edwards(1703~1758) •

18세기 미국 영적 대각성 운동의 선구자요, 철학자이며, 마지막 청교도다. 조너선 에드워즈는 하나님의 능력에 사로잡혀서 신학을 집대성한 미국 최고의 신학자이며, 놀라운 부흥을 주도한 대부흥사였다. 그는 거룩을 열망한 진정한 신자의 모델이자, 목회의 참모습을 보여 준 목회자이기도 하다.

에드워즈는 아우구스티누스와 칼뱅 이후 가장 걸출한 인물로 평가받고 있다. 그는 로이드 존스Lloyd Jones가 "영국 청교도들을 알프스 산맥으로, 칼뱅을 히말라야 산맥으로 표현한다면, 에드워즈는 에베레스트 산에 비유하고 싶다"라고 할 정도였다. 그만큼 에드워즈는 신학과 목회, 부흥과 영성 그리고 지성의 세계에 이르기까지 심오한 경지에 이르렀던 인물이다. 특히 그는 평생 《성경》을 가까이하면서 칼뱅 신학을 계승 발전하게 했다.

노샘프턴 교회에서의 성령 체험

조너선 에드워즈는 1703년에 미국의 코네티컷Connecticut 주 이스트윈저에서 회중교회 목사의 11남매 중에서 외아들로 태어났다. 그의 가정은 청교도의 전통을 물려받아 신앙과 도덕적인 면에서 엄격했고, 성실하고 검소하게 사는 것을 철칙으로 했다. 그의 아버지는 청교도의 자손답게 언제나 넘치는 열정으로 60여 년간의 목회를 훌륭하게 해낸 믿음의 사람이다. 에드워즈는 이렇듯 경건한 분위기 속에서 자랐다.

　자녀교육에 남다른 관심이 있었던 아버지의 영향으로 에드워즈는 여섯 살 때부터 가정에서 고전을 비롯한 기초 학습을 시작했다. 열한 살 때는 거미에 관한 에세이를 써서 많은 사람에게 그의 천재성을 입증해 보였다. 그는 열네 살에 예일 대학교에 입학하여 청교도 개혁주의 신학과 신앙을 철저하게 훈련받았다.

　1720년 9월, 에드워즈는 최우수 성적으로 대학을 졸업한 뒤 이듬해 〈디모데전서〉 1장 17절을 읽는 중에 회심을 체험했다. 그의 회심은 하나님의 절대주권에 의해 일어난 말씀과 성령의 체험이었다. 이 체험은 훗날 그의 영적생활, 목회, 신학 연구 그리고 저술 활동에 이르기까지 큰 영향을 끼쳤다. 특히 회심 후에 자신의 삶을 전적으로 하나님께 드리기로 다짐하면서 쓴 70개의 결심문은 후대에 길이 남을 만한 경건생활의 표본이 되었다.

　1722년 8월, 예일 대학교에서 석사 과정을 공부하던 중 뉴욕의 한 장로교회에서 설교자로 청빙 받아 2년간 사역했으며, 1724년 6월부터 모교에서 2년간 강의하다가 1727년 2월, 스물세 살에 목사 임직을 받고 외할아버지가 50년 동안 시무하던 노샘프턴 교회의 담임목사로 부임하여 그곳에서 21년간 봉사했다. 그가 남긴 엄청난 저작들은 모두 목회 기간에 이루어진 것이다.

그 뒤 에드워즈는 세라 피어폰트Sarah Pierpont와 결혼했다. 그들은 행복한 결혼생활을 하면서 11명의 자녀를 낳아 철저한 청교도 신앙으로 키웠다. 한편, 에드워즈는 노샘프턴 교회에 부임한 후 4년 뒤 보스턴에서 대중집회 설교자로 초대받을 정도로 매사추세츠에서 가장 유력한 목회자가 되었다. 그해 12월부터 성령이 역사하기 시작한 후 3년여 동안 꾸준히 영적 각성 운동이 일어났다.

1734년에는 아르미니위스Arminianism와 논쟁하면서 구원에 대한 성경적 교리와 청교도 사상을 전파하는 중에 성령의 역사가 뜨겁게 일어났다. 또한 이듬해 봄 노샘프턴 온 마을에 성령의 임재하심으로 영적 불길이 뜨겁게 타올랐고, 마을 사람 대부분이 복음의 능력으로 변화되었다.

그 후 새로운 개척지에서 어렵게 목회하던 그는 1757년, 54세가 되던 해에 프린스턴 대학교의 총장으로 초빙받았다. 그러나 5주도 채 못 되어 당시 새로이 개발되어 임상 단계에 있던 천연두 예방주사를 맞고 그 병에 걸려 고생

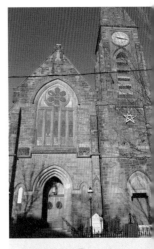

노샘프턴 교회

1727년에 조너선 에드워즈는 외할아버지가 50년 동안 시무하던 노샘프턴 교회의 담임목사로 부임했다. 그 후 그해 6월 28일 세라 피어폰트와 결혼했다. 에드워즈의 열정적인 설교를 듣고 많은 사람이 하나님께 회개하며 돌아왔다. 그 회개로 그 지역이 복음화되었고 또 그 회개가 미국의 제1차 영적 대각성 운동을 일으키는 계기가 되었다.

《하나님의 놀라운 사역에 대한 진실한 진술
A Faithful Narrative of the Surprizing Work of God in the Conversion of Many Hundred Souls in North-ampton)▾

조너선 에드워즈가 1737년에 출판한 책이다. 이 책에는 웨드워즈가 노샘프턴 교회에서 설교한 내용과 그 내용을 듣고 수많은 사람이 회개하고 하나님께 돌아왔던 이야기로 서술되어 있다. 즉, 하나님의 놀라운 역사 이야기가 들어 있다. 현재 예일 대학교 도서관에 보관되어 있다.

하다가 1758년에 지상에서 삶을 마쳤다.

그는 마지막까지도 사랑하는 신자들에게 봉사하는 청교도적 삶을 보이며 자신의 몸을 실험대상으로 바쳤다. 하나님의 종으로서 사명에 대한 뜨거운 확신이 있었던 그는 자신의 삶이 고통스러워도 절대주권 자이신 하나님의 뜻을 행하는 것이 가장 큰 기쁨이었기 때문이다.

하나님의 진실한 종 조너선 에드워즈, 그는 죽기 전 침대 곁에 있는 딸들에게 "하나님을 의지하라. 그러면 두렵지 않을 것이다"라는 마지막 말을 남기고 조용히 눈을 감았다.

습관적 신앙과 하나님 중심 신앙의 차이

에드워즈는 일곱 살 되던 해 하나님과 깊은 만남을 체험했다. 그 뒤부터 그는 자신의 영혼 구원과 하나님을 위해 70가지의 신앙수칙을 세우기 시작했다. 그중에서 가장 먼저 기록된 것은 모든 사람은 자신이 아닌 하나님의 영광을 위해 살아야 한다는 것이다. 둘째는 다른 사람들이야 이를 행하든 말든 자신은 꼭 행할 것이라고 했다. 그래서 그는 하루에 다섯 번씩 은밀히 기도하며 그 실천을 위해 숲 속의 외진 곳에 기도의 오두막을 지었다. 그리고 늘 선을 행하기 위해 노력했고 자신의 의를 세우기 위해 애썼다.

그 행위 자체로 구원에 이르는 것은 아니지만, 모범적인 그의 생활 태도는 영적생활을 갈망하는 신자의 모델이 되었다. 미지근한 신앙과 열정에 몸부림쳤던 그는 하나님의 절대주권 앞에서 자신의 모든 것을 하나님께 드리고, 그분만을 의지하려는 회심으로 땅바닥에 엎드려 울며 회개했다.

열세 살 되던 해 예일 대학교에 입학한 그는 4년 후 수석으로 졸업했다. 그때 그는 라틴어, 히브리어, 헬라어 등에 능통하였고, 〈나는 거미들〉이란 뛰어난 논문을 발표하여 주위 사람들을 놀라게 하기도 했다. 모두 다 그의 신앙의 깊이나 학문의 천재성 그리고 성실함을 들어 장래가 촉망되는 목회자나 교육자로 기대하고 있었다. 그러나 그의 마음속에는 말할 수 없는 고민이 있었다.

신앙적 열정이 식어 버리고, 어린 시절에 하루 다섯 번씩 드리던 기도가 형식적으로 남아 있을 뿐이었다. 무엇보다도 선행에 대한 의욕이 많이 사라졌음을 알게 되었다. 그는 자신의 무력한 모습을 보면서 "이렇게도 내가 무능하다니! 기도하고 선행하는 것은 인간이 하는 것이 아니란 말인가? 인간은 로봇에 불과하단 말인

아르미니위스주의

이 운동의 이름은 네덜란드 레이던 대학교의 개혁주의 신학자 야코뷔스 아르미니위스 Jacobus Arminius(1560~1609)에서 유래했다. 그는 칼뱅의 예정설을 비판하고 은혜의 보편성과 인간 의지의 자유를 인정하는 보다 자유로운 신학 사상을 주장했다. 네덜란드의 아르미니위스주의는 원래 45명의 목사가 서명하여 네덜란드 의회에 제출한 신학문서인 항의서에서 시작되었다. 이 항의서에는 다음의 5개 조항이 기록되어 있다. 첫째, 심판 날에 있을 하나님의 선택과 영벌은 믿음이 있는가 없는가에 따라서 합리적으로 결정된다. 둘째, 속죄는 본래 모든 사람이 받아야 하지만, 신앙이 있는 사람에게만 유효하다. 셋째, 성령의 도움 없이는 아무도 하나님의 뜻에 응답할 수 없다. 넷째, 은총은 거부할 수 있다. 다섯째, 신자들은 죄를 거부할 수 있으나 은총에서 멀어질 가능성도 있다. 이 항의서의 핵심은 인간은 존엄하므로 완전한 자유의지를 가진다는 주장이다. 이 아르미니위스주의는 존 웨슬리의 종교운동에서 발전한 감리교에 큰 영향을 끼쳤으며, 보다 더 자유주의적인 아르미니위스주의는 미국 유니테리언주의 Unitarianism를 탄생하게 했다.

가?" 하고 번민에 빠졌다. 그러나 하나님께서는 고뇌에 찬 그에게 〈디모데전서〉 1장 17절의 말씀을 주셨고, 그 말씀으로 인해 다시 기쁨으로 벅차오르기 시작했다.

그는 놀라운 진리를 깨닫게 되었다. 그것은 하나님이 원하시는 수준의 삶은 내 힘으로는 가능하지 않고 오직 하나님의 도움으로만 가능하다는 하나님의 절대주권 사상이다. 이것을 깨닫고는 그는 땅에 엎드려 오랫동안 울고 또 울었다. 이제 그는 하나님의 주권 섭리를 이해하였고, 믿음은 강하게 되었다. 그는 주께 이렇게 다짐했다.

"나는 나의 모든 것을 하나님께 드린다. 이제부터 나는 사람의 존영을 구하지 않는다. 나 자신은 아무런 권리가 없는 사람이기에 하나님만을 의지하리라."

에드워즈는 하루 열두 시간씩 《성경》을 연구하면서 목회에도 충실했다. 그는 보통 두 시간 이상 설교했다. 한 손에는 원고를 움켜쥐고, 다른 한 손에는 촛불을 들고 외쳤다. 그는 음성을 높이거나 몸짓도 없이 간절한 열정을 갖고 갈급한 사슴처럼 설교했다. 이로써 미국 땅에 대각성 운동이라고 불리는 부흥 운동이 일어나기 시작한 것이다.

교회마다 회개와 부흥의 불길이 일어나다

조너선 에드워즈는 영적 대각성 운동을 이끈 위대한 학자이자 변증가였다. 단지 200가구뿐인 에드워즈의 작은 마을에 무려 300명이 모여 그가 전하는 복음을 듣고 모두 회개하고 그리스도를 영접했다. 당시 청교도의 후손인 미국인들은 선조의 신앙을 버렸고, 도덕적으로 타락했다. 그래서 교회마다 교인 숫자는 줄어들고 경건의 모양은 있으나 경건의 능력은 없는 교회로 전락해 가고 있었다. 이런 상황에서 그로 인해 거의 동시에 전국에서 교회마다 회개와 부흥의 불길이 일어나게 되었다.

그의 설교 내용은 준엄했다. 그는 사람들이 청교도 조상의 신앙을 떠나 하나님을 사랑하지 않고 죄 속에 빠져 있으며, 하나님께서 이를 영원한 형벌에 처할 것이라고 경고했다. 그리고 인간의 구원은 하나님의 절대주권과 그에게서 나오는 완전한 은총임을 전했다. 에드워즈는 바로 이 부흥 운동의 지도자였다. 그의 명백한 논리, 뜨거운 헌신, 영적 통찰력, 날카로운 메시지는 사람들의 마음을 쪼개었고 많은 이를 주께 돌아오도록 했다.

"만일 우리가 신앙에 열심을 품지 않거나 우리의 의지나 성품을 강하게 훈련하지 않으면 우리는 아무것도 아니다. 그만큼 인간은 죄에 쉽게 넘어질 수 있기 때문이다. 그러므로 신앙에서 우리의 마음 상태가 중요하다.

참된 신앙은 말씀에 따른 능력이 나타난다. 신앙의 힘은 먼저 우리의 마음속에서 나타난다. 우리의 마음이 모든 신앙의 처소이기 때문이다. 그러므로 참된 신앙은 외

《신앙과 정서》

조너선 에드워즈가 1746년에 출판한 책이다. 이 책에는 참된 신앙의 본질은 무엇인가? 하나님 보시기에 합당한 거룩과 덕행의 뚜렷한 특징들은 어떤 모습을 띠고 있는가? 등에 대한 질문을 던지며 교회와 성도가 성경적으로 어떤 믿음과 소망과 사랑을 견지해야 하는지를 밝히고 있다.

적 형태, 즉 단순한 '모양'과는 대조적으로 '경건의 능력'이라 불린다. '경건의 모양은 있으나 경건의 능력을 부인하는 자'디모데후서 3:5라는 말씀이 그것을 가르쳐 준다. 하나님의 영은 건전하고 굳건한 신앙을 가진 사람들의 삶 속에서 역사하는 능력이 있고, 거룩한 사랑의 영이다"(《신앙과 정서A Treatist Concerning Religious Affections》 중에서).

그 뒤 조지 휫필드에 의해서도 부흥 운동은 여기저기서 요원의 불길처럼 퍼져 나갔다. 1724년이 영적 대각성 운동의 1기였다면, 1740년은 조지 휫필드에 의해 점화된 불꽃의 2기였다. 에드워즈의 설교 중 '하나님의 진노와 손안에 든 죄인'은 바로 이 시기에 유명해졌다. 이 부흥 운동은 사람들이 하나님에 대한 경외와 그리스도로 말미암은 구원의 은총을 감사하게 했다.

그러나 에드워즈는 그것으로 만족하지 않았다. 그는 청교도들처럼 철저한 헌신과 절대주권자이신 하나님을 기쁘게 해 드리기를 원했다. 하지만 그의 강직한 주장은 편안하게 생활하고 쉽게 믿기를 원하는 사람들에 의해 극심한 반발을 사게 되어 끝내 교회에서 쫓겨났다. 성찬식에 회개하지 않고 신앙 체험이 없는 이들의 참여를 허락하지 않은 일이 화근이 되어 사람들의 분노를 샀기 때문이다.

하루에 열두 시간 성경 공부를 하고, 200가구의 마을에서 300여 명을 회개하게 한 영성은 하나님에 대한 절대 충성과 거침없이 죄와 타락상을 지적하고 회개하게 하는 순결한 신앙의 사람이 아니고는 할 수 없는 일이다.

미국에 영적 대각성 운동을 일으킨 에드워즈는 54세의 길지 않은 생애를 살았지만, 철두철미하게 하나님 중심의 삶을 살았다. 완전한 순종의 삶을 위해 몸부림치며 거룩을 열망한 그의 뜨거운 신앙은 아직도 우리 곁에 남아 숨 쉬고 있다.

잊을 수 없는 한마디

"만일 내 생애의 최후 순간이라고 가정했을 때 하기가 꺼려지는 것이면 절대로 하지 말자."

"고통스러울 때는 순교의 고통과 지옥의 고통을 생각하자."

"만일 내가 교만이나 허영이나 이런 것들을 만족하게 하려고 어떤 것을 좋아하고 있다면 즉시 그런 것들을 버리자."

"내가 죽게 되었을 때, '그 일을 했으면 좋았을 텐데'하고 바라는 것처럼 그렇게 살자."

16

전 세계를 교구로 삼은 감리교 창시자

◆ 존 웨슬리 John Wesley(1703~1791) ◆

영국의 신학자, 목사, 감리교의 창시자이다. 독일 경건주의의 영향을 받아 개인의 내적 체험과 성결한 생활을 중시하는 신학을 제창했다. 그리고 신약 성경의 희년사상_{누가복음 4:18~19}에 근거한 사회 운동을 고민하며 실천하였던 신학자이다. 부패한 영국을 경건 운동으로 새롭게 했으며, 4만 2,000번의 설교와 391권의 저서를 남길 만큼 설교와 학문 연구에 모범적인 인물이다.

18세기 영국은 사회적 변화의 소용돌이 속에 있었다. 합리주의와 경험주의, 자연신론의 영향을 받아 크게 타락했으며, 토마스 페인Thomas Paine 에 의해 불신앙의 사상이 영국 전역을 강타하고 있었다. 그 당시 종교 지도자들의 설교는 냉랭하고 대부분 도덕적인 내용에 지나지 않았다. 또한 교회 예배에 참석하는 사람들은 주로 교육을 받은 안정된 계층이었다. 영국의 하류계층은 무지했고 부패했으며, 빈부의 차이가 심해 사회는 혼돈 속에 있었다.

이제 막 문을 연 공장에서 일자리를 구하려고 시골을 떠나 도시로 몰려드는 수많은 사람은 기존 교회와 연결고리가 전혀 없었다. 존 웨슬리는 바로 이런 사람들을 찾아다니며 들판이나 거리에서 복음을 전했다. 열정적인 설교자에게 자주 반응을 보인 사람들은 바로 이들이었다. 이런 상황에서 일으킨 웨슬리의 경건 운동은 영국 교회뿐만 아니라 영국 사회를 어둠에서 건져냈다. 이 복음주의 운동이 발전되고 확장되어 결국에는 감리교회를 이루게 되었다.

경건 운동으로 타락한 영국 사회를 건지다

존 웨슬리는 1703년 6월 13일에 엡워스Epworth 지방에서 목사의 아들로 태어났다. 그의 아버지 새뮤얼Samuel은 박봉에 많은 자녀를 거느리며 가난한 생활을 했지만 훌륭한 목회자였다. 어머니 수산나 앤슬리Susanna Annesley는 청교도 목사 앤슬리Annesley의 스물다섯 번째 딸로 십 대 때 희랍어, 라틴어, 불어를 익힌 재원이었다. 그녀는 열아홉 살 때 새뮤얼과 결혼하여 열아홉 명의 자녀를 낳았으나 그중 열 명만 살아남아 성인으로 성장했다. 그 가운데 열다섯 번째 존 웨슬리와 열일곱 번째 찰스 웨슬리Charles Wesley 는 기독교 영성에 큰 영향을 미쳤다.

1709년 2월 9일, 새뮤얼 목사 사택에서 불이 났을 때

토마스 페인

18세기 미국의 작가이자 국제적 혁명이론가로 미국 독립전쟁과 프랑스 혁명 때 활약했다. 1776년 1월에 출간된 《상식Common Sense》으로 사람들에게 독립에 대한 열망을 불어넣어 줄 정도로 큰 영향을 끼쳤다. 왕·귀족·서민원의 역사적 균형 속에 자유를 추구한 '영국의 국제론'의 복잡함을 비판하고, 정부에 의한 통제의 최소화와 공화주의적인 자기 통치에 의한 사회질서 형성을 주장했다. 그리고 이신론적 입장에서 쓴 《이성의 시대 The Age of Reason》는 무신론의 주장을 펼쳐 개신교의 반발로 1802년에 미국으로 건너갔으나 그곳에서도 지난날의 독립전쟁의 영웅으로서가 아니라 '추악한 무신론자'로서 비난을 받았다. 그 후 그는 빈곤과 고독 속에서 파란 많은 생애를 마쳤다.

찰스 웨슬리

감리교 운동을 주도한 영국의 신학자이자 찬송가 작사가이며, 감리교 창시자 존 웨슬리의 동생이다. 그의 일화 중에, 1744년에 찰스 웨슬리는 다락방에서 기도 모임을 갖고 있었다. 갑자기 마룻바닥이 갈라지면서 삐걱거리는 소리가 나더니 바닥이 무너지기 시작했다. 다락방에 모여 기도하던 사람들은 모두 순식간에 아래층으로 떨어졌고 순간 아수라장이 되어버렸다. 이 와중에 그는 이렇게 외쳤다. "여러분, 두려워하지 마십시오! 주께서 우리와 함께하십니다. 우리의 생명은 안전합니다."

어린 존 웨슬리는 간신히 불 속에서 구출되었다. 그래서 그는 어른이 된 후에도 "나는 불 속에서 끄집어낸 그루터기다"라고 말했다.

존은 어머니 수산나에게서 다섯 살부터 알파벳, 구구단, 수학, 문법, 역사, 영어, 불어, 라틴어, 희랍어, 히브리어의 기초문법을 충분히 익혔고, 열한 살 때 명문 차터하우스에 입학했다. 그는 1720년에 차터하우스를 떠나 옥스퍼드에 있는 크라이스트처치 대학에 입학했다. 그로부터 5년 후에 그는 링컨 대학의 연구 교수로 뽑혀서 가정에 큰 기쁨을 주었다. 존 웨슬리는 스물두 살이 되던 때에 자신의 진로에 대해 고심하던 중 성직자의 길을 가기로 했다. 하지만 그때까지도 영적 경험을 사모하는 마음이 적었다.

옥스퍼드에 머물고 있을 때는 풍부한 음식을 섭취하지 못하여 건강이 좋지 않았다. 그래서 그는 건강을 유지하기 위해 체인 박사가 쓴 《건강과 장수를 누리는 책》을 읽고 음식을 절제해서 먹고 마셨다. 이것은 그가 건강을 유지하는 비결이었다. 그리고 열병으로 심하게 고생하기도 했는데, 오히려 이로 인해 건강이 좋아졌다. 또한 폐병 3기가 된 적도 있었다. 이 병에서 고침받기 위해 기도했는데 석 달이 지나자 완쾌되었다. 당시에 폐병 3기 환자가 낫는다는 것은 기적이었다.

존 웨슬리는 뛰어난 리더였다. 1728년, 사제 서품을 받은 후 그는 조지아 주 사바나에서 선교사로 보낸 2년을 포함해서 10년 동안 엡워스에 있는 아버지의 교회를 비롯해 여러 교회와 집회소 등 자신이 필요한 곳이면 어디든 마다하지 않고 강단에 섰다. 1735년에 그의 아버지가 세상을 떠난 뒤, 존과 찰스 형제는 미국 조지아 주의 선교사로 가게 됐다. 대서양 항해 도중에 큰 폭풍우를 만나 배 안에 있는 모든 사람이 죽음의 공포에 사로잡혀 있었는데도 모라비안파⌄ 교도들은 배 한 쪽에서 아무런 동요 없이 천연스럽게 찬미하며 예배하고 있는 광경을 보고, 존 웨슬리는 크게 감동을 받았다. 그 뒤 그는 모라비안 교회를 드나들며 많은 격려를 받고 배우기도 했다.

존 웨슬리는 선교지에서 강한 금욕생활과 함께 엄격한 규칙생활을 했으며, 영성가들의 서적을 계속 읽으면서 연구와 실천에 전력했다. 그러나 그가 목적한 미국 원주민 선교는 완전히 실패했고, 심한 좌절감을 안은 채 2년 4개월 만에 런던으로 돌아오게 되었다. 이때 그는 "인디언들의 영혼을 회심시키기 위해 미국으로 가지만, 내 영혼은 누가 구원해 주나?" 하며 흔들리는 마음 상태를 드러냈다.

그 후 웨슬리는 항해 도중에 알게 된 모라비안 교도들, 특히 그들의 지도자 페터 뵐러Peter Böhler와 사귐을 가지며,

모라비안파⌄

1722년에 로마 가톨릭 교회의 개신교 탄압을 피해 보헤미아에서 살던 모라비안들은 독일의 드레스덴의 니콜라우스 친첸도르프 Nikolaus Zinzendorf 백작의 영지로 이주했다. 3년 뒤에는 친첸도르프도 모라비안들과 기도회를 가질 정도로 모라비안의 경건주의 운동에 적극 동참했다. 그리고 남아프리카공화국·청제국·페르시아·북극 등에서 활발한 해외 선교를 벌였고, 존 웨슬리의 감리교 창시에도 영향을 주었다. 그러나 19세기를 정점으로 20세기에 들어와서는 신앙의 순수성을 잃고 지도층은 영적이라기보다는 민주적이어서 그 영향력을 대부분 상실하고 있다.

그들의 경건하고도 확고한 신앙을 접하게 되었다. 1738년 5월 24일 저녁, 올더스게이트 거리에 있는 그들의 한 집회에 참석한 웨슬리는 그의 마음이 이상하게 뜨거워지는 경험을 하게 되었다. 그리스도 안에서 평안과 구원의 기쁨을 느끼는 체험을 하게 된 것이다. 웨슬리는 여기서 그리스도를 통한 속죄의 은혜에 대해 확실한 체험을 했다.

온전한 회심 이후 그의 설교는 지성만큼이나 감성도 날카롭게 파고들기 시작했다. 근엄한 그 시대의 영국 강단에서 열정은 상당한 기피 대상이었다. 그런데도 존 웨슬리는 점점 더 열정적인 설교를 했다. 1739년 4월, 브리스톨에서 처음으로 시작한 웨슬리의 야외설교는 50년간 지속했다. 존 웨슬리는 말을 타고 영국 전역을 수없이 다니면서 사람들이 모이는 곳이면 교회나 들판, 길모퉁이 등 어디서나 복음을 전했다.

웨슬리의 관심은 '어떻게 하면 참된 그리스도인이 될 수 있는가?'에 집중되어 있었다. 실천적 영성을 강조하는 그의 가르침은 영국 사람들에게 열렬한 호응을 얻었다. 그 결과 그의 설교는 가난한 노동자들과 하층민들에게 깊이 스며들어 갔다.

그는 평균 일주일에 15회 정도 설교했고, 해마다 8,000킬로미터 여행을 다니며 전도했다. 또한 빈민 구제, 병자 위문, 감옥 방문을 통한 전도에도 힘썼다. 그러나 그의 전도와 설교는 늘 평탄하게 진행되지는 않았다. 도중에 많은 폭도로부터 습격을 당하는가 하면 돌팔매질까지도 당하는 일도 있었다. 하지만 과격한 폭도들까지도 웨슬리의 기도와 설교를 듣고 눈물을 흘리면서 하나둘씩 하나님 앞으로 나오기도 했다.

엡워스 교회 안에 있는 아버지의 무덤에서 회중에게 설교하는 존 웨슬리

메소디스트

개신교의 최대 교파 중의 하나로 존 웨슬리가 창립했다. 옥스퍼드 대학 시절 웨슬리는 '홀리클럽'을 만들어 《성경》 말씀대로 살아가자는 목적에서 메서디스트라 불리게 되었다. 웨슬리는 회심 후 사람을 찾아다니며 야외에서 설교하며 전도여행을 했다. 그로 인해 야외 설교 운동이 확산하였고, 이 설교 운동이 영국 국교회에서 분리하여 독립의 메서디스트 감독교회가 된 것은 웨슬리가 죽은 후였다. 이 교파는 칼뱅주의와 달리 인간의 자유의지를 강조하는 아르미니위스주의 신학 노선을 따른다. 남북전쟁 때 교회가 남북으로 분열되었다가 1939년에 다시 합했다.

실로 이런 일들은 그를 통한 성령의 역사가 아닐 수 없었다. 그는 복음 전선에서 끝까지 활동하다가 1791년 3월 2일에 88세의 나이로 영원한 안식에 들어갔다.

웨슬리에게 영향을 끼친 인물과 책

그가 청년 시절일 때 그에게 가장 큰 감화를 끼친 이는 어머니 수산나였다. 동생 찰스 웨슬리 또한 그의 좋은 동역자였다. 이들은 옥스퍼드 대학교 시절에 '홀리클럽Holy club'을 만들어 규칙적으로 《성경》과 고전을 연구하며, 자주 성찬식을 거행했고 수요일과 금요일에는 금식했다. 그들은 또한 사회사업에도 참여해 수감자들과 가난한 사람들을 위해 봉사했다. 이것은 훗날 존 웨슬리가 일으킨 메소디스트Methodist 운동의 시작이요, 산실이 되었다. 동생 찰스가 열정을 쏟아 부은 분야는 찬송 작사였다. 성령께서 감동을 주실 때마다 60년간 매주 세 편씩 찬송 시를 썼는데 〈만 입이 내게 있으면〉, 〈천부여 의지 없어서〉 등 그 가운데 400편은 지금도 세계 곳곳에서 불리고 있다.

한편 존 웨슬리의 정신과 신앙에 큰 도움을 준 것은 토마스 아 켐피스의 《그리스도를 본받아》란 책이다. "나는 이 책을 읽고 참된 종교는 인간의 심령 속에 깊이 뿌리를 박고 있다는 사실과 하나님의 섭리의 손길은 인간의 언행뿐 아니라 사상에도 미친다는 것을 깨달았다"고 했다. 또한 이전에 모르고 있던 그리스도인의 '헌신과 성결의 도리'를 알게 되었다고 말했다. 그가 훗날 쓴 《그리스도인의 완전론》의 기본 사상도 이 책의 영향을 많이 받았다.

이어서 그는 제러미 테일러Jeremy Taylor▼의 《거룩한 삶과 죽음》에서도 큰 감동을 받았다. 이 책을 읽고 그는 "내 생명 전체를 하나님께 바치기로 했다"고 한다. 그리고 테일러의 영향을 받아 그때부터 일기를 쓰기 시작했다. 웨슬리의 일기는 26권으로 제본되어 보존되고 있다. 일기는 끈질기고 강인한 그의 선교 활동을 보여 주는 동시에 하나님께 사로잡힌 영적 지도자의 삶을 증거한다. 특히 그가 겪은 인간적인 고뇌와 시련에도 신앙적 일편단심을 유지한 신실함을 우리에게 보여 주고 있다. 웨슬리의 신비주의와 내면적 영성생활에 대한 관심은 그의 종교 체험 이전뿐 아니라 그의 전 생애에 걸쳐 계속되고 있음을 볼 수 있다. 그날의 경험을 그는 일기에 이렇게 남겼다.

제러미 테일러▼

영국 케임브리지에서 이용사의 셋째아들로 태어나, 케임브리지 대학교를 졸업한 후 성직자가 되어 특색 있는 설교로 대주교 윌리엄 로드William Laud의 인정을 받았다. 1636년에 찰스 1세의 궁정목사가 되어 설교가로서 이름을 알렸다. 청교도 혁명 때는 윌리엄 로드와 함께 활동하다가 투옥되었다. 석방 후 궁정목사에서 은퇴한 후 《거룩한 삶Holy Living》(1650)과 《거룩한 죽음Holy Dying》(1651)을 썼다. 그는 실감나는 비유와 생동감 넘치는 문체로 많은 사람에게 호평을 받았다.

1738년 5월 24일(수)

저녁에 나는 올더스게이트 거리에서 모이는 집회에 참석했다. 집회에서 어떤 사람이 루터의 《로마서》 서문을 읽었다. 9시 15분 전쯤 그가 하나님께서 그리스도를 믿는 신앙을 통해 우리 마음속에서 역사하사 일으키시는 변화를 말할 때 내 마음이 이상하게도 뜨거워지는 것을 느꼈다. 나는 그리스도를 의지했다. 구원받기 위해 오직 그리스도만을 의지했다. 그리하여 그리스도께서는 나 같은 죄인의 죄까지도 없이 하시고 사망과 죄의 율법에서 나를 구원하셨다는 확신을 얻게 되었다.

그 후로 나는 나를 모욕하고 핍박하던 자를 위해 정성껏 기도했다. 그리고 나는 그곳에 모인 사람들에게 내가 새롭게 얻은 신앙 체험을 모두 말했다. 집에 돌아온 후 여러 가지 유혹이 나를 위협했다. 그러나 소리를 치니까 다 달아났다. 그러나 그것들은 또다시 찾아왔다. 유혹이 올 때마다 하나님을 바라본즉 하나님께서는 그 성소로부터 도움을 보내주셨다. 여기서 나는 나의 과거 상태와 현재 상태가 서로 다름을 발견했다. 과거에는 은혜 아래 있으면서도 율법적이었기 때문에 비록 전력을 다해 싸웠을지라도 패한 때가 많았다. 그러나 지금 나는 늘 승리하는 자다.

영성의 회복, 성화와 그리스도인의 완전을 이루는데 있다

웨슬리는 신자들에게 영적생활에 대하여 이렇게 말했다. "나는 메서디스트라고 불리는 교회가 유럽이나 미국에서 없어질까 봐 염려하지 않는다. …… 그러나 내가 염려하는 것은 그 교회가 능력 없이 종교의 형태만 지닌 채 한갓 죽은 단체로 존재할까 봐 염려한다. 만일 우리가 시작할 때 지켰던 그 교리와 정신과 훈련을 교회가 굳게 지키지 않는다면 그렇게 되고 말 것이다."

존 웨슬리의 고향인 엡워스의 오래된 목사관

신자들이 하나님의 말씀을 신뢰하고 그 말씀을 지키지 않는다면 웨슬리는 죽어가는 영혼들과 같다고 보았다. 그래서 그는 신자들이 '성화'와 '그리스도인의 완전'을 이루기를 바랐다. 주님을 향해 날마다 거룩하게 성결하게 변해가기를 바랐다.

웨슬리가 말하는 '성화'는 두 단계로 나누어진다. 첫째 단계는 초기의 성화로써 우리가 거듭남으로 성화의 단계에 들어섰으나, 아직은 온전한 성화에 이르지 못한 영적 상태를 말한다. 둘째 단계는 온전한 성화로써 깊은 영적(하나님의 사랑) 체험으로 죄 된 생각에서 완전히 떠나고 온전한 변화를 이루는 경지에 도달하는 것을 말한다. 웨슬리는 이 온전한 성화를 '그리스도인의 완전'이라 부르고, 모든 그리스도인은 이 온전한 성화로 나가야 한다고 말했다.

그러면서 그는 성결한 자가 지켜야 할 조항 일곱 가지를 말했다. "자만하지 않도록 경계하여 기도할 것, 자만심의 열매인 열광을 경계할 것, 도덕 무용론자를 주의하여 방종한 생활을 삼갈 것, 게으름을 멀리할 것, 하나님 이외의 것을 열망하지 말 것, 그리스도 교회를 분열케

하는 당을 짓지 말 것, 범사에 남의 모범이 되고 등불이 될 것."

한평생 경건한 삶을 살았던 존 웨슬리는 뜨거운 열정으로 영국 사회를 구원한 복음주의 영성을 지닌 사람이었다. 그는 대학 시절 새벽 4시에 일어나는 습관을 붙여 80세가 지나도록 기상 시간을 어긴 적이 없었다. 그리고 학문과 성령의 충만함을 겸비한 그는 "세계는 나의 교구다"라고 외칠 만큼 전도자의 열정으로 일생을 살았다. 또한 그는 4만 2,000번의 설교와 391권의 저서를 남길 만큼 설교와 학문 연구에 모범적인 인물이었다. 그는 '완전한 그리스도인'이 아니라 믿음을 통해 부단히 거룩함에 이르려는 '진정한 그리스도인'의 본보기를 우리에게 제시하고 있다.

잊을 수 없는 한마디

"사람들은 대개 바쁜 삶에서 균형을 잃고, 직장일이나 쾌락에 빠져 있습니다. 마치 태어나면 점점 온전한 힘을 얻고 키가 성장하듯, 별다른 보살핌이나 관심이 없어도 거듭남을 위한 성장이 일어나고 자기 안에 새로운 본성이 생겨나 자란다고 생각합니다. 그러나 우리가 자신의 움직임에 깊이 집중하지 않으면 성령께서는 우리의 본성을 깨끗하게 하지 않으실 것입니다. 이보다 더 확실한 사실은 없습니다."

불과 바람과 폭포처럼 산 위대한 설교자

• 조지 휫필드 George Whitefield(1714~1770) •

영국의 신학자, 설교자이다. 18세기 존 웨슬리와 감리교 운동을 시작하였고, 개혁주의 감리교 신학을 주장하여 그 기틀을 다졌다. 천상의 웅변력과 위대한 재능 그리고 시간, 인격, 영혼을 모두 십자가 앞에 내려놓은 사람이다. 잃어버린 양들을 적극 찾아 나서 야외설교를 지속적으로 했으며, 하나님의 부름을 받기까지 34년간 예수 그리스도를 전하는 한 가지 일에 몰두했다. 열정적인 복음 전도자였던 그가 인도했던 공중집회는 1만 8,000회에 이른다.

19세기 위대한 설교자 찰스 스펄전 Charles H. Spurgeon은 휫필드를 이렇게 평가했다. "조지 휫필드 같은 사람에게 끌리는 관심은 끝이 없다. 그의 생애에 관한 책을 읽을 때마다 나는 각성하며 돌아선다. 그는 진정 살아 있는 신앙인이요, 불과 바람과 폭포 같은 삶을 살다 간 위대한 신앙인이었다. 주께 순종하는 데 있어 나에게 모델이 있다면 그는 조지 휫필드다. 우리는 그의 영광스러운 발자취를 따라야 한다."

휫필드의 설교는 순수하고 간결하며 솔직하고 담대했다. 특히 열정과 긍휼한 마음이 많았던 그는 눈물을 흘리지 않고 설교를 끝낸 적이

거의 없었다. 그의 눈물은 사람의 마음을 감동하게 했고 심령의 샘을 건드렸다. 그것은 논증과 사변으로는 움직일 수 없는 영역이었다. 그의 이런 다정다감한 자세는 많은 사람이 그에 대하여 쌓았던 편견의 벽을 허물어 버렸다.

모든 이름 위에 뛰어난 예수에 미치다

기독교 역사상 위대한 설교자 중 한 사람인 조지 휫필드는 1714년에 영국 글로스터Gloucester에서 여관을 경영하던 아버지 토마스 휫필드 Thomas Whitefield와 어머니 엘리자베스 젠크스Elizabeth Jenks에게서 태어났다.

글로스터는 개신교의 진리 수호를 위해 일생을 바친 믿음의 사람이 많이 배출된 곳이다. 가난한 집안에서 출생한 그는 어린 시절에 불량 청소년과 어울리며 카드놀이와 연애 이야기, 그리고 주일을 범하고 극장에 다니는 등 매우 어두운 생활을 했다. 그래도 이따금 양심의 가책을 느끼면서 죄에 대해 자각을 했다. 성령께서 자신에게 감화를 주고 있음을 느꼈다고 고백한 것과 어린 시절부터 목사가 되기를 원했다는 사실에서 우리는 '큰 그릇'으로 빚으시는 하나님의 손길을 엿볼 수 있다. 아버지가 세상을 떠나고 어머니의 재혼으로 들어온 의붓아버지의 방만함으로 번창했던 벨 여관은 기울기 시작했다.

그는 글로스터에 살고 있었기 때문에 공립중학교에서 무상으로 좋은 교육의 혜택을 받게 되었다. 공립중학교를 해마다 방문하는 시 자

조지 휫필드의 고향인 글로스터의 전경

치위원들 앞에서 학생 대표로 연설할 정도로 웅변술과 기억력이 뛰어났다. 소년 시절부터 웅변의 귀재로 알려졌던 그는 그 웅변을 통해 셀 수도 없이 많은 영혼에게 말씀으로 양식을 제공하여 하나님께로 인도했다.

열다섯 살 때 휫필드는 어려워진 여관을 돕기 위해 학업을 잠시 포기하기도 했다. 그 뒤 열일곱 살이 되는 해에 동창생의 권유로 옥스퍼드의 펨브로크 대학에 진학할 마음을 갖고 공립중학교에 복학하여 열여덟 살에 마침내 펨브로크 대학에 근로 장학생으로 입학했다. 이후 그는 자신의 생애를 온전히 하나님께 드렸다는 것을 일기를 통해서 확인할 수 있다.

휫필드는 스물네 살 되던 해에 옥스퍼드에서 목사 안수를 받았다. 1736년 6월 26일 주일, 그의 고향인 글로스터에서 첫 설교를 한 후부터 1770년 9월 29일, 미국 뉴베리 포트Newbury Port에서 56세를 일기로 하나님의 부름을 받기까지 34년간 그는 오직 한 가지 일, 예수 그리스도를 전하는 일에 몰두했다. '모든 이름 위에 뛰어난' 그 이름은 그의 모든 서신에 빠지지 않았고, 예수에 관해 무엇인가 말하지 않고는 도무지 견딜 수 없었다. 주의 사랑과 대속, 주의 귀한 피, 의로우심, 주의 인자하심 등은 그에게 항상 새로운 주제가 되었다.

잉글랜드나 스코틀랜드, 웨일스에는 복음전도자로서 그의 발길이 닿지 않는 곳이 없을 정도였다. 그가 인도했던 공중집회는 1만 8,000회에 이르고, 스코틀랜드를 14회나 방문했다. 지금부터 250년 전 그 당시의 도로와 교통, 통신 시설을 고려해 볼 때 그것은 경이로운 일이 아닐 수 없다. 또 당시 3,4개월이 소요되는 대서양을 건너 북미대륙을 무려 일곱 번이나 방문한 일 또한 예사로운 일이 아니었다. 그때까지 기독교 역사상 그 누구도 그처럼 많은 대중에게 그만큼 많은 설교를 한 일이 없었다. 그의 생애를 통해 이룬 엄청난 업적은 한 사람이 감내했다고 보기에는 너무나 놀랍다. 오직 성령 하나님의 도우심으로 가능했다고 해석할 수 있다.

야외설교, 영혼을 건지는 최고의 전도방법

옥스퍼드 펨브로크 대학에 진학한 것은 휫필드의 생애에 큰 전환점이었다. 대학에 진학하기 전까지 그는 믿음의 확신과 경건의 훈련이 매우 약했다. 그러나 펨브로크 대학에 입학한 뒤부터 한층 신앙이 성숙하게 되었다. 특히 휫필드는 웨슬리 형제가 조직한 '홀리클럽'에서 그들과 교제를 나누며 회심을 체험했다.

그 뒤 그는 맹목적인 신앙에서 해방되어 교도소를 찾아 죄수들에게 책을 읽어 주는 등 남을 섬기는 일에 힘썼다. 《성경》을 무릎 위에 놓고 읽고 묵상하며 될 수 있는 대로 말씀 한 줄 한 줄 읽을 때마다 기도했다. 그것은 젊은 그의 영혼에 살이 되고 피가 되었다. 그의 영혼은 날마다 위에서 내리시는 새로운 생명의 빛과 힘을 얻었다. 그리스도의 복음이 주는 영광스러운 자유를 맛본 휫필드는 금욕주의, 율법주의 등을 단호히 배격하고 값없이 주시는 은혜의 교리에 마음 깊이 뿌리를 내리게 되었다. 이것은 쓰라린 갈등을 통해 얻은 값진 믿음의 자산이었다. 옥스퍼드의 작은 무리 중에서 그처럼 신속하게 그리스도의 복음에 대해 명백한 견해를 확립한 사람은 없었다.

1736년, 스물두 살의 젊은 휫필드는 글로스터의 벤슨 주교로부터 성직의 임직을 받고, 그가 태어난 글로스터의 성 메리 드 크립트 교회St. Mary de Crypt Church에서 첫 설교를 했다. 그의 설교는 상당한 반향을 일으키며 목마른 영혼들에게 끊임없는 영적 해갈을 주었고 이 땅에서의 지친 삶에 새로운 힘을 공급했다. 그래서 그의 설교에는 수많은 청중이 모여들었다. 그는 1739년부터 옥외설교 혹은 야외설교를 시작했다. 왜냐하면 수많은 사람이 교회에 나와 예배에 참석하지도 않고 주일에 빈둥대거나 죄를 짓고 있었고, 설교조차 접할 수 없었기 때문이다.

곧 그해 2월 그는 브리스톨 근처 킹스우드Kingswood 지방 광부들에게 첫 야외설교를 시작하였는데 약 2만 명 정도가 모였다. 그의 설교는 열정이 넘칠 정도로 뜨거웠고 그 설교를 들은 광부들은 울며 자신들의 죄를 회개하며 하나님께 돌아왔다.

두 달 뒤인 4월에는 런던에서도 야외설교를 시작했다. 그는 공터나 들판에서 설교하였는데 때로는 수만 명이 모였다. 1739년 4월 29일 자 일기에는 "약 3만 명이나 되는 사람이 모였다"고 했다. 이처럼 야외설교는 당시 저조한 예배 참석에 대한 현실적 대안이기도 했지만, 한편 자신을 반대하는 영국 교회의 벽을 넘는 방안이기도 했다. '길과 산, 물가'로 나가서 전도하며 옥외에서 설교하였던 예수님의 설교는 그에게 모범이 되었다. 휫필드의 옥외집회, 야외설교 그리고 극장 전도, 가정 선교, 도시 선교 등은 당시 교회에서는 상상도 못했던 일이다.

양을 찾아 나선 목자의 뜨거운 사랑에서 시작된 야외설교는 사망의 불길에서 영혼을 건지는 최고의 전도 방법이었다. 그에 대한 대중의 인기는 대단했다. 능력 있는 설교로 야외집회는 대성공이었지만, 그는 하나님의 은혜로 한결같이 겸손했다.

주로 야외설교를 할 때 배를 이용하거나 말을 타고 동역자들과 함께 이동했다. 그가 스물다섯 살 되던 해, 1740년 10월 20일 일기를 보면 조너선 에드워즈를 만난 후 다음 설교지로 이동하다가 말에서 굴러떨어지기도 했다. 또한 거듭되는 설교 요청에 일일이 응하다가 건강이 급속히 악화되기도 했다.

그럼에도 그는 복음에서 떠난 잃어버린 양들을 적극 찾아 나섰다. 전도에 나가기 전 열심히 기도하고 사람들이 무리를 지어 모이는 곳마다 찾아가서 그리스도를 증거하는 열변을 토했다. 이렇게 선포된 복음은 많은 사람에게 순수한 신앙의 동기를 갖게 해주었다. 사망의 불길에서 구원받는 사람들이 매일 늘어났다. 이런 변화는 영국 교회에 빠르게 전파되었다.

그러나 당시의 영국 교회는 그를 받아들이지 않았고,

주님의 은혜를 체험한 조지 휫필드는 노예였던 아프리카계 미국인을 포함하여 펜실베이니아의 수많은 사람에게 복음을 전했다. 그의 '당신 그대로 그리스도에게 오라' 설교는 많은 인기를 얻었지만, 반면 많은 비판도 받았다. 그런 비판으로 풍자 만화가 신문에 실리기도 했다. 1763년에 그려진 만화에는 꼬마 도깨비가 그의 귀에 파이프를 통해 영감을 주고 있고, 한쪽은 여성 악마가 명예의 상징으로 트럼펫을 들고 휫필드의 말을 듣고 있으며, 그의 의자 아래에 있는 마귀는 황금을 챙기고 있다.

성직자들은 이 낯선 전도자를 외면했다. 그의 설교 주제는 인간의 치유될 수 없는 죄악성과 그리스도의 구원 능력에 관한 복음주의적 메시지였다. 그는 설교를 통해 천국과 지옥에 대한 환상을 생생하게 묘사하여 각 영혼에게 영원한 내세에 대한 소망을 심어 주었다.

하나님께 사로잡힌 위대한 복음 전도자

횟필드는 최초 감리교인들의 조직인 '홀리클럽'을 통해서 웨슬리 형제들과 교제를 나누며 동역했는데, "앞으로 천국에 가면 주님 곁에 가까이 있을 사람"이라고 말할 정도로 그들을 존경했다. 하지만 사회 문제에 관한 관심은 달라서 존 웨슬리는 노예 해방 문제에, 조지 횟필드는 아동복지 문제에 관심이 많았다. 실제로 존 웨슬리는 윌리엄 윌버포스William Wilberforce의 노예 해방 운동을 격려했다.

한편, 횟필드는 그의 사고방식을 완전히 바꿔놓은 책한 권을 만났다. 그것은 스코틀랜드 사람 헨리 스쿠걸Henry Scougal이 쓴 《인간의 영혼 안에 있는 하나님의 생명The life of God in the soul of man》이라는 책이다. 그때까지 횟필드는 '중생'에 대해 아무것도 몰랐다. 그는 선행을 함으로

윌리엄 윌버포스

그는 잉글랜드 요크셔에서 출생했다. 그의 할아버지는 발트 교역으로 부자가 되었고, 아버지는 로버트 윌버포스이다. 윌버포스는 1776년, 18세에 영국 케임브리지 대학교에 입학했다. 그는 학생들의 모임에는 즐겨 참석했지만 공부에는 열중하지 않았다. 친구 중에서, 특히 윌리엄 피트를 사귀었고, 그와 함께 후에 하원의원에 당선되어 의회개혁과 로마 가톨릭의 정치적 해방을 지원했다. 1787년에 노예 무역 폐지 운동의 지도자가 되어 1807년에 노예 무역 폐지법을 성립시켰다. 박애주의적인 개혁을 추구하는 복음주의자 그룹의 중심인물로서 해외 선교 운동에서도 크게 활약했다. 그가 죽던 1833년에 노예제도가 폐지되었다.

천국에 들어갈 수 있다고 생각했다. 그러나 그 책을 읽고 그런 생각이 완전히 잘못되었음을 깨닫게 되었다. 이 책은 그에게 중생의 필요성과 이에 대한 복음적 견해를 확립하게 하였을 뿐만 아니라, 그의 신학을 형성하는 데 많은 영향을 주었다.

1735년에 회심한 그는 1736년부터 복음을 전하기 시작했다. 그는 일생에 걸친 설교 사역에서 〈에베소서〉 2장 8절의 말씀을 주제로 삼았다. "너희가 그 은혜를 인하여 믿음으로 말미암아 구원을 얻었나니 이것이 너희에게서 난 것이 아니요 하나님의 선물이라."

성령의 능력을 힘입어 사람을 변화하게 하는 일에 전력한 휫필드의 삶은 굳어진 18세기 교회의 문을 부수고 무뎌진 명목상 신자들의 마음을 흔들어 놓았다. 그는 웨슬리를 존경했지만, 신학적인 면에서 그와 달라 결별했다. 웨슬리는 아르미니우스 신학을 가지고 있었는데, 휫필드는 칼뱅주의 신학을 가지고 있었다. 이 둘의 차이는 '하나님', '죄', '구원'에 관한 기독교의 사상에 아주 큰 영향을 주기 때문에 매우 심각한 논쟁을 불러일으켰다. 휫필드는 모든 면에서 감리교주의자였음에도 신학은 견실한 칼뱅주의자였다는 점이 주목된다.

이처럼 서로 다른 견해를 가진 웨슬리와의 논쟁을 언급한 휫필드의 편지를 보면 그가 얼마나 온유하며 사랑이

헨리 스쿠걸

스코틀랜드 복음주의의 가장 위대한 증인 중 한 사람이다. 헨리는 유아 시절부터 그의 아버지 뜻에 따라 성전에서 하나님을 섬겼으며, 아버지는 철저하게 그를 영적으로 훈련시켰다. 그 또래의 아이들이 재미있게 노는 동안 스쿠걸은 독서, 묵상, 기도로 시간을 보냈다. 스쿠걸은 애버딘 대학교 킹스 대학을 졸업하고 철학 교수가 되었다. 4년 후 그는 목사 안수를 받고, 일 년간 목회한 후 애버딘 대학교 신학 교수가 되었다. 그의 책 《인간의 영혼 안에 있는 하나님의 생명》은 조지 휫필드에게 큰 영향을 주었다. 그는 1678년 6월 13일에 28세의 나이로 결핵으로 사망했다.

많은지 알 수 있다. 그는 자신과 견해를 달리하는 사람들과 그를 핍박하는 사람들을 위해 기도하며 그들을 진심으로 사랑하는 참 그리스도인이었다. 고난과 핍박과 시련에 대처하는 그의 모습을 통해 우리는 많은 것을 배울 수 있다.

한결같은 열심과 열정으로 주님을 위해 충성했던 휫필드, 그의 삶은 온통 하나님께 사로잡혀 있었으며 하나님을 영화롭게 하고자 하는 단 한 가지 열망으로 불타올랐다. 이 위대한 복음 전도자의 최후는 그가 살아온 일생과 딱 들어맞았다. 그는 30년간을 한결같이 전도하면서 살았듯이 마지막 순간까지도 전도하다가 1770년 9월 29일에 하나님의 품에 안겼다.

잊을 수 없는 한마디

"제게 잃어버린 영혼들을 주소서. 그렇지 않으면 차라리 제 영혼을 취해 가소서."

"중생은 외적인 고백뿐 아니라 내적인 변화요, 마음의 정결이요, 성령의 내주다. 그러므로 신비적으로 참되고 생동감 있는 신앙에 의해 신비적으로 그리스도와 연합하는 것이며, 따라서 그리스도로부터 영적인 덕목을 받는 것이다."

• 영성의 숲에서 하나님을 만나다

노예 무역상에서 복음주의 지도자가 된 뉴턴

◆ 존 뉴턴 John Newton(1725~1807) ◆

18세기 영국의 영적 각성 운동의 지도자이다. 뉴턴은 정규 교육을 받은 일이 없고, 노예선의 선장으로 아프리카를 오가며 무역 일을 했다. 1747년에 회심한 후 독학으로 공부하여 목사가 되었다. 또한 〈나 같은 죄인 살리신〉이라는 찬송의 작사가로 널리 알려져 있으며, 그 밖에도 280여 곡의 찬송 시를 지었다.

18세기 초, 영국은 종교적·도덕적으로 쇠퇴해 가고 있었다. 휫필드와 웨슬리의 부흥 운동 이후에 제2세대 지도자들이 출현했는데, 그중 한 사람이 존 뉴턴이다. 그는 한때 노예 무역상이었으나 하나님의 은혜에 힘입어 복음주의 운동의 위대한 영적 지도자가 되었다.

그는 뛰어난 문필가였다. 그에게 편지로 도움을 요청하는 신자들이 많았다. 신자들은 다양한 주제로 그에게 물어왔고 그 질문에 뉴턴은 일일이 답해 주었다. 그리고 《성경》에 대한 뛰어난 지식, 깊은 개인적 신앙체험, 많은 친구와의 교제(휫필드, 쿠퍼, 윌버포스 등), 여러 가지 시련, 시골에서의 목회 경험, 강력하고도 특유한 문체 등은 뉴턴에게 있었던 은사를 발휘할 수 있게 했으며, 어떤 어려움 속에서도 넘어지지 않고 영적 각성 운동을 성공적으로 이끌어 갈 수 있게 했다.

탕자가 하나님 아버지를 바라보다

존 뉴턴은 1725년 7월 24일에 영국 런던에서 태어났다. 그의 어머니는 경건한 그리스도인으로 뉴턴을 어릴 적부터 신앙으로 교육하였고, 아들이 훗날 주께 쓰임 받는 성직자가 되기를 기도했다. 그는 네 살 때 이미 웨스트민스터 교리문답을 외웠고, 아이작 와츠Isaac watts▼의 찬송들을 많이 외워 부를 수 있었다.

그런데 그가 일곱 살 되던 해에 어머니는 폐병으로 세상을 떠나고 말았다. 지중해 무역에 종사하는 선장인 아버지는 뉴턴을 에식스Essex에 있는 기숙학교로 보냈다. 열한 살 때 그는 엄격한 규율을 지켜야 하는 학교에서 벗어나 아버지를 따라 선원생활을 시작했다. 그의 아버지는 이듬해에 재혼했고, 뉴턴은 이때부터 거친 선원들 틈에서 그들의 언어와 행동을 그대로 배우며 방탕한 생활을 했다. 행실은 점점 거칠어졌고 나쁜 짓만 골

아이작 와츠▼

영국 찬송가학의 아버지로 불리는 아이작 와츠는 영국 사우샘프턴Southampton에서 비국교도 부모에게서 태어났다. 건강이 좋지 않았던 그는 네 살 때 라틴어를 배웠을 뿐만 아니라 열세 살 때는 그리스어·프랑스어·히브리어를 배웠다. 일곱 살 때 시를 쓰면서 재능은 발휘되기 시작했다. 열여섯 살 때 와츠는 후원을 받아 옥스퍼드 대학교로 진학했다. 신앙으로 박사학위를 포기하고 Newington Green Academy로 진학하여 시와 신학적 논문들을 썼다. 그는 〈기쁘다 구주 오셨네〉, 〈주 달려 죽은 십자가〉 등을 비롯하여 600여 곡의 찬송가를 만들었다. 와츠의 찬송가는 비국교도들에게 큰 영향을 끼쳤지만, 영국 국교회에서는 오랫동안 그의 찬송가를 사용하지 않았다. 성공회는 1861년에 이르러서야 와츠의 작품 중 일부를 수록했다.

라 했다.

한편, 그의 마음 한구석에는 어머니가 심어 준 신앙의 싹이 여리게 자라고 있었으나, 가시덤불과 같은 환경 속에서 열매를 맺기 어려웠다. 하지만 어머니의 간절한 기도는 헛되지 않았다. 그는 열네 살의 소녀 메리 캐틀렛Mary Catlett을 만나 사랑을 느꼈는데, 그녀는 뉴턴이 선원생활 하는 7년간 하루속히 회개하고 주님의 품으로 돌아올 수 있도록 기도했다. 하나님께서는 그녀를 기도의 파수꾼으로 세우셔서 뉴턴을 보호하신 것이다.

1743년, 뉴턴이 우연히 해군 군함을 구경하러 간 것이 해군 소위 후보생에 지원하는 계기가 되었다. 그곳에서 그는 규칙적이고 엄격한 생활에 싫증을 느껴 탈영했으나 곧 체포되어 철창에 갇히는 신세가 되었다. 그래서 15개월 동안 노예 무역상의 일꾼으로 일했다. 그는 열심히 일했지만, 노예의 수가 늘어나 먹을 양식이 부족해 항상 허기졌다. 오랫동안 하나님을 저버린 타락한 삶을 살던 그는 포로생활 동안 굶주리고 헐벗으며 종처럼 비천한 삶을 살면서 마음이 낮아졌다.

뉴턴은 여가 시간에 주로 《성경》을 읽고 묵상하며 주께 자비와 지도를 간구했다. 그러면서 그는 신약 성경을 읽어가면서 몇몇 구절에서 은혜를 받았다. 특히 〈누가복음〉 15장에 나오는 '탕자의 비유'를 읽으면서 탕자처럼 살아온 자신의 삶을 돌아보게 되었다. 탕자를 받아들이는 선한 아버지께서 그러한 아들을 맞으러 달려나가는 모습을 통해 죄인들을 품어 주시고 받아 주시는 주님의 선하심이 그의 마음을 사로잡았다.

1747년 2월 어느 날 오후, 육지에서 멀리 떨어진 작은 섬에서 일하고 있던 그는 지나가는 한 척의 배를 보고 연기로 SOS 신호를 보내 15개월 만에 노예생활에서 극적으로 구출되었다. 계속되는 항해 속에서 그는 토마스 아 켐피스의 《그리스도를 본받아》를 읽던 중 죄의 깊은 밤에서 깨어나 회개하며 새롭게 변화되었다. 바로 그날 주님은 높은 데서 내려오셔서 그를 깊은 물 가운데서 건져내셨다. 그 후 그는 말씀을 가까이하며 묵상과 기도 시간을 규칙적으로 갖게 되었다.

뉴턴은 말씀을 묵상하면서 무화과나무누가복음 13장, 사도 바울디모데전서 1장, 탕자의 비유누가복음 15장 등의 말씀 속에서 자아를 발견했다. 특히 탕자와 자신이 너무나도 흡사한 점을 발견했다. 그는 기도를 들으시고 응답하시는 하나님이 계시다는 사실을 확실히 알게 되었다. 이 위대한 구원 사건 이래로 하나님은 그에게 수없이 나타나 주셨고, 더 큰 사랑을 부어주셨다.

이제 그는 과거의 삶을 뉘우쳤고 하나님의 말씀에 가치를 두었다. 더는 과거처럼 방탕하게 살지는 않았으나 그의 생활은 쉽게 변화하지 않았다. 런던으로 돌아온 그는 선원생활의 경험을 바탕으로 노예선의 선장이 되었다. 그러나 그 일에는 큰 위험을 감수해야 했다. 폭풍과 질병, 선원들의 배신행위 그리고 노예의 반란 등 많은 위험이 있었다. 그는 죽음의 위기를 여러 번 넘겼다. 새롭게 변화된 뉴턴은 그럴 때마다 신앙으로 이겨내려고 힘쓰며, 30여 명의 선원과 함께 매 주일 두 번씩 예배를 드리며 하나님의 인도하심을 간구했다.

그러나 1754년, 그의 나이 스물아홉 살 때 심한 열병을 앓으며 영적 고독과 갈등으로 어려움을 겪던 중 다시 한 번 주님을 깊이 생각하게 되었다. 과거에 위험에서 구출된 사건들, 고통 중에 드렸던 진지한 기도들, 성만찬 때 주님 앞에서 드린 엄숙한 서약들 그리고 주님의 모든 선하심에 감사하지 못했던 배신행위가 연이어 떠올랐다.

노예 무역상에서 사람을 낚는 어부가 되다

마침내 그에게도 하나님의 때가 이르렀다. 그는 노예 무역을 끝내고 고향으로 돌아오는 길에 큰 폭풍우를 만나 배가 파선하게 되었다. 그때 그는 "주여 우리에게 자비를 베풀어 주소서" 하며 다급하게 기도했다. 그는 임박한 죽음 앞에 《성경》 말씀을 떠올리며 자신의 영혼의 종말에 대해 두려워했다. 만일 하나님이 살아 계신다면 자신은 용서받을 수 없다고 생각했다. 하지만 하나님은 뉴턴의 영혼을 불쌍히 여기시고 위험에서 벗어나게 해주셨다. 그는 이를 하나님의 손길로 믿고 기도하기 시작했다. 주님은 간절한 그의 기도에 응답하셔서 배가 파선한 지 4주 만에 뉴턴과 선원이 모두 구조되게 하셨다. 이 일을 통해 기도를 들으시고 응답하시는 하나님을 만난 그는 삶에 큰 전환점을 맞게 되었다.

그는 노예 사업을 포기하고, 1750년 2월, 어머니의 옛 친구의 딸인 메리 캐틀렛과 결혼하여 단란한 가정을 이루었다. 그는 리버풀 항에서 파고波高 측량사 일을 하며 자립했다. 뉴턴은 자신에게 주어진 여

격렬한 폭풍우에 서 있는 존 뉴턴의 선박

가 시간을 어떻게 하면 잘 이용할 수 있을까 생각하다가 예수 그리스도와 그의 십자가에 못 박히신 것 외에는 아무것도 알지 않기로 작정했다. 먼저 그는 신약과 구약 성경을 이해하기 위해 히브리어와 헬라어를 배웠다. 이어 시리아어 공부를 시작하여 《성경》을 깊이 연구했다. 이와 함께 라틴어, 영어 그리고 배에 있을 때 혼자서 배운 불어로 신학 분야의 최고 서적들을 계속 읽으며 목회를 준비했다.

이제 그는 사랑하는 어머니의 소원이었던 목사의 길을 걷게 된 것이다. 그는 〈갈라디아서〉 1장 23절과 24절을 묵상하면서 목회의 소명을 받았다. 그리고 하나님의 은혜의 풍성하심을 여러 사람에게 증거하며, 이런 찬송 시를 읊었다.

"황량한 숲 속에서 나의 하나님 당신과 함께, 여기 인간의 발이 한 번도 닿지 아니한 곳에서 나는 얼마나 행복한지요! 당신은 근심으로부터의 나의 평안, 밤의 어둠 가운데 나의 빛이요, 고독한 중에서 나의 벗이니이다."

그 후 그는 올니Olney에서 15년간 목회 사역을 했다. 당시에는 찬송이 많이 없었기 때문에 그가 직접 찬송 시를 썼는데, 무려 281편을 썼다. 대부분 방탕한 생활에서 구원받은 은혜와 사랑의 감사가 넘치는 찬송이다. 1780년, 그는 런던의 성 메리 울노스St. Mary Woolnoth 교회 ▾로 옮겨

생을 마감할 때까지 28년간 신자들의 신앙 성장을 위해 심혈을 기울였다. 그는 목회 사역을 하는 동안 남녀노소 할 것 없이 모든 신자에게 끊임없이 회개를 촉구하였고, 하나님의 은혜를 주제로 설교하여 큰 은혜를 끼쳤다. 그는 자신의 마지막 일터에 대한 감회를 이렇게 말했다.

"가장 무지하고 가장 비천하고 가장 무참히 버려진 노예 중의 하나인 내가, 아프리카 연안의 참혹한 생활에서 건짐을 받아 마침내 세계의 도시 중에서도 으뜸가는 교구 목사로 지명된 것은 여기서 그런 은혜를 증거할 뿐만 아니라 책을 써서 널리 세계에 그 은혜를 나타내기 위함이다. 이것은 결코 내가 그럴 자격이 있어서 할 수 있는 것은 아니다."

실제로 이런 감회는 그의 생각 속에 너무도 깊이 들어 있어서 어디서든 단 하루도 그 기이한 사건을 어떤 방법으로든지 이야기하지 않고 지나는 법이 없었다.

노예 제도를 폐지하게 한 윌버포스의 소명을 바로잡다

다정하고 이야기하기 좋아하는 성격을 가진 그는 자신의 집을 모든 계층과 교파를 초월하여 그리스도인들에게 개방하여 찾아온 친구들, 특히 젊은 목사들이나 목사 지망생들에게 격려와 교훈을 주곤 했다. 그중에 영국의 노예 제도를 폐지하게 한 위대한 정치가 윌리엄 윌버포스의 소명을 '정치가'로 바로 잡아준 사람이 존 뉴턴이다.

1785년, 영국의 하원의원이었던 윌버포스가 스물다섯 살 때 회심한 후 정치를 그만두고 전적으로 기독교 사역의 길로 접어들 뻔했다. 그때나 지금이나 수많은 사람이 생각하는 것처럼 윌버포스 역시 '영적인' 일이 '세속적인' 일보다 훨씬 더 중요하다고 생각했다.

하지만 당시 예순 살이었던 뉴턴은 "나는 하나님이 국가를 위해 일하도록 당신을 세우셨다고 믿으며, 또 그렇게 되길 기대한다"고 적극 그를 설득했다. 그는 윌버포스에게 하나님께 봉사하는 가장 좋은 방법은 그가 가진 정치적 영향력으로 불의와 싸우는 것이라고 말했다. 윌버포스는 많이 기도하고 숙고한 끝에 존 뉴턴의 조언이 옳다는 결론을 내렸다.

▼ 〈나 같은 죄인 살리신〉 은혜의 찬송가를 썼던 존 뉴턴의 사제관

윌버포스가 1787년에 노예 폐지 운동의 지도자가 되어서 1807년에 노예 무역 폐지법을 성립시켰을 때 그해에 존 뉴턴은 하나님 품에 안겼다. 그리고 1833년 7월 26일, 영국 전역에서 노예 제도가 폐지되었다.

어릴 적 심어놓은 신앙의 씨앗은 노예선의 선장처럼 거친 인생을 살아도 하나님의 품으로 돌아오게 한다. 하나님이 쓰시는 사람은 언제나 그 배후에 기도의 사람을 은밀히 준비해 놓으신다. 엘리야가 나만 남았다고 할 때 하나님은 바알에게 무릎 꿇지 않은 당신의 종이 7,000명이나 있다고 하셨듯이 뉴턴에게는 메리 캐틀렛이 있었다. 하나님의 손에 잡히면 다윗처럼 목동이 왕이 되고, 바울처럼 핍박자가 전도자가 되고, 베드로처럼 겁쟁이가 순교자가 되듯, 그처럼 험하고 방탕했던 세월도 참회하고 주님 품에 안기니 찬송 시를 쓸 위대한 자료가 되었다. 존 뉴턴의 최고 걸작 〈나 같은 죄인 살리신Amazing Grace〉이 바로 그런 찬송이다.

잊을 수 없는 한마디

"다른 것은 다 잊어도 내가 죄인인 것과 죄에서 구원받았다는 것은 절대 잊지 않는다."

"하나님의 나라에 가면 세 가지 놀랄 일이 있을 것이다. 천국에 있을 것이라고 기대하지 않았던 사람들이 그곳에 있는 것을 보고 놀라며, 천국에 꼭 있을 것이라고 확신했던 사람들이 그곳에 없는 것을 보고 놀라고, 노예상인이었던 내가 그곳에 있는 것을 보고 놀랄 것이다."

"주께서는 내가 수원水源으로부터 신선한 능력과 은혜를 계속 공급받지 않는 한, 나 스스로는 한 시간도 서 있을 수 없는 얼마나 불쌍한 존재인가 하는 것을 일깨워 주셨다."

19

천성을 향해 가는 순례자

• 존 버니언 John Bunyan(1628~1688) •

영국 설교가이자 작가이다. 국가에서 종교 통일령을 내려 국교회에 출석하기를 강요했는데, 그 법령을 따르지 않고 설교를 계속하다가 비밀집회 금지령 위반죄로 체포되어, 12년간 감옥생활을 했다. 특히 《천로역정》은 영국 근대 소설 발전에 크게 기여했으며, 《성경》 다음으로 많이 읽히는 고전작품으로 꼽힌다.

세계적인 걸작 《천로역정 The Pilgrim's Progress》을 쓴 존 버니언은 영국 청교도가 낳은 가장 천재적인 문인이요, 설교가이다. 이 책은 그리스도인이란 인물이 자신이 사는 멸망의 성을 떠나 천성을 향해 가는 긴 여정을 그린 작품이며, 버니언의 자전적 이야기이자 인생의 여행길을 가는 모든 그리스도인의 이야기이기도 하다. 시대를 초월하는 이 책의 매력은 모든 인간의 마음에 존재하는 하나님을 향한 영원한 갈망에 대한 묘사에 있다. 《천로역정》은 현재 100여 개국의 언어로 번역 출판되었으며, 우리나라에는 한국 근대의 첫 번역소설이다.

살점이 뜯겨 나가는 고통 속에서 기념비적인 소설을 쓰다

존 버니언은 1628년에 영국 베드퍼드의 한 작은 고을 엘스토우에서 대장장이의 아들로 태어났다.▼ 그는 겨우 초등학교를 졸업했으며, 아버지의 가업을 이어받아 한동안 대장장이 일을 했다. 그 당시 대장장이 직업은 가장 비천하고 멸시받았다.

버니언을 기독교 신앙으로 인도한 사람은 그의 아내였다. 그의 아내 메리Mary는 친정아버지가 가지고 있던 아서 덴트Arthur Dent의 《천국을 향한 평신도의 길》과 루이스 베일러Lewis Bayly의 《경건의 실천》이란 두 권의 책을 혼수품으로 가져왔다. 그는 이 책을 읽으면서 크게 감동하여 회개하고 나쁜 습관을 고쳐 갔으나 자기 영혼에 대해 고민하다가 심한 우울증에 빠지기도 했다. 아내의 헌신적인 사랑과 기도에도 어렸을 때 받은 상처들을 극복하지 못했다. 그러던 중 베드퍼드 침례교회에 나가기 시작했다. 그 후에도 몇 년 동안 두려움과 의심, 절망의 순간과 평안의 순간을 오갔으나 조금씩 신앙이 성장하기 시작하면서 1653년에 세례를 받고 전도자가 되었다.

그는 베드퍼드 교구에서 예배를 드려왔지만, 그 당시 영국 국교회인 성공회를 제외한 모든 기독교 교파를 탄압했기 때문에 더는 예배를 드릴 수 없었다. 그리고 감독교회에 속하지 않은 목회자는, 설교를 못하도록 법으로 금지했다. 그런데도 존 버니언은 허가 없이 가정에서 비밀집회를 한 혐의로 체포되어 12년 동안 투옥되었다.

하지만 감옥생활은 버니언의 영혼을 꺾지 못했다. 그는 아내를 비롯해 네 자녀와 생이별한 아픔을 "내 뼈에서 살점이 뜯겨 나가는 것 같았다"라고 썼다. 버니언은 감옥에서 양심수들을 만나 그들과 교제했다. 그리고 글쓰기에 대한 놀라운 은사도 발견했다. 그는 설교집, 자서전 등 60여 권의 책을 세상에 내놓았는데, 감옥에서 쓴 작품이 많다. 그중에 두 작품은 일종의 자서전인데, 《죄인의 괴수에게 넘치는 은혜Grace Abounding to the Chief of Sinners》는 1666년에 쓴 작품으로 자신의 삶에 관한 내용이다. 하지만 자기 영혼의 운명과 벌이는 내적인 싸움을 다룬 이 책은 외적인 사건 정보가 거의 없어서 현대적 의미의 자서전으로 보기는 어렵다.

버니언은 감옥생활 중에 《성경》과 주석을 읽었고, 조지 폭스George Fox 의 《순교자의 길》이란 책을 읽으면서 1678년에 또 하나의 자서전이자 일생의 역작인 《천로역정》 1부를 썼다. 2부는 그로부터 6년 뒤인 1684년에 완성했다. 간결하고 소박한 문체로 표현한 이 책은 기념비적인 고전으로 영국 소설 발달사에도 중요한 위치를 차지한다.

그는 감옥에서 석방된 후에 베드퍼드 교회의 목사가 되었으며, 여기서 16년 동안 사역했다. 내란, 공화정, 왕정복고의 어려운 시기를 두루 걸쳐 파란만장한 생애를 살았던 그는 1688년, 어느 가정의 아버지와 아들 사이의 불화를 중재해 주고 집에 돌아오는 길에 폭우를 만나 독감에 걸려 앓다가 명예혁명 전날 밤 생을 마감했다.

하늘의 음성을 듣고 의심의 안개가 걷히다

조지 폭스

1624년 7월에 영국 중부의 페니 드레이튼Fenny Drayton에서 방직공으로서 마을 사람들로부터 법 없이도 살 수 있는 사람이라 불리던 아버지와 뛰어난 교양을 지닌 어머니 사이에서 태어났다. 그의 어린 시절에 대해서는 알려진 바가 거의 없고, 정규 교육을 받았는지조차도 알려져 있지 않다. 그는 가출하여 방황하던 중 1643년에 회심했다. 영적 체험은 그의 생애와 퀘이커의 역사에서 결정적인 역할을 했다. 그리고 '내면으로부터의 빛'에 의한 구제를 주창하며 '진리의 벗'이라는 조직을 만들어 웨일스 등지에서 전도했다. 또한 남아메리카와 북아메리카에서 집회를 열어 그곳 주민에게 복음을 전했다. 1691년에 그가 사망하였을 때 그의 신학을 받아들이기 어려웠던 사람들조차도 그가 이룬 평화적 업적과 인격의 순수성을 인정했다.

존 버니언이 결정적인 사상을 가졌던 때는 크롬웰Cromwell 휘하에서의 군 생활을 하고 있었을 때이다. 그 당시 그와 같은 부대에 있던 동료 한 사람이 전쟁 중에 날아오는 총탄에 맞아 쓰러졌다. 눈앞에서 죽음을 목격한 그는 크게 충격을 받고 앞으로 자기의 생명은 특별한 사람을 위해 바쳐야겠다는 굳은 결심을 했다.

어느 안식일 오후, 버니언은 여느 때와 같이 친구들과 어울리기 위해 집을 나섰다. 그리고 공터에서 친구와 게임을 하기 위해 막대기를 잡는 순간 갑자기 공중에서 크리스토퍼 홀Christopher Hall 목사의 찢어지는 듯한 설교하는 소리가 들려왔다. 그는 뜻밖에 들려온 그 소리를 듣고 온몸이 완전히 위축되어 버렸다. 이어 하늘에서 두 번째 들려온 음성은 그의 영혼에 화살같이 날아왔다. "너는 죄악에서 떠나 하늘에 속하여라. 그렇지 않으면 지옥으로 떨어질 것이다." 그는 이 음성을 듣고 당황하여 어쩔 줄을 몰랐다. 그러면서 그는 "예수께서 나를 긍휼히 여기시는 것을 분명히 알 수 있었다"라고 말했다. 이것을 계기로 존 버니언의 성격은 급변했다. 또한 이로 인해 "나는 가장 큰 죄인인 것을 알게 되었으며, 내 영혼이 주께 사로잡혀 있음을 깨닫게 되었다"라고 말했다.

그의 회심은 이렇게 해서 이루어졌다. 그러나 그가 이 회심을 통해서 거듭난 것은 아니었다. 여전히 술자리와 춤추는 밤을 끊지 못했다. 그러나 그에게 거듭되는 하늘의 음성은 그의 타락한 생활을 변화하게 했다. 그가 체험한 하나님의 음성은 이렇다.

"너는 그의 십자가의 피로 인해 평화를 얻었다."

"그는 죽음으로써 죽음의 노예가 된 자를 두려움에서 건져 주셨다."

"내가 너를 영원히 사랑한다."

그는 이런 음성을 듣고도 '그리스도의 피가 내 영혼을 구원하기에 과연 충분할까?' 하고 낙심하기도 했다. 그러나 주님은 더 많은 음성을 그에게 들려주셨다. 결국 가슴 깊이 깔렸던 의심의 안개가 걷히고 시험은 물러갔다. 마침내 그는 "나는 그리스도를 통한 하나님의 평화 속에서 행복하게 살아갈 수 있다"고 고백하게 된다.

다른 한편 그는 구원에 대한 진리를 《성경》에서 깨닫고자 하였으나 그것도 좀처럼 되지 않았다. 그러자 하나님은 그가 하나님의 아들을 볼 수 있도록 불 아궁이에 던져서 일곱 번이나 연단하셨다. 그리하여 그는 드디어 인간의 행위가 아니라 오직 그리스도에 의해서만 구원받을 수 있음을 분명히 깨닫게 되었다.

천국에 이르는 과정에서 싸워 이겨야 할 것들

존 버니언은 옥중에서 그 유명한 《천로역정》을 썼다. 이 작품은 주인 공 그리스도인이 자신을 몹시 괴롭히던 짐들을 벗어 버리려고 길을 떠나는 데서 시작한다. 그 짐들은 앞으로 다가올 죽음과 심판에 대한 두려움으로 인한 것이다. 결국 《천로역정》은 우리의 인생이 하나의 큰 여정임을 보여준다.

그리스도인이 순례길에서 지나는 절망의 수렁, 고난의 언덕, 의심 의 성, 사망의 음침한 골짜기, 허영의 시장 등을 보면 그것은 인생 여 정을 닮았다. 크리스천은 아첨, 무지, 작은 믿음, 겁쟁이, 절망 등 거 인 같은 인물들을 순례길에서 만난다. 그리고 전도자, 희망, 빛나는 존재와 같은 이름의 인물들에게 도움을 받는다. 순례 여정의 각 단계 를 성공적으로 통과해야 온전한 신앙에 더 가까이 간다. 그런 과정을 통해서 우리는 인도하심과 공급하심을 바라며 하나님을 의뢰하게 되 는데, 결국 그분의 자비와 섭리로만 적합한 해결책을 찾게 된다.

이처럼 그리스도인이 삶에서 기쁨과 의미를 찾고자 한다면 다양한 유혹을 이겨내야 한다. 하나님과 함께하는 여정 동안 우리가 맞닥뜨 리는 수많은 유혹에 대한 그의 설명은 인간의 내면세계를 깊숙이 파 고든다. 우리는 하나님의 사랑을 추구하는 일을 그만두려는 유혹을 받는다. 도덕적인 종교로 안주하려는 유혹도 받는다. 자기기만과 위 선의 유혹도 받는다. 다른 사람들을 경멸하고 비판하려는 유혹도 받 는다. 버니언은 우리가 이런 유혹이 지닌 힘을 이해하기를 바란다. 그

천로역정 순례도

래야 그 유혹에 저항하는 힘을 다스리시는 하나님을 의지할 수 있기 때문이다.

이 책은 우리가 혈과 육에 대항해 싸울 뿐 아니라 정사와 권세들에 대항해서도 싸우게 됨을 말해 준다. 그리고 이 책에 등장하는 그리스도인은 우리가 내리는 결정과 채택한 대안, 이겨낸 도전, 대면한 기회 등 이 모든 것이 어떻게 하나님과 함께하는 삶에서 의미를 발견하는 데 기여하는지 이해하게 해주는 모델이 되고 있다. 그리고 무엇보다 여기서 중요한 것은 회심이란 것을 기억할 필요가 있다. 그에게 회심이란 수년이 걸리는 일로 그 기간에 가장 무서운 의심의 순간들과 몇 차례 격전을 벌인다. 이런 과정을 통해 믿음이 성숙해진다.

프라우데Frowde는 "《성경》만 통달하면 훌륭한 문학자가 될 수 있다. 《천로역정》에는 《성경》의 각 부분과 사상과 지식이 잘 포함되어 있는데, 바로 존 버니언은 이 말이 진리임을 증명한 사람이다"라고 했다. 정규 교육을 받지 못한 그는 지적 성취를 통해 진정한 경건에 이르려는 자들을 금방 알아보았다. 독학을 한 과정에서 그의 가장 중요한 선생은 《성경》이었다. 버니언은 《성경》의 개념을 전달하는 능력뿐만 아니라 《성경》을 훤히 꿰뚫었다. 어떤 사람은 그를 제2의 바울이라고 했다.

그는 청교도 중의 청교도요, 하나님 앞에서 두려움에 떠는 겸손한 사람이었다. 또한 하나님을 향한 불타는 사랑과 말씀의 깊은 묵상으로 살아가던 영성의 사람이었다. 대장장이요, 춤꾼이요, 놀이꾼이요, 의심쟁이요, 고집불통이었던 버니언을 하나님은 기독교의 위대한 진리를 전하는 성자요, 성경박사요, 불타는 신자로 바꾸어놓으셨다. 진리를 위해 목숨을 내놓는 사람에게서 위대한 영성의 발자취가 남는다. 하나님은 비천한 환경 속에서 그를 불러내어 세상에 큰 감화를 끼치는 종으로 삼으셨다. 존 버니언의 삶은 《성경》을 통달하면 학문이 없던 사람도 세상에서 인정하는 위대한 문학가가 될 수 있다는 교훈을 우리에게 준다.

잊을 수 없는 한마디

"종교의 영혼은 실천입니다. 반드시 기억하세요. 심판 날에 사람은 각자의 열매에 따라 심판을 받습니다. 그때 그분은 우리에게 단지 '네가 믿었느냐'고 묻지 않으시고, '너는 행하는 자였느냐, 아니면 말뿐인 자였느냐?' (야고보서 1:22)라고 물으실 것입니다."

Spirituality

제 3 부

암울한 속에서도
하나님을 위해
위대한 일을 시도한 사람들

근대 ~ 현대 | 1761~1945

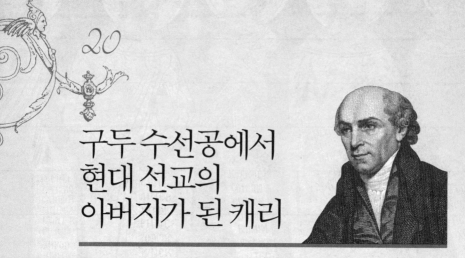

구두 수선공에서 현대 선교의 아버지가 된 캐리

◆ **윌리엄 캐리** William Carey(1761~1834) ◆

인도에서 활동한 영국 침례교 선교사이다. 윌리엄 캐리는 구두 수선공에서 대학교수, 선교사, 언어학자, 식물학자, 원예학자에 이르기까지 다양한 분야에서 하나님께 쓰임 받았다. 수많은 사람의 반대와 환경적인 어려움에도 하나님이 주신 세계 선교의 꿈을 실현한 그는 현대 선교의 아버지로 불린다. 독학으로 동서양의 언어들을 공부하여 44개 언어로 《성경》을 번역했다.

"하나님으로부터 위대한 일을 기대하라. 하나님을 위해 위대한 일을 시도하라." 이 말이 가난한 구두 수선공이었던 윌리엄 캐리를 위대한 '현대 선교의 아버지'로 만들었다. 그는 초등학교 이후 정규 교육을 받지 못했지만, 어렸을 때부터 학구열이 남달랐다. 새로운 세계에 대한 호기심이 강했으며, 탐구 정신이 뛰어났다. 라틴어, 히브리어, 헬라어 등의 고전어도 독학으로 공부했고, 이탈리아어, 프랑스어, 벵골어, 산스크리트어 등 동서양의 언어들을 공부하여 44개 언어로 《성경》을 번역했다.

당시 영국 교회의 목회자들은 이방 민족에게 복음을 전하는 일은 제자들에게 주어진 명령이므로 자신들과는 무관하다고 생각했다. 더욱이 낯선 땅에 복음을 전하러 가는 일은 무모하며 위험한 일이라고 생각했다. 하지만 캐리는 세계 곳곳의 영토를 정복하고도 아직 선교의 잠을 자고 있던 영국을 향해 "식민지에 선교사를 파송해야 한다"고 강조했다. 그의 뜨거운 선교 열정에 처음에는 아무도 관심을 갖지 않았다. 하지만 그의 열정은 아무도 막지 못했다.

영국에서 세계 선교의 첫 관문을 열다

윌리엄 캐리는 런던에서 북쪽으로 약 80마일 떨어진 노샘프턴 주의 작은 마을 폴러스푸리Paulerspury에서 태어났다. 그의 아버지는 마을학교의 교장을 지낸 덕망 있고 신앙심 깊은 사람이었다. 그러나 가정은 극히 가난했다. 다행히도 폴러스푸리에는 자선학교가 있어서 읽기와 쓰기, 산수와 종교 교육을 받을 수 있었다.

열네 살 어린 나이에 피딩턴에서 구두 제조업의 수습공이 된 캐리는 이 일로 12년 이상 생계를 꾸려 나갔다. 그리고 거기서 만난 동료 존 와르John Warr에게서 복음을 듣고 예수를 영접했다. 캐리는 1779년에 영국이 국가적 위기를 맞아 나라를 위해 기도하는 날, 핵클턴Hackleton에서 모이는 비국교 조합교회에 참석했다가 그곳에서 "그런즉 우리는 그 능욕을 지고 영문 밖으로 그에게 나아가자"히브리서 13:13는 설

제임스 쿡

1728년에 영국 현재의 미들즈브러 교외의 노스요크셔의 머튼에서 태어난 제임스 쿡은 탐험가, 항해사, 지도 제작자이다. 평민에서 영국 해군의 대령에 올랐으며, 태평양을 세 번 항해했고, 호주 동해안에 도달하였으며, 하와이 제도를 발견하고, 자필 원고로 세계 일주 항해 일지를 남겼으며(제2회 항해), 뉴펀들랜드와 뉴질랜드의 해도를 제작했다. 첫 번째 항해에서 그는 사상 처음으로 괴혈병에 의한 사망자를 내지 않고 세계 일주를 달성한 적도 있다. 그는 태평양을 남쪽 끝에서부터 북쪽 끝까지 탐험하여 영국의 식민지 개척에 크게 기여했다. 베링 해협을 지나 북위 70도의 지점까지 갔다가 돌아오는 길에 하와이에서 원주민에게 살해당했다.

교를 듣고 평생을 주께 헌신하기로 다짐했다. 이는 그의 나이 열여덟 살 때였다.

스무 살이 되던 1781년, 캐리는 피딩턴에서 도러시 플레킷Dorothy Plackett 양과 결혼하여 가정을 이루었다. 그 후 그는 영국 국교회를 떠나 인근 교회에서 설교하기 시작했다. 정식으로 목사가 되겠다는 생각은 없었으나 설교 능력이 인정되어 곧 목사로 초빙을 받아 레스터의 하비레인 침례교회에서 목회를 시작했다(1789). 그는 설교자로서 뛰어나지는 못했지만, 성실하게 준비하지 않고는 한 번도 강단에 서 본 적이 없었다. 특히 《성경》을 원어로 공부하면서 늘 읽기와 묵상을 쉬지 않았다. 그동안에도 그는 구두 수선하는 일을 계속했다. 주말에는 학교에서 학생들을 가르쳤고, 주일에는 교회에서 신자들을 지도했다.

소년 시절 책벌레라는 말을 들을 만큼 지식 탐구욕에 불타 있던 그는 틈나는 대로 손에 잡히는 모든 책을 탐독했다. 캐리가 선교 사역에 대해 관심을 갖게 된 것은 《쿡 선장의 마지막 항해The Last Voyage of Captain Cook》라는 책을 읽고 나서부터다. 태평양에서 미지의 섬들을 열심히 찾아 다녔던 쿡 선장이 "아무도 그들에게 기독교를 전해 주려고 하지 않았다. 거기에는 명예도 이익도 뒤따르지 않기 때문이다"라고 한 글을 읽은 캐리는 하나님이 없는 인간의 절실한 요구가 무엇인지 깨닫고 "와서 우리를 도우라"는 그분의 부르심에 응답했다.

그는 이 책을 읽고 나서 한층 더 그들의 영적 상태에 깊은 관심을 갖게 되었는데, 《성경》을 읽으면서 그들에게 그리스도를 전해야겠다는 결심을 굳혔다. 《성경》을 통해 선교의 사명을 깨달은 캐리는 수많은 사람의 비난과 책망을 받으면서도 선교의 꿈을 포기하지 않았다. 오히려 그 일은 하나님께서 가장 기뻐하시는 일이라고 생각하여 선교 비전을 더욱 견고하게 세워나갔다. 그 뒤 그는 세계 각국에 대한 정보를 세밀하게 연구하고 서적을 수집하였으며, 지도에 이를 자세히 표시해 놓았다.

마침내 1792년에 캐리는 《이교도의 회심을 위해 수단을 사용하는 그리스도인들의 책임에 관한 연구An Enquiry into the Obligations of Christians to Use Means for the Conversion of the Heathens》라는 긴 제목의 책을 출판했다. 선교에 관해 저술된 다른 어떤 책보다도 가장 확신에 찬 호소를 하는 이 책은 기독교 선교 역사의 획을 그을 만한 값진 책으로 평가되었으며, 교회사에 큰 영향을 끼쳤다.

캐리는 결코 탁상공론에만 열중하는 전략가가 아니었다. 이론보다는 행동으로 많은 사람에게 본을 보인 사람이었다. '선교는 주님의 지상명령'임을 역설했을 때 당시 교계 지도자들은 그를 비난하며 반박했다. 그러나 그는 당황하지 않고 기회가 있을 때마다 교회를 향하여 그리스도를 모르는 세상에 복음이 얼마나 절박한가를 호소했다.

1792년 5월, 노팅엄파크에서 열린 침례교 교역자 연합회에서 캐리는 〈이사야〉 54장 2절과 3절을 인용하여 은혜로운 설교를 했다. "하나님으로부터 위대한 일을 기대하라. 그리고 하나님을 위해 위대한 일을 시도하라"는 그의 설교는 모인 청중을 움직이는 호소력이 있었다. 그 내용은 일생의 좌우명으로써 지금도 우리에게 감동을 주고 있다.

그 다음날 캐리는 기도하며 여러 번 설득한 끝에 드디어 이교도 복음을 위한 침례교 연합회 구성에 동의를 받아냈다. 이로써 1792년 10월에 '이방 선교를 위한 침례교 특수 선교회'가 발족되었다.

세계 복음화를 위해 애쓰는 캐리는 이제 고독하지 않았다. 그의 동역자들의 열정과 캐리의 믿음의 용기가 잘 연결된 것이다. 그러나 그에게는 아직도 풀리지 않은 문제가 있었다. 가족에게 동의를 구하는 일과 재정, 선교지의 문제들이 남아 있었다. 그의 아버지는 아들을 미친 사람으로 취급하였고, 아내는 반대하였으며, 아이들은 시큰둥한 반응을 보였다.

또한 시간이 지체되자 기다림 속에서 적지 않은 실망도 있었다. 하지만 이처럼 선교를 위해 철저히 준비한 캐리에게 하나님께서는 선교의 길을 열어 주셨다. 그 모든 것을 에워싼 문제들이 하나하나 해결되기 시작하여 드디어 1793년 6월, 인도를 향해 출항해 5개월의 긴 여정 끝에 도착했다.

극한 고통을 딛고 일어나 자립 선교를 하다

1793년 11월에 인도에 도착한 그는 인도를 위해 전적으로 헌신했다.

그의 선교 사역은 인도에 교회를 세우는 일을 비롯해 복음을 널리 전파하고 다양한 언어와 방언으로 《성경》을 번역하여 출판하며 젊은 청년들에게 《성경》을 가르치는 일에 역점을 두었다. 1795년, 드디어 그가 바라던 교회가 세워졌다. 그런데 쉬지 않고 복음을 전파했지만, 안타깝게도 7여 년 동안 단 한 사람도 개종시키지 못했다. 이 기간에 그는 다섯 살 난 아들 피터Peter와 아내마저 잃는 아픔을 겪어야 했다.

인도 세람포르 기독교인 마을

게다가 인도에 도착한 후 침례교선교협회의 실수로 선교비 지원이 중단되는 사건이 생겼다. 캐리는 의지할 데 없이 언어도 통하지 않는 이국땅에서 버려진 신세가 되고 말았다. 그야말로 청천벽력이었다. 수일 동안 캐리는 낙심하여 누워 있었다. 그러나 말씀을 통한 굳건한 믿음은 그를 다시 일으켜 세웠고, 그 순간부터 캐리는 자립의 길을 걸었다.

캐리는 동인도회사와의 마찰을 피하고자 캘커타(현재 콜카타) 가까운 세람포르Serampore로 옮겨 34년간 남은 생애를 이곳에서 보냈다. 여기서 학교를 설립하였고 큰 인쇄 시설을 설치하여 《성경》 번역 사역을 꾸준히 진행해 갔다. 그는 1801년에 세람포르어 출판사에서 벵골어를 배우고, 벵골어로 〈신약 성경〉을 번역하여 출판했다. 이어 3개 언어(벵골어, 산스크리트어, 마라디어)로 《성경》을 완역하였을 뿐 아니라 힌두어, 마하라스티아어, 오리아어, 텔링가어 등 인도 방언들과 보탄어, 버마어, 중국어, 말레이어 등 총 44여 개의 언어로 〈신약 성경〉과 〈쪽복음〉을 번역하여 출판했다. 그리고 브라운 대학에서 신학박사 학위를 받았다.

윌리엄 캐리가 남긴 일기 가운데 1806년에 인도 선교지에서 보낸 하루 일정을 보면 그가 얼마나 시간을 밀도 있게 썼는지 알 수 있다.

"나는 오늘 새벽에 일어나 히브리어로 된 《성경》을 펼쳐 한 장을 읽고, 7시까지 개인 기도를 드렸으며, 이후 동료와 함께 벵골어로 가족 기도 모임을 가졌다. 차를 따르는 동안 나는 문시Moonsh(원주민 어학교사)와 함께 페르시아어로 된 글을 잠시 읽었다. 아침 식사 전에는 힌두스탄어로 된 《성경》을 조금 읽고, 아침 식사를 마친 후 10시까지는 산스크리트어로 된 《라마유나》를 산스크리트 학자와 번역했다. 그리고 나서 포드 윌리엄 대학에 가서 1시에서 2시까지 벵골어, 산스크리트어, 마라티어를 가르치는 수업에 참석했다.

집에 돌아와서는 저녁 식사 시간 전까지 〈예레미야〉를 벵골어로 번역한 교정본을 검토했다. 저녁 식사 후에는 대학 연구 책임자의 도움을 받아 〈마태복음〉 8장을 산스크리트어로 번역했다. 6시 이후에는 텔루구어 학자와 앉아서 텔루구어를 공부했다. 7시에는 미리 품고 있던 생각들을 설교 형태로 구성하는 일을 시작해서 7시 30분에 영어로 설교했다. 모였던 사람들이 9시쯤 모두 돌아간 뒤 편지를 쓰기 위해 앉았다. 이 일을 마친 후에는 헬라어로 된 《성경》을 한 장 읽고 하루를 마감한다. 하루에 더 이상의 시간을 가질 수 없는 것이 안타깝다."

세람포르 대학

　이런 생활 속에서도 그에게는 수많은 어려움과 고통, 이루 말할 수 없는 시련이 있었다. 아들과 두 번째 아내까지 사별하고 세 번째 아내를 맞이할 만큼 기구한 생애였으나, 그럼에도 살아 계신 예수 그리스도의 복음과 사랑을 향한 열정은 식을 줄 몰랐다.

　인도 선교를 시작한 지 25년이 지난 1818년에는 그가 침례를 준 약 600명과 수천 명의 교인이 예배에 참석하게 되었다. 이듬해 1819년에는 교회 지도자와 복음 전파자들의 양성을 위해 세람포르 대학을 세웠다. 이어 그의 관심은 인도의 야생식물에까지 확대되어 대식물학자라는 평까지 받게 되었다.

　어느 날 그는 "당신을 이끌어온 놀라운 원동력이 무엇입니까?"라는 질문을 받는데, 그는 평범하지만 확신에 찬 대답을 했다. "대부분의 사람은 시도만 한다면 어떤 일도 이룰 수 있다는 사실을 알지 못하고 있습니다. 그래서 앞으로 나아가려는 시도는커녕 자기가 맡은 일조차 꾸준하게 하지 못하는 것입니다."

　언제나 낮은 자리에서 하나님의 뜻을 이루기 위해 열정적으로 일하며 겸손을 잃지 않았던 그를 하나님은 위대한 선교사로 세워주셨다. 하나님의 꿈을 실현하기까지는 많은 어려움이 따랐지만, 캐리는 그 꿈을 절대 포기하지 않았다. 인도를 자기의 고향으로 삼아 인도와 결혼한 그는 일생 안식년이나 휴가 없이 보낸 불굴의 사람이다. 1834년 6월 9일, 그는 일흔세 살에 이 세상의 모든 수고를 마치고 영원한 안식으로 들어갔다.

윌리엄 캐리가 구두 수선공에서 목회자, 선교사, 대학교수, 언어학자 등으로 쓰임 받는 과정을 보면 우리의 상상을 초월하는 하나님의 계획과 손길을 느낄 수 있다. 약한 존재를 들어 꿈을 품게 하시고 그것을 이루시는 하나님의 능력이 참으로 놀랍다. 하나님은 지금도 믿음으로 부르심을 받아들이고 자신의 전 생애를 바칠 만한 이 시대의 믿음의 영웅들을 찾으신다.

선교가 일반적이지 않았던 시대에 하나님의 부르심을 따라 인도의 영혼들을 향해 나아갔던 그의 삶은 부르심에 충성하는 믿음의 연속이었다. 수많은 사람의 반대에도 하나님이 주신 세계 선교의 꿈을 실현한 윌리엄 캐리는 선교 역사에 큰 발자취를 남겼다. 한 개인의 삶뿐 아니라 사회 전체를 변화시키는 복음의 능력을 믿고 도전적으로 선교 사역을 한 그는 지금도 우리 삶에 큰 도전을 준다.

잊을 수 없는 한마디

"내가 세상을 떠난 다음에 만일 누가 내 인생을 두고 꾸준한 노력가라고 평한다면 제대로 평가한 것이다. 하지만 그 이상의 어떤 찬사도 과한 말이다. 나는 꾸준히 일할 수 있고, 어떤 일에도 참을 수 있다. 덕분에 나는 지금까지 일할 수 있었다."

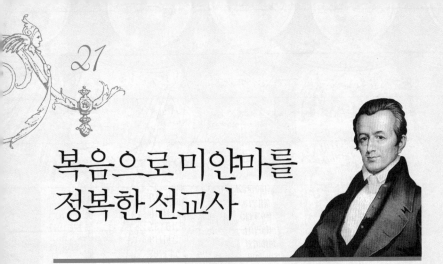

복음으로 미얀마를
정복한 선교사

◆ **아도니람 저드슨** Adoniram Judson(1788~1850) ◆

미국 최초의 침례교 선교사이다. 1813년 버마 선교사로 파송된 그는 영국과 버마 간 전쟁 중 간첩 혐의로 투옥되어 감옥에서 1년 6개월을 보냈다. 미얀마에서 37년을 보낸 그는 미얀마어로 신·구약 《성경》을 완역하였고, 기념비적인 미얀마 영어 사전을 완성했다. 그의 말년에는 복음의 불모지였던 그 땅에 63개의 교회와 163명의 선교사와 사역자, 7,000명의 교인이 있었다.

현재 선교사를 가장 많이 파송한 국가는 미국이다. 하지만 근대 선교는 1793년에 윌리엄 캐리가 영국에서 인도로 배를 타고 떠남으로써 시작되었다. 이런 움직임에 미국인이 동참한 것은 약 20년이 지난 후였다. 1812년 2월 5일은 미국 최초의 해외 선교사 파송식이 있었던 날이다. 이날 선교사로 파송 받았던 8명 중에 아도니람 저드슨과 그의 아내 낸시Nancy가 있었다.

기독교 전도가 금지된 불교 국가인 버마(1989년에 미얀마로 개칭)로 간 저드슨 선교사는 선교 활동 중에 엄청난 고난을 겪은 인물로 자녀와 부인을 선교지에서 잃었을 뿐 아니라 자신도 족쇄에 채워져 감옥에 갇히며 고문당했다. 하지만 그런 고통 중에도 하나님은 그에게 새 힘을 주셔서 수많은 영혼을 주님 앞으로 인도하는 일을 하게 하셨다. 그가 출옥한 뒤 많은 사람이 예수를 믿게 되었는데, 그의 발목에 있는 쇠고랑 자국을 보고 백인이 이렇게 고생하면서 그가 믿는 예수를 전할 때에는 이 종교에 진리가 있다고 믿었기 때문이라고 한다.

어머니의 눈물 기도의 응답

아도니람 저드슨은 1788년에 미국 매사추세츠 주에서 출생했다. 그의 아버지는 회중교회 목사요, 어머니는 단정하고 신앙심 깊은 여인이었다. 그는 어려서부터 총명하여 세 살 때 《성경》 원전인 히브리어와 헬라어를 유창하게 읽었다. 남다른 재능을 지닌 그는 열여섯 살에 신학 사상이 건전하고 복음적인 브라운 대학에 진학했다.

　그는 브라운 대학에서 제이컵 임스Jacob Eames라는 논쟁을 즐기는 친구를 만났다. 그 친구와 함께 미래의 삶과 정치와 철학을 토론하던 저드슨은 《성경》의 기적과 초월성을 부정하던 자연신론에 빠져들어 어느덧 자신도 모르게 기독교 교리를 배척하게 되었다. 그는 자주 부모와 논쟁을 벌였으며, 극단 배우가 되어 쾌락 속으로 빠져들었다. 이렇게 종교에 대한 급진적인 변화는 그 당시 그의 가정에서는 도저히 용납될 수 없었다. 그는 점점 아버지와 거리가 생겼고, 세상 진리들을 주제로 아버지와 논쟁을 벌였다. 이제는 신자라 할 수도 없게 되었다.

그날부터 그의 어머니가 뿌린 눈물의 기도는 매사추세츠의 아름다운 들판과 나무를 적시기에 충분할 만큼이었다고 하니, 얼마나 많은 눈물의 기도를 드렸으면 이렇게 표현했을까. 눈물로 기도하는 자녀는 절대 망하지 않는다.

몇 달 동안의 극단 순례는 그에게 허무와 환멸만 남겼다. 그러나 그것으로도 직성이 풀리지 않자 저드슨은 유람을 떠나 여기저기 방황하며 세속 생활에 젖었다. 어느 날 밤 그는 여관에 묵었는데, 옆방에서 병으로 신음하며 울부짖다 죽어가는 사람이 바로 그를 세상길로 가게 했던 옛 친구 제이컵 임스라는 것을 알고 너무나 큰 충격을 받았다. 그는 여행도 포기하고 자신의 미래와 죽음에 대해 일대 격전을 벌이게 되었다.

하나님의 간섭은 실로 놀랍고 두렵다. 어느 날, 저드슨은 자포자기의 심정으로 말을 탔는데 말의 발길은 아버지의 따뜻한 품으로 향하고 있었다. 그때부터 죽을 때까지 그는 예수 사랑을 잊어본 일이 없다. 그는 아버지의 권유에 따라 앤도버 신학교Andover Theological Seminary에 입학했다. 그는 신학교에 다닐 때 《동방의 별》이라는 설교집과 《아바 왕국으로 간 한 사절의 견문기》를 읽고 미얀마 선교사로 일생을 헌신하기로 했다. 1810년에 저드슨과 동료 신학생은 회중교회 목회자 회의에 그들이 선교 사역에 헌신하겠다는 내용과 조언, 방향 제시, 기도 요청을 담아 청원서를 냈다. 여기서 선교에 관심이 높은 소수 학생들을 중심으로 미국 선교사 파송위원회를 결성하기에 이르렀다. 파송을 준비하던 과정에서 그는 이방인 선교에 헌신한 낸시를 만나 결혼하게 된다.

4년 과정을 3년 만에 수석으로 졸업할 정도로 명석했던 그는 교수 자리를 제안 받았지만, 선교사가 되기 위해 거부했다. 그 뒤 저드슨은 세례에 대한 자신의 견해가 그를 파송했던 회중교회와 달라 사임한 뒤 침례를 받고 미국 침례교회를 위해서 봉사하게 되었다. 이것은 곧 미국 침례교 해외 선교부가 탄생하는 계기가 되었다.

자녀와 바꾼 미얀마 선교

1812년 2월 5일, 낸시와 결혼한 지 12일 만에 그는 아내와 함께 미국 조합교회 소속의 인도 선교사로 임명받고 인도의 캘커타Calcutta를 향해 출항했다. 이들은 인도로 가는 4개월 항해를 신혼여행으로 여기며 미국 최초의 선교사로서의 여정을 시작했다. 그러나 영국의 동인도회사는 그의 선교 사역을 금지했다. 인도를 떠나라는 명령을 받고는 그는 이곳저곳을 알아보다가 배를 타게 되었는데, 그 배는 미얀마 랭군으로 떠나는 배였다. 저드슨을 처음 파송했던 선교회와 저드슨이 처음 원했던 선교지가 미얀마였다. 그러나 미얀마는 선교사 박해로 악명이 높은 곳이어서 선교지를 바꿔 인도로 갔지만, 2년 만에 결국 다시 미얀마로 들어가게 되었다.

1813년 7월, 저드슨은 당시 선교사가 없던 지역인 랭군에 입국하여 카렌 족을 대상으로 전도했다. 그는 이곳에서 먼저 현지인에게 미얀마어와 문법을 습득하기에 전념했다. 새로운 언어를 익히는 일은 쉽지 않기에 피나는 노력을 해야 했다. 그는 만약 미얀마인에게 그들의 언어로 된 하나님의 말씀이 있다면, 많은 사람이 구원받을 것으로 생각했다. 그래서 하루 12시간씩 언어를 공부하고 《성경》을 번역하는 데 열정을 쏟았다. 1817년, 먼저 신학교에서 배운 라틴어와 그리스어로 〈마태복음〉을 번역했다. 수동 인쇄기로 〈소책자〉와 〈쪽성경〉을 펴냈다. 그때 새로 부임한 선교사 조지 휴George H. Hough는 인쇄공이었는데, 그가 온 후 더 많은 〈마태복음〉을 인쇄할 수 있었다.

미국 매사추세츠 주 세일럼 항구에서 저드슨이 캐러밴호를 타고 인도에 복음을 전하기 위해 떠나는 장면.

저드슨은 미얀마어로 사람들에게 설교하기 시작했고, 밤에는 미얀마인을 위해 기도하면서 시간을 보냈다. 그가 미얀마에 도착한 지 6년 만인 1819년에 마웅 나우Maung Naw라는 사람이 처음으로 예수 그리스도를 영접했다. 이것은 그에게 핍박과 죽음을 의미할 수도 있었다. 하지만 그는 그것을 두려워하지 않고 영혼을 사랑하는 마음으로 복음을 전했다. 점점 더 많은 사람이 그리스도를 영접했다. 저드슨은 설교와 번역을 계속했고 마침내 〈신약 성경〉 번역을 끝마쳤다. 이때 새로운 황제의 통치가 시작되었고, 그는 사역을 계속하기 위한 허가를 받기 위해 황제를 만나러 갔다.

하지만 미얀마에 종교의 자유가 없어서 그는 환영받지 못했다. 그 무렵 영국과 미얀마 사이에 전쟁이 발생했고, 모든 외국인은 간첩으로 여겼다. 저드슨 또한 체포되어 일 년 반 동안 어둡고 더러우며 벌레가 들끓는 감옥에서 보내게 됐다. 그 감옥은 심한 고문으로 아주 잘 알려진 곳이었다. 그는 형구에 묶여 공중에 매달렸다. 머리와 어깨만이 땅에 닿았을 뿐 족쇄는 살을 조여 와 사지가 아파 왔다. 그에게는 음식과 물이 전혀 공급되지 않았을 뿐 아니라 아침에 몇 분 동안만 환기와 운동을 위해 밖으로 나올 수 있었다. 아내 낸시는 날마다 음식과 물을 가져다주었고, 남편은 미국인으로서 영국군과 관계가 없음을 밝히면서 그의 석방을 위해 노력했다.

마침내 저드슨은 감옥 뜰에 있는 단독 막사로 거처를 옮겼고, 밤마다 낸시는 남편을 만날 수 있었다. 미얀마 권력자들이 〈신약 성경〉 번역본을 없앨까 봐 두려워서 낸시는 그 원고들을 베개에 넣어 꿰매어 감옥에 있는 저드슨에게 가져다주었다. 그래서 번역본은 보관될 수 있었다. 그때쯤 낸시는 딸을 낳게 되었고 그는 그 딸을 감옥에 있는 남편에게 보여 주었다.

미얀마 정부의 박해는 이들에게 큰 고통을 주었다. 그 다음 장애물은 열대성 열병이었는데, 저드슨 부부도 이 열병에 걸려 죽을 뻔 했다. 랭군에 도착하던 해에 태어난 아들 로저Roger도 6개월 만에 열병에 걸려 숨졌다. 이런 환경 속에서도 저드슨은 하나님을 더욱 의지하면서 《성경》 번역과 복음 전하는 일을 저버리지 않았다.

고통의 쓴잔이 축배의 잔이 되다

마침내 저드슨은 종교의 자유를 보장해 준다는 조건을 제시한 영국군의 미얀마어 통역으로 활동하며 석방됐다. 그리고 6주 후 집으로 가는 것이 허락됐다. 그러나 그를 기다리는 것은 반 아사 상태의 딸과 열병과 이질에 시달리고 있는 아내였다. 얼마 지나지 않아 딸이 병들어 죽고, 또 사랑하는 아내마저 세상을 떠났다. 결혼한 지 14년 만에 아내가 세상을 떠나자 그는 엄청난 실의에 빠졌다. 그 당시 선교 환경은 지금보다 열악해서 선교로 나선다는 것은 죽음을 무릅쓰는 일이었다. 함께 배를 탔던 동료 선교사 절반이 목숨을 잃었고, 아내와 아이들이 잇달아 죽자 그는 한동안 모든 사람을 피해 정글의 조그마한 오두막에서 살며 2년 동안 우울증을 앓았다.

그러나 그는 하나님을 원망하지 않았다. 이 모든 것을 통해 하나님께 더 가까이 가게 하심을 알았기 때문이다. 치유될 수 없을 것 같았던 상처의 아픔도 서서히 아물어졌고, 신앙과 사역에 영성이 더해지기 시작했다. 그는 여러 지방을 순회하면서 하나님의 손길을 깊이 맛보며 감격했다. 주님은 그에게 계속 말씀으로 새 힘을 주셨고, 기도에 응답해 주셨다. 다시 새 힘을 얻은 그는 선교 사역을 계속할 수 있었다.

한편, 저드슨은 아내 낸시가 사망한 뒤 8년 만에 세라 홀 보어드맨Sarah Hall Boardman과 결혼했다. 그는 여러 지방을 순회하며 선교사들을 돕던 중 《성경》 번역에 대한 큰 사명을 깨닫고 모울메인Moulmein으로

미얀마 중부 맨달레이에 있는 저드슨 기념 교회

옮겨 복음을 전하고 번역을 계속했다. 그리고 교회를 세웠으며, 1834년에 미얀마어로 《성경》 전권을 번역했다. 이후 1840년에는 개정판이 나오기도 했다. 그가 《성경》 번역을 시작한 지 23년 만의 쾌거였다.

그 뒤 1845년, 선교에 필요한 자금 확보를 위해 33년 만에 미국으로 갔다. 미국에서 저드슨은 전설적인 선교를 하는 인물로 널리 알려져 설교 요청을 많이 받았다. 그는 1846년에 순회설교를 하던 중 에밀리 츄벅Emily Chubbuck 소설가를 만나 세 번째 결혼을 하게 되었다.

저드슨은 다시 미얀마로 되돌아와 츄벅과 3년간 함께 사역했다. 그런데 이번에는 그의 건강이 나빠졌다. 미얀마어 사전을 완성한 뒤 그의 건강은 갈수록 악화됐다. 1850년, 예순두 살이 된 그는 건강을 회복하기 위해 미국으로 돌아가다가 항해 중 배 위에서 숨을 거두었다. 그의 유해는 풍습대로 바다에 수장되었다.

그가 번역한 《성경》은 당시 20여 명에 불과했던 미얀마 기독교인의 마음에 불을 붙였고, 그의 말년에는 63개의 교회와 163명의 선교사와 사역자 그리고 7,000명 이상의 기독교인이 생겼다. 그 후 그의 사역은 160년이 지난 지금 수백만 기독교인을 배출하는 근간이 됐다. 영적 싸움에서 그는 끝내 승리했다. 명예와 생명과 재산을 다 빼앗긴다 해도 진리를 붙잡고 전파하며 살았던 저드슨의 생애는 승리의 생애였다.

한 젊은이와의 신앙상담에서 그는 자기의 신앙을 이렇게 고백했다. "이 세상에서 제일 재미있는 것은 예수께서 나를 위해 돌아가신 십자가의 이야기입니다. 그보다 더 재미있는 것은 없습니다. 나는 이것만 전하고 증거하기로 사명을 받은 사람입니다. 나에게 예수님 외에는 아무도 없습니다."

22

미국 신앙 부흥
운동의 기수

◆ **찰스 피니** Charles Grandison Finney(1792~1875) ◆

전도자, 부흥사, 목회자, 신학 교수, 저술가, 사회개혁가로서 활동했으며, 미국의 금주법, 여권 운동에도 큰 영향을 끼쳤다. 처음에 변호사로 활동하던 그는 회심 후 복음 전도자로 헌신하였고, 그의 사역으로 펼쳐진 소위 '제2의 영적 대각성 운동'은 뉴욕·필라델피아·보스턴은 물론 영국까지 강타했다.

19세기 미국에서는 영혼 구원의 과정에 대한 논증에 많은 변화가 일어났다. 구원에 자유의지의 역할과 인간의 반응이 더욱 크게 부각되고, 즉각적인 회심의 필요성이 강조되었다. 19세기 후반, 미국 신앙 부흥 운동의 기수였던 찰스 피니는 미국 교회사의 핵심 인물이다. 그는 장로교회에서 안수 받은 목사였으나 그의 신학은 엄격한 전통적인 칼뱅주의와는 차이가 있었다. 그는 모든 개인에게는 회개할 능력이 있다고 가르치며, 구원의 수동성보다 능동성에 비중을 두고 복음을 전했다.

하나님께서는 그를 부흥사, 목사, 저술가, 교수로 쓰셔서 그를 통해 수십만 명이 그리스도 앞에 나왔다. 무엇보다 피니는 기도하는 사람이었다. 무슨 일을 할 때든지 하나님께서 그의 마음속에 계획을 주시기 전에는 행동하지 않고 먼저 기도하며 기다렸다. 그러나 하나님께서 그분의 계획을 보여 주시면 민첩하게 행동으로 옮겼다. 그는 자신의 지혜나 다른 사람들을 의지하지 않고 언제나 그분의 인도하심만 간절히 구했다. 오로지 《성경》과 성령님을 교사로 삼았고, 기도로 새 힘을 얻었다.

극적인 회심과 신비한 영적 체험

찰스 피니는 1792년에 미국 동부 코네티컷 주 리치필드에 있는 워런에서 한때 독립전쟁에 참전했던 농부의 아들로 태어났다. 피니가 열두 살 때 동부에서 기반을 잡지 못했던 그의 부모는 뉴욕 주의 오나이더로 이사했다. 그곳은 종교적 혜택이 전혀 없는 곳으로, 주민은 대부분 그의 부모처럼 뉴잉글랜드에서 이주해 온 사람들이었다. 부모는 신앙인이 아니었기에 그는 집에서 기도소리를 들어본 적이 없었고, 《성경》도 읽어 본 적이 없었다.

스무 살 무렵 뉴잉글랜드로 돌아와서 고등학교에 다녔다. 문학 분야에 뛰어났던 그는 고전어를 공부했으나 정규 교육은 그것이 전부였다. 스물여섯 살 되던 해인 1818년, 그는 뉴욕 주의 애덤스Adams에 있는 법률사무소의 라이트 판사 밑에서 법률을 공부한 후 변호사 자격을 얻어 수습생으로 일을 하게 되었다. 변호사로서 기본법을 공부하던 그는 법률 서적에 쓰여 있는 보통법의 위대한 원리들 가운데 많은 부분의 권위가 모세의 율법에 근거하고 있다는 것을 발견했다.

그래서 어느 날부터 그는 《성경》을 구해 읽기 시작했다. 《성경》을 읽을수록 자신이 죄인임을 점점 더 느꼈던 그는 겉으로는 냉담했지만, 마음속으로는 하나님을 간절히 찾았다. 청년 시절 피니는 뉴욕 주 애덤스에 있는 장로교회에 출석했다. 여기서 만난 게일George W. Gale 목사는 프린스턴 출신으로 그의 설교의 핵심은 "인간은 전적으로 타락했기에 할 수 있는 것은 아무것도 없다. 따라서 적극적으로 구원의 은혜를 사모하는 것은 잘못된 것이다"였다. 이런 신학의 영향을 받은 애덤스의 장로교회 신자들은 은혜 받는 일에 소극적이었다.

피니는 《성경》을 읽으면서 게일 목사의 설교가 잘못되었다는 것을 알게 되었다. 하나님은 예수 그리스도 통해 우리를 구원하기 위한 모든 구원 사역을 완성하셨으며 이것을 믿고 회개하는 자에게 영생을 주시겠다고 약속하셨다는 사실을 피니는 깨달은 것이다. 그리고 《성경》이 진실한 하나님의 말씀이란 것을 확신하게 되었다. 이제 그는 그리스도를 영접할 것인가? 아니면 세상 삶의 방식을 추구할 것인가? 결단하는 일에 직면하게 되었다.

스물아홉 살 되던 해(1821)인 가을 어느 날, 피니는 자신의 구원에 관한 문제에 결단을 내리겠다고 결심했다. 그는 하나님께 간절히 기도하기 위해 깊은 산 속으로 들어갔다. 숲 속 빈터에 자리를 잡고 앉아

엘 그레코 El Greco의 〈성령 강림Pentecost〉, 1600, 캔버스의 유채, 257×127cm, 에스파냐 마드리드 프라도 미술관

하나님께 사죄의 확신과 구원의 증거를 달라고 기도했다. 하지만 아무런 응답이 없었다. 이때 그에게 번개처럼 스치며 지나가는 말씀이 있었다.

"너희가 내게 부르짖으며 내게 와서 기도하면 내가 너희들의 기도를 들을 것이요 너희가 온 마음으로 나를 구하면 나를 찾을 것이요 나를 만나리라" 예레미야 29:12~13

자신이 지금 기도에 대한 응답을 찾고 있지만, 사실은 하나님께서 자신에게 이미 응답해 주셨다는 생각이 들었다. 구하고 찾는 자에게 이미 응답해 주셨다는 말씀을 신뢰하자 마음속에 자리 잡고 있던 모든 죄의식이 사라지고 말로 표현할 수 없는 놀라운 평안이 밀려왔다. "평안을 너희에게 끼치노니 곧 나의 평안을 너희에게 주노라 내가 너희에게 주는 것은 세상이 주는 것과 같지 아니하니라" 요한복음 14:27 그 순간 그는 주님의 존재를 온전히 느꼈다.

그날 저녁 피니는 퇴근 후 기도하려고 방으로 들어갔다. 방에는 불을 켜지 않았는데도 빛이 가득 차 있는 느낌이었다. 신비한 영적 체험이 기다리고 있었다. 문을 닫자 눈앞에 예수님이 마주 보고 계신 것이 아닌가! 감격에 넘친 그는 주님 발 앞에 엎드려 소리쳐 울면서 죄를 자백했다. 그는 그 자리에서 성령 세례를 받았다. 마치 전류가 흐르듯 성령이 그의 온몸과 영혼을 꿰뚫고 지나가는 놀라운 체험을 했다. 주님의 사랑으로 가득한 그의 마음은 고요하고 평안해져서 구원에 대한 염려가 사라지고 하나님께서 예수님을 통해 자신을 구원해 주셨다는 확신으로 가득찼다. 바로 그날부터 그의 인생은 다시 시작되었다.

예수 그리스도의 변호사

다음날 아침 사무실에 있던 그에게 동네 교회의 한 집사가 찾아와 그날 오전에 있을 소송 건을 의뢰하자 피니는 다음과 같이 대답했다.

"집사님, 나는 예수 그리스도로부터 변호 의뢰를 받았기 때문에 그 소송은 맡을 수가 없습니다."

피니의 회심 소식을 들은 마을 사람들은 크게 흥분했다. 그는 모여 있는 마을 사람들 앞에서 자신이 체험한 이야기를 하자 사람들은 그의 이야기에 사로잡혔다. 그날 저녁이 은혜로운 집회가 되어 버렸고, 이후 매일 저녁 오랫동안 집회가 이어졌다.

그가 회심하기 전에는 변호사라는 직업을 참 좋아했지만, 그런 결정을 내린 이후 변호사 일을 계속하는 것이 그다지 마음에 내키지 않았다. 돈을 많이 벌 생각도 없어졌고, 세상의 즐거움에는 흥미를 잃었다. 반면 이 세상의 어떤 일도 죽어가고 있는 영혼들에게 복음을 전하는 것보다 가치 있는 일이 없어 보였다. 그는 법률 서적들을 덮어 버리는 대신 《성경》을 펼쳤다. 그리고 예수 그리스도의 변호사로서 세상에 복음을 증거하는 일을 하겠다는 사명감으로 신학을 공부한 뒤 1823년에 목사 안수를 받았다. 이제 하나님이 예비하신 큰일을 할 준비가 되었다.

부흥 집회를 위해 떠날 때마다 하나님께서는 영적인 빛으로 그의 앞길을 환하게 비춰 주셨다. 그는 설교를 준비하기 위해 묵상할 때면 '사람들에게 필요한 것이 무엇일까' 생각하며 성령님을 의지하며 많이 기도했다. 그렇게 준비한 설교는 회중의 마음을 강력하게 흔들었다.

그의 설교를 듣고 죄를 회개하고 주께로 나오는 사람도 많았지만, 한편 비난의 소리도 적지 않았다. 사역 초기에 피니가 다른 목사들에게 무수한 비난을 받은 것은 설교방식 때문이다. 너무 직선적이며 격렬하고 절박하게 설교한다는 것이다. 또 그를 반대하는 이유 가운데 하나는 부흥회에서 새로운 방법들을 사용한다는 것이다.

예를 들면, 피니는 '구도자의 좌석'이란 것을 로체스터Rochester에서 처음 도입했다. 그것은 집회에서 설교한 후 상담과 기도를 받기 원하는 사람은 앞으로 나오라는 방식이다. 현대인에게는 별로 새로울 것이 없는 초청 방식이 그 당시에는 굉장한 논란을 불러일으켰던 것은 형식보다 그것이 내포하고 있는 신학 때문이다. 이 방식은 인간이 자기의 회심을 결정할 수 있다는 인상을 주었기 때문이다. 그러나 피니는 사람들이 하나님의 때에 자신들을 회심시켜 줄 것을 기다리고 앉아 있을 것이 아니라 당장 마음을 드려야 한다고 생각했기 때문에 그 방식을 취했던 것이다.

그는 이런 어려움에 부딪힐 때마다 하나님만을 바라보면서 그분이 지도해 주시고 해결해 주시기를 간절히 기도했다. 그때마다 하나님께서는 그의 기도에 응답하셔서 반대자들의 공격이 수포로 돌아가게 하셨고, 완악한 마음들이 부서져 그리스도 앞에 무릎 꿇게 하셨다.

도시 전체가 회개의 물결에 휩싸이다

찰스 피니는 전류가 흐르듯 성령이 그의 몸과 영혼을 꿰뚫고 지나가는 놀라운 성령 체험을 한 후 변호사 일을 그만두고 복음을 전하는 사역을 감당했다. 그림에서 보듯이 그가 가는 곳마다 수백 명, 수천 명씩 주께 돌아오는 부흥이 일어났다.

찰스 피니의 복음 전파와 그와 같이 한 신자들의 기도에 힘입어 부흥의 바람이 일기 시작했다. 술집이 기도회 장소로, 호텔이 부흥회 장소로 돌변하고, 도시 전체가 회개의 물결에 휩싸이며, 지속적인 기도 운동이 일어났다. 그는 다년간 성공적인 부흥사로서 도시와 도시를 전전하며 수많은 영혼을 하나님께로 인도했다. 에번즈빌·울프·거버너즈·유티카·로마 등 가는 곳마다 수백 명, 수천 명씩 주께 돌아오는 부흥이 일어났다.

　그가 열정적으로 복음을 전하면서 강조했던 것은 인간은 성화를 지속하여 나갈 수 있는 능력이 있다면서, 참된 신앙이란 하나님의 말씀에 순종하는 구체적인 삶으로 나타나야 한다고 했다. 이는 예수님께서 말씀하셨기 때문이라고 했다. "하늘에 계신 너희 아버지의 온전하심과 같이 너희도 온전하라"마태복음 5:48 그러므로 중생을 통해 그리스도와 연합된 신자는 성령님의 도우심으로 성결한 삶을 살 수 있다고 했다. 또한 그는 영혼 구원뿐만 아니라 노예 폐지 운동과 여권 신장 같은 사회개혁을 일으키기도 했다.

　또한 하나님께서는 그에게 젊은 청년들을 교육하는 자질도 주셨다. 복음 사역을 시작한 지 15년째 되던 해에 대학에서 교수직의 제의가 들어와 학생들을 가르쳤다. 그러나 얼마 지나지 않아 설립자가 파산하게 되어 학교는 부채를 떠안게 되었다.

그해 겨울 동안 그는 가족을 부양할 길이 없어 여행용 가방을 팔았다. 가방을 팔던 그날, 기도하며 모든 문제를 하나님께 맡겼다. 예배가 끝나고 집에 도착했을 때 집에 한 통의 편지가 와 있었다. 편지 안에는 200불의 돈이 들어 있었다. 그 돈을 보내준 형제는 그 뒤로도 몇 해 동안 매년 600불씩 그의 필요를 채워 주었다. 학교의 부채도 1만 2,000권이 팔린 그의 책 《피니의 부흥 강의》에 감명받은 한 영국인에 의해 해결되었다.

그 뒤 피니는 중년기부터 노년기까지 오하이오 주에 있는 오벌린 대학교에서 신학을 강의했다. 그 학교는 세계 최초의 남녀 공학과 흑인과 백인이 함께 공부하는 선구적 역할을 한 학교이다.

그는 학생들을 가르치면서 수업 시간에도 성령이 충만할 때면 갑자기 기도 시간을 가지면서 학생들에게 영적 도전을 주곤 했다. 그는 1851년부터 1866년까지 15년 동안 오벌린 대학교의 제2대 학장으로 봉직하였는데, 이 대학은 그 뒤 세계적인 기독교 영향력의 중심지가 되었다.

그는 대학에 몸담은 동안 오하이오 주에 있는 제일조합교회The First Congregational Church의 목사직도 함께 겸임했다. 대학교수 시절에도 신앙 부흥에 대한 열정은 여전하여 그가 인도하는 집회는 밤마다 기쁨이 충만한 형제들과 두려움에 떨며 상담하려는 자들로 가득 찼다. 그뿐만 아니라 죄악을 깊이 뉘우치고 회개의 눈물을 흘리는 자들과 복음의 진리 속에서 자유로움을 얻는 자들의 수는 이루 헤아릴 수 없었다. 그는 이런 비결이 오직 말씀과 풍성한 기도, 주님을 사랑하는 사모함 속에서 흘러나온 것이라고 역설했다. 그의 활기찬 영적 생활은 나이 들어도 여전했다. 오히려 해를 거듭할수록 더욱 성숙한 믿음의 경지에서 하나님과 동행하는 삶을 체험하고 있었다. 그는 이렇게 고백했다.

"나를 이끌어 준 것은 나의 지혜가 아니었습니다. 나는 나의 무지와 무력함을 뼈저리게 느끼면서 계속 하나님을 바라보며 그분의 인도하심만 간절히 구했고, 그분은 성령으로 나를 친히 이끌어 주셨습니다. 나는 이 모든 사역의 열매들을 그분의 것으로 인정할 수밖에 없습니다. 만일 내게 다시 기회가 온다 해도, 나는 40여 년이 넘도록 하나님의 도구로 쓰인 이 일에 다시 쓰임 받고 싶습니다."

여든세 살이 되던 1875년의 어느 주일날 저녁, 그는 바로 옆에 있는 교회에 가고 싶었으나 가슴이 몹시 아파 가지 못하고 문밖으로 걸어 나와 의자에 앉아 교인들의 찬송소리에 귀 기울이며 따라 불렀다. "사랑하는 우리 주, 나를 품어주소서……." 이것이 피니가 지상에서 부른 마지막 찬송이었다. 고통스러운 몇 시간이 지난 후 그는 기쁨에 찬 얼굴로 조용히 그리고 편안하게 잠들었다. 그가 자주 서 있던 강가에 세워진 조그마한 비문에는 "이곳에서 찰스 피니는 오랜 세월을 이 마을과 전 세계에 그리스도의 한없는 풍요를 전하다"라고 적혀 있다.

잊을 수 없는 한마디

"아무리 큰 죄라도 회개하기만 하면 용서받을 수 있다. 그렇다면 진정한 회개는 무엇인가? 회개는 단순히 지은 죄를 애통해하는 것이 아니라 마음으로 죄를 거부하는 것이다. 회개는 마음에서부터 죄를 포기하고 버리는 것이다. 회개는 하나님이 증오하시는 가증한 죄를 배격하는 것이다. 회개는 자신의 이익을 추구하는 마음을 버리고 하나님과 이웃에 대한 지극한 사랑을 추구하는 것이다. 회개는 진정한 마음의 변화로써 하나님께 돌아오는 것이다. 계속 한 가지 죄 속에서 생활하며 죄를 버리지 않고 죄 가운데서 탐닉하며 산다면 참된 회개는 있을 수 없다. 하나님을 기쁘시게 하기보다 나의 특별한 감각적 만족을 선택했기 때문이다. 알면서도 계속 죄를 범한다면 절대 의롭다 함을 얻지 못할 뿐만 아니라 절대 구원을 얻을 수 없다. 상습적으로 정직하지 못하면서도 스스로 믿음의 사람이라고 고백한다면 이는 분명 죄에 미혹된 사람이다."

23

오만 번 이상
기도 응답을 받은
조지 뮬러

◆ 조지 뮬러George Muller(1805~1898) ◆

'브리스톨 고아들의 아버지'로 잘 알려진 그는 독일 태생으로 영국에서 보육원 사역을 했던 믿음의 사람이다. 1836년에 애슐리 카운티에 보육원을 건축한 뒤 다섯 번째 보육원을 건축하기까지 무려 1만 명의 고아를 보살폈다. 그 뒤 영국은 물론 유럽 전역과 미국·캐나다·호주·인도·중국 등 세계 각국을 여행하면서 17년 동안 42개국에서 약 300만 명에게 설교했다.

폭우가 쏟아지던 어느 날 아침, 보육원에는 먹을 수 있는 것이라곤 아무것도 없었다. 하지만 조지 뮬러는 400명의 고아와 함께 빈 식탁에 둘러앉아 손을 맞잡고 식사기도를 드렸다. 그의 기도가 끝났을 때 한 대의 마차가 도착하자 어떤 사람이 보육원 문을 두드렸다. 그 마차에는 아침에 막 구운 빵과 신선한 우유가 가득했다. 인근 공장에서 직원 야유회에 쓰기 위해 주문했는데, 폭우로 취소되자 고아들에게 보내온 것이다.

　기독교 역사상 기도 응답을 가장 많이 받은 사람인 조지 뮬러는 기도에 응답하시는 하나님의 위대하심을 모든 이에게 보여 준 사람이다. 그는 "내일 일을 위하여 염려하지 말라"마태복음 6:34는 말씀을 문자 그대로 믿고 살았다. 하나님께서는 필요한 것은 꼭 주신다고 확신하며 기도의 일생을 보냈다. 그의 영혼을 하나님의 보좌로 인도하는 길은 바로 기도였다.

악습을 버리고 선교사로 헌신하다

믿음과 기도의 사람 조지 뮬러는 1805년에 독일 크로펜스타트 Kroppenstaedt에서 태어나 1828년에 영국으로 갔다. 그의 아버지는 신앙이 없는 세무서 직원이었고 어머니는 그가 어릴 적에 세상을 떠났다. 열두 살 되던 해 어머니가 돌아가시던 밤에도 그는 새벽 2시까지 카드놀이를 하였고, 그 다음날 술집에 들러 술을 마시고 놀았다. 뮬러는 어려서부터 교회에는 출석하였지만, 주정꾼인 아버지의 영향으로 세속적 쾌락에 빠져 자기의 길을 분별하지 못하는 말썽꾸러기가 되고 말았다.

그는 "도대체 나는 기독교인이면서도 왜 이런 못된 일만 하고 다닐까?" 하며 남몰래 괴로워했다. 그러나 거짓말, 도둑질, 도박, 욕설 등이 나쁘다는 것을 알면서도 악습에서 벗어나지 못했다. 이때 어느 목사와 상담하는 가운데 "나쁜 버릇을 하루아침에 고칠 수는 없지만, 하나님은 한 번 자녀로 삼은 사람을 절대로 버리는 법이 없다. 그러니 낙심하지 말고 꾸준히 죄와 싸우기 바란다"는 말을 듣고 나쁜 행동을 하나씩 고치려고 노력했다.

그 후 그는 열아홉 살 되던 해 할레 대학교에서 루터교 성직자가 되기 위한 훈련을 시작했다. 할레 대학교는 경건주의 운동이 시작된 곳으로, 많은 젊은이가 은혜 받고 세계로 나가는 곳이었다. 이런 대학에 입학했지만, 그는 그리스도를 머리로만 알고 있었기에 가슴은 늘 차가웠다. 그러나 하나님은 뮐러를 그냥 버려두시지 않았다. 그해 11월 중순 어느 토요일, 베타Beta라는 친구와 함께 매주 토요일에 열리는 성경 공부 모임에 참석했다. 그곳에서 부르는 찬송소리와 성경 공부, 특별히 무릎 꿇고 기도하는 신자들의 진지함은 뮐러의 가슴속에 깊은 인상을 남겼다. 그때 처음 맛본 그 기쁨은 그동안 살아온 모든 삶보다 행복했다.

베타라는 친구는 그의 일생에 하나님의 뜻을 이루기 위해 보내 주신 사람이었다. 그를 통해 회개와 새로운 변화가 이루어졌다. 말씀과 기도 속에서 하나님을 만난 청년 뮐러는 그때부터 올바른 길을 걷기 시작했다. 말씀을 읽고 묵상하고 기도드릴 때마다 마음속에서 솟구치는 사랑과 기쁨은 말로 표현할 수 없었다.

그 구원의 감격으로 그는 세상의 모든 것을 포기하고 선교사로서 자신의 삶을 하나님께 드리고자 하는 소원이 생겼다. 그러나 그의 길을 가로막는 두 개의 걸림돌이 있었다. 하나는 아름다운 여자 친구였다. 여자 친구는 끊임없이 그에게 선교 사역을 포기하고 자신과 독일에서 행복하게 살자고 유혹했다. 다른 하나는 선교사가 되는 것을 반대하는 그의 아버지였다. 이 문제로 많이 갈등했으나 그는 하나님 편을 선택했다. 결국 그동안 아버지로부터 왔던 모든 지원이 끊겼다. 그렇게 조르던 여자 친구도 그를 포기하고 떠나갔다.

이때부터 조지 뮬러에게는 기도의 삶이 시작되었다. 그는 당장 살아갈 생활비와 학비 문제를 가지고 하나님께 기도하기 시작했다. 하나님은 그의 절박한 물질 문제를 즉시 응답해주셨을 뿐만 아니라 무사히 대학을 졸업하게 도와주셨다. 졸업한 뒤 조지 뮬러는 할레를 떠나 유대인을 향한 선교사로 훈련받기 위해 영국 런던으로 갔다.

브리스톨 고아 아버지의 기도 응답

하나님은 그를 더 연단하셨다. 오래전부터 앓던 병이 재발한 것이다. 그는 여러 주일 병상에 눕게 되었다. 하나님께서는 절망해 있는 그를 다시 기도하도록 인도하셨다. 비록 기도 응답은 오래 걸렸지만, 투병 생활을 통해 하나님이 인도하시는 대로 그의 믿음은 자랐다. 여기서 뮬러는 새로운 교훈을 얻었다. 그것은 《성경》을 읽고 묵상하며 주님을 믿고 맡길 때 하나님께서 필요를 따라 채워주신다는 진리였다. 그는 자신의 질병을 치료하기 위해 데번Devon이라는 곳으로 갔다. 그곳에서 질병이 호전되자 그는 작은 독립교회의 목사직을 맡아 목회하기 시작했다. 그리고 그곳에서 메리 그로브스Mary Groves와 결혼했다.

1832년에 그들은 브리스톨로 이주하였는데, 그가 도착할 무렵 콜레라가 도시 전역을 휩쓸고 지나갔다. 콜레라가 지나간 브리스톨은 비참했다. 어린아이들은 쓰레기 더미에서 음식을 찾았고, 보살핌을 받지 못한 채 죽어갔다. 조지 뮬러는 고통으로 신음하는 브리스톨을 위해 자신이 무엇을 해야 할지 고민하면서 기도했다.

그는 처음에 학교를 세웠으나 차츰 그의 관심이 학교에서 보육원으로 바뀌었다. 당시 보육원에 수용된 아이들은 제대로 먹지 못해 해골처럼 말라 있거나 병이 들어 퉁퉁 부어 있었다. 이것을 본 조지 뮬러는 잠을 이룰 수 없었다. 마침내 뮬러는 일생의 사역인 보육원 운영을 놓고 응답받을 때까지 기도했다. 그는 보육원을 설립하는 것이 하나님의 뜻임을 확신하고 일을 추진했다. 그때부터 뮬러는 집 없는 부랑자의 친구요, 아버지가 되었다. 이 중대한 사역을 하기 위해 그는 매일 매 순간 기도하며 주님을 의지했다.

그러자 거센 반대가 일어났다. 브리스톨에서 그의 입지는 아직 개척단계였고, 그가 섬기는 교회도 재정적으로 넉넉하지 않았다. 교인들은 보육원 설립을 반대하면서 그를 몰아붙였고, 어느 목사는 "현실을 보고 가능한 것만 선택해서 기도하라"며 그에게 충고하기도 했다. 뮬러는 일을 시작하기도 전에 힘이 빠졌다. 하지만 그는 오직 믿음으로 보육원을 개척했던 프랑케Francke의 전기를 읽고 용기를 다시 얻게 되었다.

뮬러는 보육원 설립을 준비하던 중 그의 아들이 가슴과 목에 유행성 염증에 걸려 죽고 말았다. 그는 잃어버린 아들 대신 고아들을 자식처럼 키우겠다고 결심하면서 보육원 설립에 필요한 자금을 위해 하나님께 간절히 기도했다. 그가 구한 1,000파운드는 지금의 원화 가치로 수십억 원도 넘는 엄청나게 큰돈이다. 그러나 그는 "네 입을 넓게 열라 내가 채우리라"시편 81:10는 말씀을 묵상하다가 새로운 힘과 용기를 얻어 혼자 조용히 부르짖는 기도를 계속 드렸다.

사람들은 차츰 그를 이해하고 보육원 설립을 위해 바자회나 모금 운동을 하자고 제안했다. 그러나 그는 보육원 설립이 하나님의 뜻에 맞는 일이기에 처음부터 끝까지 자원하는 사람들의 성금과 성물로만 건립하겠다며 거절했다. 그리고 하나님이 응답해 주실 것을 믿었다. 그의 기도는 불과 일 년 만에 응답이 이루어지기 시작했다. 10파운드를 가져온 부인을 비롯해 일생을 벌어 모은 100파운드의 돈을 가져온 사람도 있었다. 또한 물질뿐 아니라 다양한 그릇과 생활용품들이 들어왔다.

1836년 4월, 최초의 보육원이 문을 열었고, 30명의 아이를 받았다. 그는 기도로 보육원을 세운 후에는 아내의 반대에도 자신의 딸을 보육원에서 고아들과 함께 살도록 했다. 하나님 앞에서 네 아이 내 아이 구별해서는 안 된다고 생각했기 때문이다. 보육원이 세워진 후 5,6년 동안은 숱한 어려움이 끊이지 않았다. 그러나 이 기간에 조지 뮬러의 믿음과 인내는 더욱 견고해졌다. 아이들에게 줄 음식이 떨어졌다는 소리를 들으면 뮬러는 그 자리에서 직원들과 함께 하나님 앞에 엎드려 간구했다. 마치 아이가 어머니에게 무엇을 달라고 청하는 것처럼 그의 기도는 자연스럽고 단순하고 간절했다.

풍향까지 바꾸는 뮬러의 기도

그는 일생 동안 받은 기도 응답을 노트에 기록해 두었는데 모두 5만 가지가 넘었다. 그때마다 그는 기도 응답으로 주어지는 기쁨보다 하나님의 살아 계심에 대한 감사가 더 컸다. 기도 응답의 사례 중 이런 이야기가 있다.

1857년 11월 하순경, 그는 보육원의 보일러에서 물이 샌다는 말을 들었다. 고장 난 보일러로 겨울을 난다는 것은 불가능했다. 8년 동안 겨울을 나면서 아무 문제가 없었기에 이런 일이 발생하리라고는 생각하지 못했다. 보일러를 수리하는 데 일주일 넘게 걸린다고 하니 새 보일러를 설치한다면 공사 기간이 최소한 몇 주는 걸릴 게 분명했다. 이 상황에서 300명의 아이가 추위를 피할 수 있도록 하려면 어떻게 해야 할까? 임시로 석유난로나 석탄난로를 사용한다 해도 난방 문제는 해결할 수 없었다. 게다가 보일러 수리 일정을 잡은 그날부터 차가운 북풍이 몰아치기 시작했다. 12월 초하루, 기온이 뚝 떨어지면서 추위가 기승을 부렸다.

그는 이 문제를 하나님의 손에 전적으로 맡기고 두 가지를 기도했다. 북풍을 남풍으로 바꿔 달라는 것과 수리공들에게 '일할 마음'을 허락하셔서 속히 일을 마칠 수 있게 해달라고 간절히 기도했다. 북풍은 전날 저녁까지도 누그러지지 않았지만, 수리공들이 오기로 한 날 기도했던 대로 남풍이 불어 날이 따뜻해졌다. 수리공들은 조심스레 벽돌을 허물자마자 문제점을 찾아내어 곧바로 수리에 들어갔다. "아이들이 추위에 떠는 일이 없도록 해야 한다"고 부탁하자 수리공이 "밤을 꼬박 새우는 한이 있더라도 내일까지 모든 일을 마치겠다"고 대답했다.

그때 뮬러는 하나님께서 기도에 응답하셨음을 다시 한 번 확인했다. 다음날 아침, 보일러가 수리되었다. 예상과 달리 만 하루 만에 수리가 끝난 것이다. 벽돌을 쌓아올린 다음 보일러를 다시 가동했다. 기도와 믿음으로 또 하나의 난관을 극복했다.

1836년에 애슐리 카운티에 보육원을 건축한 뒤 다섯 번째 보육원을 건축하기까지 무려 2,050명의 고아를 보살폈던 고아원

이런 뮬러의 확고한 믿음은 많은 사람을 회개하도록 이끌었는데, 그는 늘 이렇게 말했다.

"가장 중요한 일은 진심으로 회개하고 그 마음을 하나님께로 향하는 것이다. 내적으로 변화되기 전에는 결코 다른 사람들을 회개하게 할 수 없다. 주 예수를 직접 아는 지식이 없으면 안 된다."

소규모로 시작했던 보육원 사업은 해를 거듭할수록 확장되어갔다. 그는 시작부터 이 일에 필요한 어떠한 도움도 사람들에게 알리거나 요청하지 않고 오로지 하나님께 요청하기로 원칙을 세웠다. 정부의 힘을 빌리거나 특정 부자에게 손을 내민 적도 없었다. 이로써 하나님은 과거나 지금이나 기도에 응답하시는 분임을 증거하는 것이 보육원 사업 이상으로 중요하다고 확신했다.

그는 하나님이 공급해 주시는 대로 300명을 수용할 수 있는 시설을 애슐리 카운티에 마련했다. 2차, 3차, 4차, 5차로 시설은 계속 확장되어 마침내 2,050명의 고아와 직원이 거처할 수 있도록 확장되었다.▾ 그는 이들의 필요를 적시에 채워주시는 하나님의 손길을 체험하며 보육원을 경영했다. 보육원을 운영하는 동안 그는 가난과 궁핍으로 고통을 받았지만, 그의 영혼은 평안과 안식을 누렸다.

조지 뮬러는 65세에 그의 부인과 사별한 후 보육원 사업을 사위에게 인계한 뒤 영국은 물론 유럽 전역과 미국·캐나다·호주·인도·중국 등 세계 각국을 여행하면서 17년 동안 42개국에서 설교했으며, 25만 마일을 여행하면서 약 300만 명에게 복음을 전했다. 그는 교파를 초월하여 그를 초청하는 어느 곳에나 달려갔다.

조지 뮬러의 《성경》에 대한 사랑은 나이와 함께 더해갔다. 그는 93세까지의 삶을 살면서 말씀에서 지고한 기쁨을 맛보며 하루하루를 기도로 살았다. 그의 기념비에는 이렇게 기록되어 있다. "조지 뮬러, 1898년 3월 10일에 93세의 나이로 잠들다." 화강석보다도 더 영구한 기념비, 그것은 하늘나라의 영구한 뮬러의 기념비다.

하나님은 지금도 살아 계셔서 사랑하는 자녀들의 부르짖는 기도에 응답하신다. 엘리야의 하나님, 조지 뮬러의 하나님, 나의 하나님, 그분은 어제나 오늘이나 영원토록 변함없으신 분이다.

"기도를 시작한다는 것으로는 부족하다. 바르게 기도하는 것도, 얼마 동안 기도를 계속한다는 것도 충분하지 않다. 기도의 응답을 받을 때까지 믿음을 가지고 꾸준히 기도해야 한다. 더 나아가서는 끝까지 기도를 계속할 뿐 아니라 하나님께서 우리의 기도를 들으시고 응답해 주시리라는 것을 믿어야 한다. 그러나 대부분 우리는 응답 받을 때까지 기도를 계속하지 못하고, 하나님의 축복을 끝까지 기대하지도 않는다."

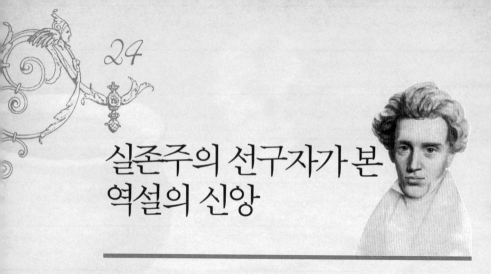

24

실존주의 선구자가 본 역설의 신앙

◆ 쇠렌 키르케고르◆Søren Aabye Kierkegaard(1813~1855) ◆

19세기 덴마크 철학자이자, 신학자이다. 실존주의의 선구자인 키르케고르는 헤겔의 관념론과 당시 덴마크 루터 교회의 무의미한 형식주의에 반대하였으며, 실존의 문제를 제기하여 실존 철학과 변증법 신학에 큰 영향을 끼쳤다. 그의 작품 중 다수가 신앙의 본질, 기독교 교회의 제도, 기독교 윤리와 신학 그리고 삶에서 결정을 내려야 할 순간에 개인이 직면하게 되는 감정과 감각 같은 종교 문제를 다루고 있다.

키르케고르는 실존주의자, 신정통주의자, 포스트모더니스트, 휴머니즘적인 심리학을 한 인본주의자, 개인주의자이다. 그는 철학과 신학, 심리학 그리고 문학의 경계를 넘나들었기 때문에 현대 사상에서 매우 중요하고 영향력 있는 인물로 여겨지고 있다. 많은 작품을 익명으로 남겼으며, 독자에게 의미를 찾아야 하는 과제를 남겼다.

그의 초기 철학서는 매우 도전적이다. 이런 저작들은 당시의 지배적인 사상이었다. 그는 이전의 모든 사상을 통합하여 기독교를 뛰어넘는다고 했던 철학, 곧 헤겔의 관념론의 가면을 벗겼다. 그는 믿음은 하나님에 대한 지식이나 그분에 대한 정의를 내리는 것이 아니라 하나님과 관계를 맺는 것이라고 말했다. 또한 기독교란 아무 생각 없이 무조건 받아들여야 하는 일련의 가르침이 아니라 늘 존재하지만 단정할 수 없는 진리를 열정적으로 더듬어 찾아가는 것이라고 주장했다. 즉, 객관적 진리의 타당성보다 내적이고 주관적인 믿음을 강조했다.

절망 속에서 단독자로서 하나님을 찾다

현대 실존주의 철학의 아버지요, 개신교의 개혁자인 키르케고르는 1813년 5월 3일에 덴마크의 수도 코펜하겐에서 부유한 모직물 상인 미카엘 페데르센 키르케고르Michael Pedersen Kierkegaard와 아네 키르케고르 Ane Sørensdatter Lund Kierkegaard의 8남매 중 막내로 태어났다. 이때 그의 아버지는 쉰일곱 살이었고, 어머니는 마흔다섯 살이었다.

미카엘은 가난한 시골 태생으로 코펜하겐의 모직물 상인의 집에서 점원으로 일하다가 상업에 눈을 떠 거부가 된 사람이다. 전처가 아이 없이 죽자 모직물 상인의 하녀로 있던 아네와 정식 결혼을 했다. 미카엘은 믿음이 두터운 사람으로 인생과 신앙의 근본 문제에 관해 관심을 가졌고, 죽음과 구원에 관해 깊은 상념이 머리에서 떠나지 않았다.

이처럼 미카엘은 엄숙하고 우울한 종교적 성격의 소유자였으며, 예

리한 지성과 풍부한 상상력과 재치 있는 언변의 재능도 아울러 지니고 있었다. 키르케고르는 이런 아버지의 성격을 그대로 물려받았다. 아버지가 그에게 가졌던 소원은 예수를 올바로 사랑할 줄 아는 사람이 되는 것이다.

키르케고르는 아버지의 강한 성격과 경건한 모습 이면에 불안하게 놓여 있는 억눌린 우수의 영향을 떨쳐 버리지 못했다. 그는 아버지를 짓누르고 있는 무거운 죄의식이 어릴 적에 하나님께 퍼부었던 저주 때문이라는 것을 알게 되었다. 이 사실에 충격을 받은 그는 한동안 방황했다. 또한 어머니의 죽음과 여섯 명의 형제자매 중 다섯 명의 죽음이 하나님의 저주 때문이라는 확신은 늘 그를 괴롭혔다. 그의 《우수의 철학》은 이런 성격의 산물이기도 하다.

키르케고르는 1830년, 열일곱 살 때 코펜하겐 대학교에 입학하여 신학과 철학을 공부했다. 그리고 1837년, 열네 살이 된 순수하고 발랄한 소녀 레기네 올센Regine Olsen 과의 사랑, 약혼, 파혼의 과정을 거치면서 정신적 갈등을 겪었다. 레기네와의 파혼은 훗날 그에게 심각한 영향을 미쳤고, 그의 몇몇 저작에서 반성과 해설의 자료가 되었다.

1838년에 아버지가 세상을 떠나자 그는 많은 재산을 물려받았고, 그 덕분에 물질에 따른 어려움을 겪지 않고 저술활동에 매진할 수 있었다. 1841년에 그는 〈아이러니 개념에 관하여〉라는 논문으로 학위를 받았다. 이어 1843년에 《이것이냐 저것이냐 : 삶의 단상》, 《반복》, 《두려움과 떨림》, 1844년에 《불안의 개념》, 1845년에 《인생행로의 여러 단계》 등을 저술했다.

그 뒤 저작 활동에 허무함을 느껴 시골에서 '경건한 목사'로서 하나님 앞에서 고독자의 길을 걷는 조용한 생활을 원했으나, 풍자 신문으로 다시 문필로 변증하는 자가 되었다. 그는 자신의 작품에 대한 사람들의 오해로 고통을 겪으면서도 굴하지 않고 대중의 비자주성과 위선성을 혹독하게 비판했다. 절망 속에서도 단독자로서 하나님을 간절히 찾는 이상적인 자세를 《죽음에 이르는 병》(1849)과 《그리스도교의 수련》(1850)에서 추구했다.

그는 당시 세상과 타협하는 사이비 기독교인들을 통렬히 비난하고 "진정한 기독교가 무엇인가? 그리스도인으로 살아간다는 것은 무엇인가?"를 분명히 밝히려고 애쓰다 극렬한 논쟁의 싸움에 지쳐 1855년 10월 2일에 거리에서 쓰러졌다. 그리고 그해 11월 11일에 43세의 나이로 영원한 안식에 들어갔다.

어떻게 기독교인이 될 수 있는가?

키르케고르는 실존의 발견자다. 이것이 철학 사상사에서 차지하고 있는 그의 위치요 공적이다. 우리는 키르케고르를 떠나서 실존주의를

마르틴 하이데거

메스키르히에서 출생한 독일의 철학자이다. 일반적으로 그의 철학은 존재와 시간을 중심으로 하는 전기 철학과 1930년에서 1935년 사이의 소위 전회 이후의 후기 철학으로 나뉜다. 하이데거의 전기 철학은 방법론적으로는 해석학적 현상학이며 그 대상으로 보자면 현 존재, 즉 인간 실존에 대한 존재론이다. 한편 현 존재로부터 존재 자체로 핵심적 주제가 옮겨간 후기 철학은 역사적으로 존재 자체가 인간 현 존재에게 '어떻게 스스로를 현시하는가'를 다루고 있다. 그에 따르면 플라톤 이래의 역사는 존재 망각으로 점철되었으며 특히 오늘날과 같은 기술 시대는 존재 망각이 극단에 이른 시기라고 한다.

니체

그는 기독교와 이상주의의 도덕을 '약자의 도덕', '노예의 도덕', '데카당스'라고 배격하고, '초인', '영원 회귀'의 사상을 중심으로 하여 일종의 형이상학을 수립하여 뒤에 생의 철학이나 실존 철학에 큰 영향을 주고, 특히 《즐거운 지식》에서는 신의 죽음을 선언했다. 니체는 플라톤 철학과 기독교적 도덕주의를 뒤집었으며, 기독교를 비판하여 유럽을 비판, 키르케고르와 더불어 실존주의의 선구적인 역할을 하고 일부 지식인들의 계몽주의라는 세속주의의 승리가 가져온 결과 역시 부정적으로 평가했다. 이처럼 그는 근대를 형성해 온 기독교는 개성을 억압하고 인간의 자유를 억압, 파괴하며 이는 삶을 파괴하는 타락의 원인이라 보고, 내세관에 대해서도 부정적인 시각을 피력했다.

장 폴 사르트르

사르트르는 하이데거에게 영향을 받아 현상학적 존재론을 전개했다. 그는 데카르트적 자아를 넘어서 인간은 하나의 실존의 존재임을 밝히고 실존은 본질에 앞서며, 실존은 바로 주체성이라는 명제를 제

운운할 수 없고, 또 실존주의를 떠나서 키르케고르를 논할 수 없다. 실존이란 무엇인가? 그것은 인간의 개별적 존재, 곧 현실 존재 또는 참된 진실의 존재로써의 본래 자아를 의미한다. 그러면 어떤 내용의 자아가 진실 된 존재인가? 실존이라는 그릇에는 여러 가지 내용을 담을 수 있다. 신 앞에서는 단독자라는 것이 키르케고르의 종교적인 실존이다. 마르틴 하이데거Martin Heidegger처럼 신과는 관계없이 양심의 입장에서는 윤리적 실존이나, 니체Nietzsche나 장 폴 사르트르Jean Paul Sartre처럼 신을 부정하고 자유로운 행동적 실존을 주장하는 것이 아니라 카를 야스퍼스Karl Jaspers나 가브리엘 마르셀Gabriel Marcel과 같이 '홀로 신 앞에 서는 실존'을 내세운다. 이처럼 종교적·신앙적 실존의 우위성을 주장하는 것이 키르케고르의 실존주다.

키르케고르의 평생 과제는 '사람은 어떻게 하여 기독교인이 될 수 있는가?'였다. 그에게서 참된 기독교인이

라는 것은 항상 '신 앞에 나서는 사람', '신의 독생자인 예수와 동시적으로 있는 사람'을 말한다. 본래 신과 관계를 맺고 있는 자가 신과의 관계에서 떠나 있는 것은 참된 자기를 소외하고 있는 상태, 곧 죄며 죄 속에 있는 인간은 마침내 절망 속에서 살 수밖에 없다. 따라서 인간이 참된 자기가 되기 위해서는 항상 영원자에게 나아가기를 힘 쓰지 않으면 안 된다. 이 자기 복귀에의 노력 과정과 자기 자신이 되려는 생성 과정이 곧 실존하는 일이다. 이는 단순한 이성의 문제가 아니라 인간의 특수한 존재방식의 문제다.

키르케고르는 인간의 자기 생성의 문제를 세 개의 실존 단계에서 전개하고 있다.

첫 번째 단계는 인간이 자기 자신의 실존 의의와 과제를 아직 명확히 의식하고 있지 않은 직접적인 생존 단계이다. 이를 미적 실존 또는 감성적 실존 Asthetisch Existenz, der Asthetiker이라고 한다. 미

시했다. 또한 인간의 의식과 자유의 구조를 밝히고 실존의 결단과 행동과 책임과 연대성을 강조했다. 행동적 지식인인 사르트르는 세계 평화의 문제에 대해서도 깊은 관심을 가지고 여러 가지 발언과 평론을 하는 동시에, 소련의 공산주의에 대해서도 날카로운 비판을 가했다. 1964년에 노벨 문학상 수상자로 결정되었으나 수상을 거부했다.

카를 야스퍼스 ▾

독일의 철학자이다. 그는 《정신병리학총론》(1913)에서 딜타이에 의해 발전된 '이해'의 개념을 정신병리학에 도입하여, 정신생활에서 내적으로 이해되어야 할 것과 단순한 과학적 인과율에 의해 해명되어야 할 것을 날카롭게 구별했다. 《세계관의 심리학》(1919)은 인간이 죽음에 직면한 상황을 분석했다. 이 책은 근대 실존 철학의 최초의 서적이라 불린다. 《위대한 철학자들》은 철학을 서양에만 한정시키지 않고 동양을 포함한 점에서 그의 이른바 '세계 철학'의 의도에서도, 철학사 연구에서도 독자적인 저작이라 할 수 있다. 특히 그는 제1차 세계 대전 후의 가치 전환적인 사상적 위기에 대한 깊은 성찰이 기조를 이루었다.

가브리엘 마르셀 ▾

프랑스의 철학자·극작가이다. 그의 《실존과 객체성》(1925)은 20세기 최초의 실존주의 문헌이라 불린다. 유신론적 실존주의의 대표적 철학자로 알려졌으나 그 자신은 정반대의 입장에 있는 장 폴 사르트르와 결부되는 실존주의라는 말을 싫어하여 신소크라테스 학파 등으로 불렀다. 사상적 작품은 에세이 이외에 많은 희곡이 있다. 바흐의 음악은 그의 사색에 많은 영향을 주었다고 한다. 그는 키르케고르와 야스퍼스 계열에 속하는 그리스도교적 실존주의자였다.

적으로 산다는 것은 인간이 감성적으로 '기분에 따라서' 직접적으로 자기의 '있는 바 그대로 있다'고 하는 등의 생존방식이다. 인생은 향락하지 않으면 안 된다는 것이 이 단계의 모토이다. 인간은 무한의 가능성과 부동성을 희롱하면서 끊임없이 향락을 찾아 헤맨다.

그러나 향락의 추구 뒤에 오는 것은 권태뿐이며, 마침내는 이런 자기 자신에게 싫증을 내고 좌절하고 만다. 인간은 누구나 이 단계에 살고 있는 한 절망할 수밖에 없다. 이처럼 미적 실존의 단계는 그 자체가 모순이기 때문에 한층 고차원적인 실존 단계로 올라가지 않으면 안 된다.

두 번째 단계는 인간이 자기 자신의 실존 의의를 자각하고 있고, 실존하면서 보편적으로 실현해야 할 윤리적인 것을 의무라는 이름 아래에서 이해하고 있는 단계이다. 이를 윤리적 실존Ethischex, der Ethiker이라고 부른다. 윤리적으로 산다고 하는 것은 인간이 자기가 '되어야 할 것'이 되는 일이다. 그러나 이 단계도 궁극에 이르러서는 단순히 윤리적인 행위의 영역만으로는 해결할 수 없는 모순에 부딪히게 된다. 실존자가 제아무리 자기 자신의 윤리적 사명에 충실하려고 해도 능력의 한계와 무력만을 깨닫게 되기 때문이다.

여기서 윤리적 실존의 철저한 추구로 그 근저에 있는 하나의 전제, 곧 인간은 누구나 보편적인 것을 개별적인 자기 속에 실현할 수 있다고 하는 전제의 부조리가 폭로된다. 이 좌절은 불안과 절망을 통해 윤리적 실존에서 종교적 실존으로 비약의 길을 열어 준다.

세 번째 단계는 종교적 실존이다. 실존자는 자기 자신과의 변증법적 싸움을 통해 비로소 신과의 관계를 맺는다. 이 단계에는 종교 A와 종교 B의 두 가지가 있다.

종교 A는 단순히 보편적 종교적인 것을 목표로 하는 종교적 실존으로써 개인이 신 앞에서 자기 부정으로 내면을 향하여 변증법적으로 규정되는 경우다(이른바 내면화의 변증법). 키르케고르는 이 단계를 내재의 종교라고도 한다. 종교 B는 모든 내재적 입장의 단절로써 역설변증법이라는 특징적 성격을 지닌다. 여기서 신앙이라는 것은 영원한 신이 시간 가운데 수육受I肉(성육신)했다는, 객관적으로는 불확실한 역설을 주체성의 정열에 의해 믿고 나아가는 것이다.

종교적인 면으로는 개별적인 실존자의 한 사람으로서 예수와 대면하게 되는 것이다. 단독자, 주체성, 실존적 사유 등의 여러 근본개념은 헤겔Hegel적 보편성, 객관성, 추상적 사유 등에 대립하는 것으로써 그에 의해서 확립된 것이다.

키르케고르에 의하면 실존은 '객관성이 아닌 주체성, 외면성이 아닌 내면성, 보편자가 아닌 단독자, 영원한 필연성이 아닌 시간적 우연성'이다. 전자가 헤겔의 입장이라면 후자는 이에 반한 키르케고르의 입장이다.

헤겔

관념 철학을 대표하는 독일의 철학자이다. 칸트의 이념과 현실의 이원론을 극복하여 일원화하고, 정신이 변증법적 과정을 거쳐서 자연, 역사, 사회, 국가 등의 현실이 되어 자기 발전을 해 나가는 체계를 종합적으로 정리했다. 그의 사상은 국가, 종교, 철학을 아우르는 하나의 원리를 지향한다. 그래서 헤겔은 프로이센이라는 국가와 프로이센의 개신교 교리를 자신의 철학과 조화하고자 했다. 실제로 그는 루터교 신자이기도 했다. 그는 1831년에 콜레라로 사망했으며, 자신의 희망대로 피히테 옆에 안장되었다.

믿음의 사람이 되는 길을 제시하다

키르케고르에게 신앙은 개인 문제이기 때문에 신 앞에 나서는 자는 단독자여야 하며, 종교적 진리는 객관적 진리와는 달라서 사람이 그것을 위해 살고 또 죽을 수 있는 것을 뜻하는 것과 같은 주체적 진리여야 했다. 또한 사유思惟는 참된 자기가 되기 위한 사유로써 종교적이어야 했다. 즉, 종교적인 실존이란 신앙을 가지고 살아가는 주체라고 했다.

이런 사상과 개념을 담고 있는 키르케고르의 생애와 저작들은 당시 기성 교회에 심각한 도전이 되었다. 그는 당시의 기성 교회가 마땅히 지녀야 할 신앙의 도약과 헌신에 대한 개인적인 책임(대중의 책임과 반대되는 개념의 책임)을 도외시했다고 믿었다.

그의 모든 저작은 인간과 하나님 사이의 간격을 최소화시킨 기성 교회에 대한 일종의 심판 메시지였다. 키르케고르는 하나님과 인간 사이에는 커다란 간격이 있고, 그 둘 사이의 유일한 교량 역할을 하시는 이가 바로 예수 그리스도라고 믿었다. 이성이 신앙보다 우위를 차지하고 인간의 잠재력이 인간의 연약함보다 우위를 차지하던 소위 계몽주의 시대에 키르케고르의 철학은 정체성을 잃어버린 세상과 교회에 바른 잣대 구실을 했다.

키르케고르의 이런 신학적 견해는 그의 철학 논문들과 완전히 일치한다. 철학 논문들에서 그는 성경 구절을 숙고하고 기도문을 쓰며 독자들이 진정한 믿음의 사람이 되도록 인도하려고 했다. 그는 사람들에게 그리스도인이 되도록 설교해야 한다는 소명감을 느끼지는 않았지만, 동시대인들에게 기독교의 참모습이 무엇인지 알려야 한다는 의무감만은 확실히 가지고 있었다. 특히 성직자가 그리스도의 종이 되는 대신 시민의 노예가 됨으로써 종교를 배반한 덴마크 국교회의 수치스런 상황을 폭로하는 임무를 하나님께 받았다고 생각했다.

인간 키르케고르에게서 배울 점은 무엇보다 하나님 앞에서 자신을 발견하고 진실하게 서려고 평생을 고독하게 싸워나간 점이다.

그의 작품 전체는 덴마크의 명목상 기독교인들, 즉 복음의 메시지에서 도전들을 듣지 않는 사람들에게 기독교의 핵심적인 복음을 전하는 데 모든 관심을 집중했다. 키르케고르는 그의 유명한 저서 《죽음에 이르는 병》에서 신앙의 역설을 이렇게 표현하고 있다.

"절망은 죽음에 이르는 병이다. 이 병에 걸리는 것은 인간뿐이다. 인간이기 때문에 절망할 수 있다. 신앙의 힘으로만 이 절망이라는 병에서 벗어날 수 있다. 절망은 우리로 하여금 높고 깊은 신앙의 세계로 도약할 수 있는 하나의 발판이 되고 계기가 된다." 즉, 그는 절망은 '죽음에 이르는 병'이 아니라 '구원에 이르는 병'이라는 말을 하고 싶었던 것이다.

우리는 키르케고르의 저작들을 통해 인간 실존의 불안과 절망의 실체를 하나님께 호소하는 점을 발견할 수 있다. 우리는 하나님을 단독자로 만나기 위해 얼마나 깊은 기도와 명상의 시간을 가졌는가? '절망'을 통해서 하나님께 이르는 길을 발견하자. 낙심을 통해서 더 소망할 수 있는 하나님의 은총을 발견하자. 더 진실하게 하나님과 만나

고, 더 순수하게 하나님 앞으로 나아가자. 그리고 더 간절히 하나님의
음성 듣기를 힘쓰자.

잊을 수 없는 한마디

"믿음은 두 가지 과제를 가진다. 첫째는 있을 법하지 않으며(개연성이 없으며) 역설적인 것을 매 순간 발견하는 일이다. 둘째는 내적인 열정으로 그것을 굳게 붙잡는 일이다. …… 도저히 알 수 없는 이해의 절망이 있는 곳에서 믿음이 일어나 절망을 완전히 끝낸다. 따라서 믿음은 이해가 바겐세일을 하는 곳에서 이루어지는 일종의 하찮은 거래에 불과한 것이 아니다. 이해할 수 없는 것을 거슬러 믿는 것은 순교다. 자신에게 유리한 쪽으로 이해하기 위해 조금씩 끌어가기 시작하는 것은 유혹이며 퇴보다."

• 영성의 숲에서 하나님을 만나다

25

검은 대륙 아프리카를 품은 선교사

◆ 데이비드 리빙스턴 David Livingstone(1813~1873) ◆

영국(스코틀랜드)의 선교사·탐험가이다. 1840년에 런던 전도협회의 의료 선교사로서 아프리카로 떠났으며, 1841년에는 남아프리카 보츠와나에 도착하여 복음을 전하면서 원주민 문화 연구 등을 시작했다. 1951년에서 1956년 사이에 리빙스턴은 유럽인으로서는 처음으로 아프리카 서쪽에서 동쪽까지 걸어서 횡단하였으며, 34년간 아프리카에서 선교 사역을 감당했다.

'한 번도 복음을 듣지 못한 수만 명의 사람이 죽어가고 있는데, 그저 선교회 건물 안에서 편하게 앉아 있으려는 이유가 무엇인가?' 그리스도를 만난 사랑과 열정이 곧 다른 영혼의 구원에 대한 관심으로 이어진 리빙스턴은 사람들의 안일한 태도가 도저히 이해가 되지 않았다. 그의 가슴속에는 미개척지를 향해 앞으로 나아가고 싶은 열정이 타올랐다. 그런 열정을 주신 것은 하나님이시기에 그분의 영광을 위해 자신이 쓰일 것이라고 확신했다.

그는 선교의 소명을 느낀 후 낮에는 일하고 밤에는 공부하며 주님

로버트 모팻

그는 데이비드 리빙스턴 선교사의 장인으로 더 많이 알려져 있다. 1870년, 53년간의 아프리카 선교사 역을 마친 모팻은 선교사를 은퇴하고 고국인 영국으로 돌아와 13년 동안 전국을 순회하면서 아프리카 선교의 중요성을 역설하면서 선교 부흥사로서의 삶을 살았다. 이런 그는 복음 전파자, 《성경》 번역가, 교육자, 외교관, 탐험가 등의 활동으로 아프리카 선교에 귀중한 터전을 마련했다.

토머스 딕

과학교사와 작가인 그는 스코틀랜드의 장로교회의 엄격한 신앙에서 성장했다. 어린 시절 유성을 본 후 천문학에 관심을 갖기 시작했다. 천문학에 관한 책을 다 읽다시피 하며, 안경 렌즈로 빛 굴절을 연구하기도 했으며, 천체 관측을 연구하기도 했다. 과학과 기독교의 거리를 좁히려고 노력했다. 그는 81세에 사망하여 브러티의 페리에 안장되었다.

의 일꾼으로 헌신하기 위해 준비했다. 스코틀랜드 선교사 로버트 모팻Robert Moffat을 만난 것을 계기로 그는 남아프리카 선교사로 헌신하게 됐다. 거의 황무지였던 그 땅은 심한 가뭄을 겪고 있었고 관목에 덮인 땅이었다. 종교적 이해도 턱없이 낮아 리빙스턴은 많은 현지인이 기독교를 먹고 마실 수 있는 음식으로 생각하고 있다는 것을 알게 되었다. 고립된 부족들에게 유럽인들은 이상하게 보였고 설교자들은 초자연적 힘을 가지고 있다고 믿었다.

아프리카 원주민들에게 그가 믿는 하나님은 눈에 보이지 않는 분이라는 점을 이해시키기 위해 리빙스턴은 머리를 숙이고 기도했는데, 이것을 본 그들은 신이 땅속에 있다고 생각해서 폭소를 터트리기도 했다.

학구열로 아프리카 복음화의 열망을 갖다

데이비드 리빙스턴은 1813년 3월에 스코틀랜드의 블랜타이어라는 마을에서 태어났다. 그의 부모는 가난하고 낮은 신분이었으나 정직하고 근면하며 검소했다. 가난했던 그는 클리드 강변에 있는 면화공장 노동자 아파트의 맨 꼭대기 층 단칸방에서 일곱 명의 형제와 함께 생활했다. 그는 어려운 집안을 도와야 했기 때문에 열 살 때부터 방직공장에 나가 하루 열네 시간씩 일을 해야만 했다. 그는 첫 주의 월급을 받아 라틴어 문법책을 사서 공부했다. 또한 지식에 대한 탐구욕과 뚜렷한 목표 의식이 있던 그는 힘든 노동을 하면서도 틈틈이 과학서적과 여행기를 사서 읽었다.

그리하여 열여섯 살이 되었을 때는 호러스Horace Waller를 비롯한 수많은 고전의 저자와 친숙해 있었다. 그는 어떤 책이든지 가리지 않고 탐독했다. 여러 해 동안 종교에 관해 진지한 생각을 많이 했던 그는 스무 살 때 토머스 딕 Thomas Dick 의 《종교 철학》과 《미래 국가의 철학》이란 책을 읽고 그리스도를 영접하는 것이 개인의 의무요, 최고의 특권임을 깨닫고 영적 변화를 받게 되었다.

스무 살 전후에 그는 "나의 죄, 바로 이 상태로 그리스도의 구원을 받을 자격이 있다. 그렇다. 나는 이 축복을 받을 의무가 있다"라고 소리쳤다. 그때의 기쁨을 그는 이렇게 표현했다. "만일 색맹이 낫는 수가 있다면, 그때의 나만큼 기뻐했을 것이다."

그후 그는 독일 선교사 카를 구츨라프Karl Gutzlaff 가 중국에서 전도하고 돌아와서 쓴 《중국을 위한 호소문》을 읽고 영국과 미국 교회에 중국에 공식 의료 선교단을 파견할 것을 호소했다. 이때 그는 선교 사역을 위해 의사가 되기로 결심한다. 그는 필수적인 신학 공부 외에 의사가

카를 구츨라프

구츨라프는 독일 북부 프로이센 제국의 프리츠에서 출생한 유대계 독일인으로 루터교 목사였다. 열아홉 살 때 18개월 동안 베를린 선교신학교에서 공부하면서 경건주의의 깊은 영향을 받아 선교에 대한 이상을 가졌다. 어학에 재질이 있어 12개국의 언어를 구사할 수 있었다. 후에 영국에서 모리슨 목사를 만나 동양선교에 관심을 가졌고 1823년에 '화란선교회' 소속 선교사가 되었다. 1831년에 중국에 들어가 천진과 만주까지 복음을 전했고, 한국과 대만에 잠깐 머무르는 동안에는 광저우에 있을 때 모리슨에게 받은 《성경》을 배포하고 복음을 전하기도 했다. 그의 선교적 노력으로 중국 복음화선교회가 조직되었으며 이 선교회를 통해 허드슨 테일러가 중국에 파송되었다.

아편 전쟁

1840년에 아편 문제를 둘러싸고 청나라와 영국 사이에 일어난 전쟁을 말한다. 1842년에 청나라가 패하여 난징 조약을 맺음으로써 전쟁은 끝났다. 그 당시 청나라는 쇄국 정책을 유지했는데, 아편 전쟁으로 광저우가 서양의 문명을 제일 먼저 받아들인 도시가 되었다. 그 계기로 많은 선교사가 광저우에 복음을 전할 수 있었다. 또한 선교사들이 전해준 선진적인 기술을 받아들이면서 광저우는 급속하게 발전하여 중국 삼대 도시가 되었다.

되는 데 필요한 훈련을 받기로 하고 글래스고에 있는 앤더슨 대학교에 들어갔다. 의학 공부를 시작하면서 런던 선교협의회에도 지원하여 히브리어, 헬라어, 라틴어 등을 배웠으며, 천문학, 지리학, 식물학, 동물학과 화학까지 골고루 배웠다. 이는 후에 의술을 베풀면서 독립하여 선교하기 위해서였다.

1840년, 중국에서 복음을 전파하려던 그의 계획은 아편 전쟁으로 인해 좌절되고 말았다. 이는 런던 선교협의회가 전쟁이 끝나기 전에는 중국에 선교사를 보내지 않기로 결정했기 때문이다. 이런 시기에 리빙스턴은 아프리카 선교사이며 《성경》 번역가인 로버트 모팻Robert Moffat을 만나게 된다. 모팻은 영국 젊은이들의 마음속에 그 당시 '검은 대륙'이라고 불렸던 아프리카를 복음화하려는 열망을 불러일으켰다. 그러한 모팻을 만나 리빙스턴은 남아프리카 선교사로 자원하게 된다.

그해 11월에 런던 선교협의회는 그를 아프리카 선교사로 파송했다. 선교사로 떠나기 전날 밤 온 가족은 밤을 지새우며 이야기를 나누었다. 아침 5시에 그는 "여호와께서 너의 출입을 지금부터 영원까지 지키시리로다"시편 121편라는 말씀을 읽고 아프리카로 가는 길을 지켜달라고 하나님께 기도했다. 떠날 시간이 되자 아버지와 아들은 지상에서는 마지막으로 서로 얼굴을 쳐다보면서 아쉽게 작별하고, 그는 아프리카로 떠났다.

1841년 3월, 남아프리카의 끝 케이프 타운Cape Town에 첫발을 내디딘 리빙스턴은 전도와 의료봉사를 하며 북쪽으로 여행하다가 같은 해 7월, 쿠루만Kuruman에 있는 모팻 선교사의 선교지에서 그 지방 언어를 공부하면서 병자들을 치료했다. 원주민들은 그를 존경하고 따랐다. 그러나 '하나님'에 대한 개념조차 알아듣지 못하고 추장을 '하나님'으로 부르기도 하고 리빙스턴을 '하나님'이라 부르기도 했다.

그는 지도에 나와 있지 않은 지역으로 들어가서 선교기지를 세우고 인간관계를 맺고, 지리를 익히며, 노예 매매를 하는 사실에 대한 정보를 얻었다. 1842년 여름에는 백인의 출입이 어려운 칼라하리Kalahari에서 북쪽까지 진출했으며, 그러면서 그는 지방어와 문화에도 점점 익숙해져 갔다. 그는 1844년에 선교국을 건설하기 위해 마보츠와Mabotswa로 여행하다가 사자에게 물려 한쪽 어깨가 부서지는 상처를 입기도 했다.

탐험에서 세상 끝날까지 함께하시는 주님을 체험하다

리빙스턴은 1845년 1월에 모팻의 딸 메리Mary와 결혼하여(첫 번째 부인과 사별한 후) 8년 동안 함께 고난을 겪으면서 선교의 열정을 불태웠다. 그 결과 아프리카에 선교 본부가 개설되었다. 선교의 큰 열매 중 하나는 바카트라 부락의 바퀸스 족 대 추장 세첼이 헌신적인 기독교인이 된 것이다. 하지만 아내의 건강이 나빠지고 가족의 안전과 자녀의 교육 문제가 시급해지자 리빙스턴은 아내와 4명의 아이를 영국으로 보냈다. 가족과 처음으로 헤어질 무렵 그는 이미 어느 정도 탐험가로서도 명성을 얻고 있었다.

그는 1849년 8월에 응가미 호수Lake Ngami 발견을 도운 공로로 영국 왕립지리학회Royal Geographical Society로부터 금메달과 상금을 받았다. 이일로 그는 평생 이 학회와 관계를 맺었다. 학회는 줄곧 탐험가로서의 그의 야망을 격려했고, 아프리카에 대해 관심을 갖고 활동하도록 지원했다. 또한 그는 노예 제도로 인한 비참함을 보고, 그것을 폐지해 달라고 영국 정부에 건의했고, 노예 매매 악습을 없애려는 것을 아프리카 선교의 한 목표로 삼았다. 당시 아프리카 노예들은 동물 이하의 취급받으며 백인들에게 종노릇을 하고 있었다.

1851년에서 1856년 사이에 리빙스턴은 아프리카 서쪽에서 동쪽까지 걸어서 횡단했다. 1853년 11월에는 린얀티Lynyanti에서 잠베지Zambezi 강으로 접근해 가면서 몇 명의 아프리카인만을 동반한 채 북서쪽으로 출발했다. 그 목적은 대서양으로 가는 길을 찾기 위해서였다. 또한 이길을 개척하여 아프리카 구석구석에 문명을 전하고, 합법적 상업만을 허가함으로써 노예 무역을 근절할 수 있을 것으로 생각했기 때문이다.

1855년 11월, 긴 여정을 거쳐 마침내 그들이 잠베지 강에 도착했을 때 강에는 뇌성이 울리고 연기가 자욱했다. 탐험대 앞에 장엄한 폭포가 나타났다. 애국심이 투철했던 리빙스턴은 이곳에서 발견한 폭포를 여왕의 이름을 따서 빅토리아 폭포라고 이름을 붙였다.

1856년 12월, 그는 국가의 영웅으로 추대되어 영국으로 돌아왔다. 그가 이룬 성과들은 《남아프리카에서의 선교여행과 조사Missionary Travels and Researches in South Africa》(1857)라는 책으로 출판되었으며, 이를 통해 그는 오늘날의 전설적인 명성을 얻게 되었다.

▼빅토리아 폭포

그러나 리빙스턴은 1843년부터 12년 동안 한 명밖에 전도하지 못했다. 하지만 그는 다른 사람들이 하지 못한 미개척지를 발견했다. 칼라하리 사막을 세 번이나 횡단하였으며, 응가미 호, 잠베지 강, 빅토리아 폭포를 발견했다. 그 외에는 니아사 호Lake Nyasa, 탕가니카 호Lake Tanganyika, 방웨울루 호Lake Bangweulu 등을 발견하였으며 나일 강의 근원을 찾기 위해 7년 동안이나 탐험을 하기도 했다.

이 험한 선교와 탐험의 여정에서 그는 물소에게 받히기도 하고, 거머리에게 뜯겨 죽을 뻔한 적도 여러 번 있었다. 소를 타고 400마일을 여행하다가 수렁에 빠져 고생했고, 밀림에서 길을 잃고 헤매기도 했으며, 오랫동안 굶주림과 목마름을 겪기도 했다. 또한 난폭한 원주민들에게 박해를 당하거나 열병과 이질에 걸려 사선을 헤맨 적도 한두 번이 아니었다.

그러나 그의 가슴속에 불타는 그리스도의 사랑은 절대 식지 않았다. 아프리카를 그리스도의 왕국으로 변화시키는 것이 그의 간절한 기도요 소망이었다. 그는 "내가 가지고 있는 것은 무엇이든지 하나님 나라와 관련성을 끊는다면 아무 가치도 찾을 수 없다. 지리적 탐험의 목적도 선교 사역을 시작하기 위함이다"라고 고백했다. 또한 그는 어려운 선교 사역 가운데서도 믿음을 잃지 않았다. 이는 그가 글래스고 대학교에서 했던 연설을 보면 알 수 있다.

"여러분! 저는 이 자리에서 16년 동안이나 언어도 통하지 않고 또 나에 대한 태도가 모호하며 대개는 적개심을 가지고 있는 아프리카 원주민들 속에서 사는 중에 누가 나를 돌보아 주었는가를 말하고 싶습니다. 그것은 다름이 아니라 〈마태복음〉의 '내가 너희에게 분부한 모든 것을 가르쳐 지키게 하라 볼지어다 내가 세상 끝날까지 너희와 항상 함께 있으리라 하시니라' 28:20는 말씀이었습니다. 이 말씀은 어떠한 어려운 처지에 있을 때에도 나를 붙들어 주었으며, 주께서는 한 번도 이 언약의 말씀을 어기신 일이 없습니다."

34년간 기도로 아프리카를 품에 안다

어느 날 영국에 있는 몇몇 친구가 아프리카에 있는 리빙스턴에게 그의 고생을 조금이라도 덜어 주겠다는 생각으로 다음과 같은 편지를 보냈다.

"리빙스턴, 낯선 땅에서 사랑을 몸소 실천하고 있는 자네에게 격려의 박수를 보내네. 먼 나라에서 고생하고 있는 자네를 생각하면 여기

A MAP
OF THE
REST PLATEAU OF AFRICA
SHEWING
THE GREAT RIVERS AND LAKES
DISCOVERED AND EXPLORED
BY
DR LIVINGSTONE
AND
ose laid down by him in accordance with information
hich he obtained from Natives and Arabs.

Scale of English Miles

DR Livingstone's routes between the years 1851 and 1873 ——

1851년에서 1873년 사이에 리빙스턴이 아프리카를 여행한 지도. 이 지도로 많은 선교사가 아프리카 내륙으로 들어갈 수 있었다.

서 편안하게 지내고 있다는 것이 부끄러울 뿐이네. 그래서 자네의 고생을 조금이라도 덜어 주기 위해 우리가 자네를 도와 줄 사람을 몇 명 그곳으로 보내려 하네. 그러니 그곳까지 가는 길을 상세히 적어 다음 편지에 보내 주면 좋겠네."

이 편지를 받은 리빙스턴은 다음과 같은 내용으로 답장을 보내어 정중하게 그 제의를 거절했다.

"마음은 고맙지만 이곳까지 오는 길이 있어야만 오겠다는 사람들이라면 나는 사양하겠네. 이곳에서 진정 필요한 사람은 길이 없어도 스스로 찾아오겠다는 사람이거든."

선교사로서 그가 주로 한 일은 아프리카의 길을 여는 데 있었다. 후에 그가 만든 지도˚를 따라 많은 선교사가 아프리카 내륙으로 들어갈 수 있었다.

리빙스턴이 아내를 사별하고 슬픔 중에 있으면서 5년간이나 소식을 전하지 않자 영국 정부는 뉴욕 헤럴드의 특파원 헨리 모턴 스탠리Henry Morton Stanley 일행을 탐색대로 아프리카로 보냈다. 스탠리는 1871년 10월 23일에 탕가니카 호 동쪽 기슭 우지지Ujiji에 이르렀을 때 병든 리빙스턴을 찾을 수 있었다. 그는 리빙스턴에게 절박하게 필요했던 식량과 의약품을 전해주면서 아프리카를 함께 떠나자고 간청했다. 하지만 리빙스턴은 "사명을 다하기 전에는 돌아갈 수 없다"며 혼자 아프리카에 남았다.

스탠리가 공급해 준 물품들로 새롭게 준비를 한 리빙스턴은 다시 남쪽으로 이동하기 시작했다. 하지만 1873년 5월, 그는 현재 잠비아에 해당하는 일라라Ilala 지역 치탐보Chitambo에서 극도의 쇠약과 병으로 하나님의 부르심을 받았다. 아프리카인이 리빙스턴을 찾아냈을 때는 침대 곁에서 기도하는 것처럼 무릎을 꿇은 채 죽어 있었다. 그가 세상을 떠난 이듬해《데이비드 리빙스턴의 마지막 일지The Last Journals of David Livingstone》가 출판되었다. 그가 떠난 뒤 스코틀랜드 교회와 스코틀랜드 자유 교회는 리빙스턴의 이상과 비전을 반영하는 중앙아프리카 선교를 시작했다.

34년간 아프리카를 종횡으로 누비며 복음을 전했던 리빙스턴, 그가 일생을 바친 세 가지 사업은 이제 모두 완성되었다. 그는 아프리카 선교의 길을 완전히 열어 놓았고, 그 악독한 노예 상인들을 없앴으며, 또한 나일 강의 근원이 방웨울루 호수 근방에 있지 않다는 것을 증명했다. 리빙스턴이 이렇게 위대한 업적을 남길 수 있었던 것은 "하나님을 경외하라. 그리고 열심히 일하라"는 격언을 손과 발과 마음으로 몸소 실천하였기 때문이다.

선교사로서의 삶뿐만 아니라 탐험가로서 리빙스턴은 높이 평가되고 있다. 하나님이 주신 소명을 따라 눈앞에 보이는 그 어떤 장애물이나 어려움도 두려워하지 않고 굳건히 나아갔던 리빙스턴은 이 시대 복음의 불모지를 개척하며 지혜롭게 하나님 나라를 확장하기 원하는 자들에게 큰 용기와 희망을 준다.

시대의 흐름을 바꾼 설교의 황제

◆ 찰스 스펄전 Charles H. Spurgeon(1834~1892) ◆

19세기 영국의 세기적인 복음주의 설교자, 전 유럽을 영적 각성을 하도록 몰아넣은 부흥사이다. 목회자 훈련학교인 페스터즈 대학을 세워 사역자들을 길러 냈고, 〈검과 삽〉이란 월간 잡지를 발간해 문서 선교에 힘썼으며, 고아원을 설립하여 구제 사업을 했다. 영국에서 '설교의 왕자', '불타는 청교도의 심장을 가진 복음전도자' 라 불렸다.

찰스 스펄전이 활동하던 시대는 영국 빅토리아 여왕이 통치하던 때였다. 그의 통치기간 영국은 전 세계에 식민지를 확장시켜 '해가 지지 않는 나라' 라는 말이 나올 정도로 눈부시게 발전했다. 대외적인 영토 확장과 산업 혁명으로 일부 특수 계층은 혜택을 받아 편안하고 안락한 생활을 누리고 있었다.

반면에 빈민들의 생활은 비참하기 짝이 없었다. 런던에서 많은 아이가 빈곤으로 거리를 배회하고, 감옥에 가거나 어린 나이에 죽어 갔다. 또한 늘어나는 술집과 창녀촌, 산업 혁명으로 인한 구조적 모순, 부가 가져온 정신적 황폐와 가난으로 인한 자살, 진화론과 고등 비평이 가

마틴 로이드 존스▼

30년 동안 런던 웨스트민스터 채플에서 사역한 그는 20세기 최고의 강해 설교자이자 탁월한 복음주의 지도자 가운데 한 사람이다. 촉망받던 의사에서 거룩한 부르심에 순종하여 심령을 구하는 '영혼의 의사'로서 평생을 살면서 《성경》의 권위가 훼손되고 피상성에 머물러 있는 현대 교회의 상황을 날카롭게 지적하였고, 어제나 오늘이나 영원토록 동일한 권위를 가진 하나님의 말씀을 온전하게 설교하는 것과 교회의 진정한 부흥은 항상 맞물려 있음을 강단에서 역설하고 실천했다.

제임스 패커▼

1926년에 영국에서 태어난 그는 마틴 로이드 존스, 존 스토트와 함께 복음주의의 대표 신학자로 불린다. 1944년에 옥스퍼드 코퍼스 크리스티 대학에 입학하여 라틴어와 그리스어를 공부한 후 신학을 전공했다. 그는 독선적이고 편협한 시각에 갇혀 있는 신학의 지평을 넓히기 위해 노력했고, 복음주의 역사에서 결정적인 순간마다 사상적 방향을 제시하기도 했다. 그는 신학과 기독교적 삶이 분리된 현실에서, 신학이 어떻게 신앙을 도울 수 있는지에 관심을 두고 연구해 왔다.

겨온 합리적 사고 등이 서서히 무너지기 시작했다.

이런 시대에 하나님은 준비된 한 사람을 통해 전 영국과 유럽에 변화의 바람을 일으키셨다. 스펄전의 설교는 물질과 인간 중심의 사고로 황폐해진 사람들을 하나님의 품으로 인도하는 도구이자, 복음만이 유일한 낙이고 희망임을 일깨워 준 청량제였다. 매 주일 설교가 인쇄물로 제작되어 유럽 각지에서 수백만 명이 그의 설교를 읽고 하나님의 은혜를 체험했다.

그는 청교도들에게 물려받은 《성경》 해석 방법과 천부적인 유머 감각, 탁월한 웅변술, 상상력이 풍부한 예화와 상식으로 심금을 울리는 설교를 하여 세계적인 설교자로 명성을 얻었으며, 아울러 저술가로서 58년간 사역을 했다. 이런 스펄전의 청교도 정신은 로이드 존스▼와 제임스 패커▼로 이어져 우리 시대 복음주의의 뿌리와 밑거름으로 작용하고 있다.

젊은이여, 예수 그리스도를 바라보라

영적 거인 찰스 스펄전은 1834년에 영국 에식스 캘비던Essex Kelvedon에서 태어났다. 청교도 가문에서 태어난 그의 할아버지와 아버지는 모두 목사로서 스펄전을 어릴 때부터 엄격한 교리로 가르친 칼뱅주의자였다. 그의 부모는 모두 열일곱 명의 자녀를 낳았는데 아홉 명은 일찍 세상을 떠나고 말았다.

스펄전은 여섯 살 때 스탬본 교구 안에 있는 조그마한 조합교회의 목사인 할아버지에게 보내졌다. 철저한 성경적 신앙관을 가진 할아버지의 신앙은 그대로 손자에게 전해져 《성경》 말씀으로 어려서부터 확고한 신앙을 다지게 되었다. 그리고 어린 스펄전의 신앙에 크게 영향을 준 것은 할아버지의 서재에 꽂혀 있던 존 버니언의 《천로역정》과 조지 폭스의 《순교자의 책》 등 청교도 서적이었다. 그는 《천로역정》을 100번도 넘게 읽었다고 한다.

스펄전은 일곱 살에 콜체스터Colchester에 있는 작은 마을학교에서 교육을 받았고, 열다섯 살에 뉴마켓Newmarket의 유명한 교수 존 스윈델John Swindell의 학교에 등록했다. 여기서 그는 조교로 일하면서 작문과 강독, 헬라어, 라틴어 문법과 철학이 상당한 수준에 이르게 되었다. 어릴 때부터 책을 끊임없이 읽었던 그는 탁월한 지혜와 논리 정연한 주장들로 많은 사람을 놀라게 했다.

청교도적 신앙생활에 익숙해 있던 그의 생활에서는 어떤 결점도 찾아보기 어려울 만큼 규범화되어 있었다. 그러나 마음 깊은 곳에서부터 그리스도를 구주로 고백하지는 않았기에 내면의 죄에 대한 번민은 계속되었다. 그래서 그는 주일이면 자기의 짐을 벗어 던지는 데 도움이 되는 설교를 들을 수 있을까 하여 여러 곳을 전전했다.

열다섯 살 무렵 어느 일요일 아침, 심하게 몰아치는 눈보라로 교회가는 길이 막혀 집에서 가까운 작은 교회로 가서 예배를 드렸다. 그날 설교를 맡은 목사가 눈 때문에 길이 막혀 오지 못하자 한 평신도가 대신 설교를 했다. "땅의 모든 끝이여 내게로 돌이켜 구원을 받으라 나는 하나님이라 다른 이가 없느니라"^{이사야 45:22} 이 본문으로 그 평신도는 '나를 바라보라. 그리하면 너희가 구원을 얻으리라' 는 말씀을 선포했다.

그 평신도는 스펄전을 가리키며 말했다. "젊은이여, 예수 그리스도를 바라보시오! 바라보시오! 바라보시오! 당신이 할 일은 주님을 바라보며 사는 것뿐입니다." 스펄전은 그 말을 듣는 순간 자신이 구원받았음을 확신했다. 구원받은 기쁨이 너무 커서 그 자리를 박차고 뛰쳐나가고 싶었다. 그는 곧 세례를 받고 하나님께 헌신할 것을 다짐했다. 그날 평신도가 전한 메시지는 매우 단순했지만, 스펄전의 인생에 전환점이 되었다.

주께 헌신을 다짐한 이후 그의 삶은 변화되었다. 기도생활은 규칙적이고 능력이 있었다. 그의 기도의 자세는 예수님 앞에서 하는 것처럼 심원하고 간절했다. 그뿐만 아니라 매일 《성경》을 읽고 깊은 묵상을 했다. 마치 포도를 짓이겨 포도주를 짜내며, 광석으로부터 금을 제련해 내는 것처럼 말씀을 묵상했다. 기도와 말씀 묵상은 그에게 없어서는 안 될 일용할 양식이었다. 그때부터 스펄전은 복음을 전하는 열정적인 삶을 살게 되었다.

생명력 있는 설교가 사람의 마음을 움직인다

1851년 10월, 스펄전은 열일곱 살에 워터비치 침례교회의 목회자로 청빙을 받고 목회를 시작했다. 소년 목사 스펄전은 두려움 속에서 주께 기도할 수밖에 없었다. 그는 버림받은 자들을 말씀으로 위로하고, 삶에 지쳐 있는 자들과 함께 기도하며, 실패한 자들과 함께 눈물을 흘리는 목회를 했다. 그러면서 그는 두 가지 놀라운 체험을 했다. 그것은 그리스도의 뜻에 전적으로 자신을 맡기는 일과 바로 자신의 모든 삶의 영역에서 주님을 계속 신뢰할 때 그리스도의 능력이 모든 세대를 통해 나타난다는 사실이다.

이렇게 하나님께 순종과 헌신으로 영적 성장을 이루어 나간 열여덟 살의 스펄전을 하나님은 세계적인 사역자로 세우시기 위해 준비하셨다. 그 뒤 뉴 파크 스트릿 교회New Park Street Church에서 청빙을 받았다. 당시 그 교회는 큰 교회였다. 스펄전은 자격이 없다는 이유로 거듭 거절했지만, 간곡한 부탁으로 그 교회에 가게 되었다. 이곳에서 그는 신자들의 냉담과 무시를 직면하게 되었다. 특히 그 교회의 신자들은 부유한 상류층 사람들이 많았다. 그래서 교회의 외적 웅장함과 교인들의 수준에 압도당하여 설교자가 위축되기 일쑤였다.

그가 부임하여 처음으로 한 '하나님은 좋은 선물만 주신다'는 설교가 모든 사람을 감동의 도가니로 몰아넣었다. 그의 설교에 대한 소문은 삽시간에 퍼져 저녁 예배 시간에는 몇 배의 신자가 모여들었다. 그동안 그 교회 신자들은 유명하다는 학자와 박사들을 청빙하여 설교를 수없이 들어왔다. 그들의 진부한 설교에 싫증을 느껴왔던 사람들은 스펄전의 설교에서 생명력을 발견한 것이다. "만약 당신이 대학교를 나왔다면 우린 아예 초청조차 하지 않았을지도 모릅니다. 그러니 우리 요청을 순수하게 그대로 받아주십시오." 그때부터 그 교회 사람들은 스펄전에게 목사라는 칭호를 붙였다. 그래서 1854년, 그는 스무 살의 나이에 뉴 파크 스트릿 교회의 위임 목사가 되었다.

교회는 날이 갈수록 신자의 수가 늘어나 증축공사를 해야 할 정도가 되었다. 결국 음악회장˙을 빌려 임시로 예배처소로 삼았는데, 설교가 있는 날은 그곳 교통이 마비되었다. 한편 그는 성직 수여식도 받지 않았고, 대학도 나오지 않은 것 때문에 주위로부터 혹독한 비판을 받았다. 특히 그가 '인간은 전적으로 타락할 수 있으며 예수 그리스도를 통하지 않고는 구원받을 수 없다' 는 청교도 사상을 강조하자 그에게 무수한 시련이 다가왔다. 세상과 타협한 각 기독교 종파가 그에게 압박을 가해 왔을 때도 그는 이 진리를 수호하기 위해 억척스럽게 싸워나갔다. 음악회장에서 설교할 때 그를 반대하는 사람들이 '불이야' 하고 거짓으로 소리쳐 한꺼번에 군중이 밀려 나오는 바람에 많은 사상자가 나기도 했다.

시대를 변화시킨 한사람의 힘

그의 설교를 듣기 위해 몰려오는 사람들을 수용하기 위해 메트로폴리

탄 교회the Metropolitan Tabernacle를 지었다. 6,000석 규모의 교회에 1만여 명이 넘게 참석해 예배당은 모든 좌석과 통로 그리고 창문틀까지 군중으로 초만원을 이루었다. 그런 성장에도 스펄전은 항상 겸손하게 기도하며 시골의 행상인과 고아원의 초라한 아이들, 빈민가의 불쌍한 이들과 오랜 시간을 함께했다. 마치 우물가의 한 여인에게 찾아가셔서 상담하시는 예수님처럼……. 영혼을 사랑하는 뜨거운 마음은 그가 많은 설교를 하면서도 많은 시간을 개인 전도하는 데 보낸 것을 보면 알 수 있다. 그는 바쁜 일정에도 매주 화요일은 구원의 확신을 위한 개별적인 면담을 위해, 토요일은 복음을 위한 개별 방문을 정기적으로 하기 위해 시간을 비워두었다.

스펄전은 매번 설교를 준비하기 위해 오랫동안 기도했으며, 항상 《성경》 본문으로 강해설교를 했다. 그럼에도 그의 설교 3,500여 편을 보면 중복된 설교가 전혀 없다. "준비 없이 습관적으로 강단에 서는 것은 죄악이다"라고 경고할 만큼 그는 준비를 철저히 했다. 그는 성경적·교리적인 면에서 해박했을 뿐 아니라 당대의 세태를 정확히 파악하고 있었기에 시대에 맞는 생생하고 감동적인 설교로 수많은 사람의 마음을 움직일 수 있었다.

비록 대학 교육은 받지 못했어도 끊임없는 연구로 그의 지적 능력은 대단했다. 특히 청교도 저서들의 수집광이었고 열렬한 청교도 독서가였다. 그런 그에게 '백과사전 두뇌'라는 별명이 붙었다. 그의 해박한 지식은 설교할 때마다 자유자재로 활용되었다. 특히 웨슬리와 휫필드, 존 버니언 같은 인물의 일화를 인용하면서 청중에게 경각심을 일으키

• 영성의 숲에서 하나님을 만나다

기도 했다. 그는 자신의 《성경》 지식을 모아 주해와 주석책을 펴냈는데, 이 책을 집필하기 위해 약 3,000권의 책을 참고했다고 한다.

▼찰스 스펄전의 약 1만 2,000권의 책을 소유하고 있는 미주리 주 리버티에 있는 윌리엄 제웰 대학

스펄전은 복음 전도를 위해 대학 진학을 포기했으나 교육의 필요성만은 언제나 절감하고 있었다. 그래서 목회자 훈련학교인 페스터즈 대학을 세워 순수 복음을 전하는 예수님의 제자를 양성했다. 그는 이 대학의 학생 전원을 일대일로 상담하면서 그들의 영적 성장을 도왔다. 1866년에 런던에서만 그의 제자들이 세운 교회가 18개나 되었다.

쉴 새 없는 복음 전도와 목회 사역 중에서도 그가 저술한 책은 무려 135권이었다. 그중에는 그가 편집한 28권의 다른 저작자의 작품이 들어 있으며, 앨범과 소책자를 합치면 무려 200여 권이나 된다. 그는 또 〈검과 삽The Sword and the Trowel〉 월간 잡지와 1,900편 이상의 《설교문》과 《시편 주석》 등도 발간했다.

또한 스펄전은 양서良書 애호가였다. 생전에 그는 약 1만 2,000권의 책을 소유하고 있었는데, 그 책의 대부분은 현재 미주리 주 리버티에 있는 윌리엄 제웰 대학▼에 소장되어 있다.

163센티미터도 안 되는 작은 키, 신학을 공부하지 않고, 대학을 나오지 않은 사람, 정식으로 목사 안수를 받은 적이 없는 사람, 수천 명의 환자를 치유하면서도 자기 병은 치유하지 못해 늘 고통 가운데 신음하다 병으로 죽은 사람이 바로 스펄전이다. 하지만 불과 열일곱 살의 나이에 하나님이 부르시는 소명을 감지한 그가 워터비치 침례교회에 부임한 이후 런던과 전 세계에 부흥의 씨앗을 뿌린 이야기는 현대를 살고 있는 모든 그리스도인에게 큰 도전을 준다.

변화된 한 사람의 힘은 시대를 초월하여 놀라운 생명력이 있다. 그리스도께 전적으로 맡기는 삶과 모든 삶의 영역에서 주님을 전적으로 신뢰한 것은 그에게 능력 있는 목회를 하는 원천이 되었다. 자신의 소명에 충실했던 스펄전의 삶은 우리 각자에게 주신 소명을 찾아 하나님의 일꾼으로서 충성되게 사는 삶이 얼마나 가치 있는 삶인지 일깨워 준다.

잊을 수 없는 한마디

회심한 그날 스펄전은 작은 비밀 일기장에 이렇게 적고 있다.
"나는 예수님과 그분의 십자가만을 사랑하고, 나의 전 생애를 그분의 뜻을 확장시켜 나가는 일과 그분이 기뻐하시는 길을 가는 데 바치기로 서약한다. 나는 단 한 가지의 목적, 오직 하나님을 영화롭게 하는 목적만을 염두에 두면서 이 엄숙한 서약에 성실하기를 바란다. 오, 주님. 저를 도우사 당신을 존귀케 하며, 지상에서 살 동안 주님을 위한 삶을 살게 하옵소서!"

• 영성의 숲에서 하나님을 만나다

27

자기 생명보다 영혼을 더 사랑한 전도자

◆ 드와이트 무디 Dwight L. Moody(1837~1899) ◆

미국의 프로테스탄트 대중설교 전도자이다. 제화점 직원으로 일하다가, 보스턴에서 개종한 후 1860년에 시카고에서 전도자가 되었다. 1870년에 평생 신앙의 동역자가 된 아이라 생키를 만났다. 그는 찬송으로 무디의 대중 전도를 도우면서 영국과 미국 각 도시에서 성대한 전도 집회를 열었다. 노스필드 여자신학교와 소년 교육을 위한 마운트 헤르몬 학교를 세웠으며, 초교파적인 무디성경학원을 설립했다.

19세기 복음 전도자이며 웨슬리와 휫필드 이후로 가장 위대한 부흥사였던 드와이트 무디는 1861년에서 1865년의 남북전쟁과 스페인 전쟁 기간 기독청년회 간부로 부상병을 돌보았다.

그때 그는 링컨의 노예 폐지론을 지지했고, 군인 교회에서 1,500여 차례 집회를 인도했다. 매번 집회를 연병장에서 가져야 할 정도로 많은 사람이 모였다. 그는 교파를 초월하여 어떤 교리에도 매이지 않았고, 단순히 예수 그리스도께서 온 세상 죄를 모두 용서하셨다는 복음을 전했다.

무디의 집회가 가진 영향력은 대단했다. 1867년에는 영국·스코틀랜드·아일랜드에서 부흥사로 활약하였는데, 늘 자리가 모자랄 정도로 그의 설교는 많은 대중의 사랑을 받았다. 그의 설교를 들은 청년들은 해외선교, 특히 아시아와 조선 선교에 관심을 갖게 되었으며, 집회에 참석한 사람 중 85퍼센트 정도가 성령의 능력에 의해서 변화되었다.

주정뱅이들이 단정해지고, 악한 사람이 착해지며, 죄인들이 거룩해졌다. 또한 저속했던 사람들이 품위 있는 사람이 되고, 청소년들은 건전한 정신을 가지게 되었으며, 나이 든 사람들은 어린아이와 같은 희망을 품게 되었다. 하늘의 위로가 가난한 자와 고통받는 자, 절망한 자들에게 임하고, 시민에게 경건의 새로운 바람이 불었다.

잠을 자는 것보다 영원 구원을 위해 미치다

드와이트 무디는 1837년 2월에 미국 매사추세츠 주 노스필드 North Field에서 소작농이자 석공인 에드워드 무디Edwin Moody와 베시 홀턴Betsy Holton 사이에서 7남 2녀 중 여섯 번째 아들로 태어났다. 아버지가 일찍 세상을 떠나면서 집안 형편이 어려워지자 무디는 어릴 적부터 생계를 돕기 위해 농장에서 일했다. 그러면서 청교도 신앙을 가진 어머니 밑에서 경건한 신앙의 영향을 받으며 자랐다.

1854년, 그가 열일곱 살 되었을 때 보스턴에 간 무디는 외삼촌 새뮤얼 홀턴Samuel Holton의 제화점에서 직원으로 일하게 되었다. 이듬해 교회 주일학교 교사 에드워드 킴볼 Edward Kimball 씨가 그를 찾아왔다. 그는 무디에게 "개인적으로 죄 사함을 받고 거듭난 적이 있느냐?"라고 진지하게 물었다. 어렸을 때부터 신앙생활을 하고 있다고 생각했던 무디는 킴볼과의 대화를 통해 죄인인 자신의 모습을 새롭게 발견했고, 예수 그리스도를 구세주로 받아들여 자신의 죄를 사함받았다.

그는 거듭난 후에도 10만 달러를 벌겠다는 포부가 있었지만, 하나님의 사랑을 모르고 멸망하는 영혼을 보았을 때 어린 시절부터 갖고 있던 꿈을 아낌없이 버렸다. 그는 어디에 가든지 늘 "나는 아무 교육도 받지 못했으나 주 예수 그리스도를 모시고 있으며, 그분을 위해 무슨 일이든지 하기를 원한다"고 고백하며 주님을 섬겼다. 그가 하루 동안 한 명 이상에게 복음을 전하지 않고는 잠을 자지 않겠다고 결심했을 때, 깜박 잊고 복음을 전하지 못한 날은 잠자리에 들었다가 다시 일어나 복음을 전하기도 했다.

주님을 사랑하는 맘으로 전도하는 일을 열심히 하였던 무디는 자기가 번 얼마 안 되는 돈으로 의식주를 해결하며 자급전도로 길가에서 전도했다. 그가 길거리에서 전도하게 된 계기는 주일학교(시카고 제일침례교회)에서 반을 맡을 수 없자 거리에 나가 아이들을 불러모아 반을 만들어

에드워드 킴볼

그는 보스턴에 있는 마운트 벌논 교회에 주일학교 교사로 봉사하고 있었다. 그는 홀어머니 밑에서 형제들과 함께 힘겹게 살아가는 한 아이에게 관심을 두었다. 어느 날 그 아이가 일하고 있는 곳으로 찾아가 그에게 십자가 복음을 전했고 거기서 그 아이는 예수를 영접하게 되었다. 그가 바로 100만 명을 전도한 19세기 최고의 복음 전도자 디와이트 무디 목사이다. 훗날 무디 목사에게 영향을 받은 사람은 마이어Frederick Brotherton Meyer였고, 마이어게 영향을 받은 사람은 유명한 전도자 빌리 선데이이며, 빌리 선데이에게 영향을 받은 사람은 빌리 그레이엄 목사이다. 이 놀라운 복음의 역사는 한 무명의 주일학교 선생으로부터 시작되었다.

서 복음을 전하기 위해서였다. 이 주일학교가 성공적으로 성장하기 시작해서 일리노이 스트리트 교회로 발전했다. 그는 학생들을 가르칠 때도 항상 그리스도를 개인의 구주로 고백하게 했다. 그리고 실제적인 사역에 참여하는 것이 중요하다는 사실을 가르쳤다. 마침내 이 모임은 1857년에서 1858년 사이에 더욱 부흥하여 시카고에서 YWCA를 조직하는 계기가 되었으며, 도시 전체에 새로운 바람을 불러일으키는 모체가 되었다.

1860년, 이제 그는 세상에서 했던 자신의 사업을 포기하고 모든 시간을 그리스도를 위해 사용하기로 결심했다. 그렇게 결심한 뒤 따르는 고생과 희생은 이루 말할 수 없이 많았으나, 하나님을 절대 의심하지 않았다. 그는 유식한 사람이 아니었기에 문법에 맞지 않는 말도 많이 하고, 예술, 과학, 문학, 역사에 매우 무지했다.

그렇지만 예수 그리스도에 대한 사랑의 열정은 어느 누구보다 뜨거워 잃은 영혼들을 구원하기를 간절히 소망했다. 그는 기도의 능력을 절대적으로 믿었다. 집회에서 뭇 영혼을 구원해 달라고 기도할 때에도 하나님께서 응답해 주실 줄 믿었으며, 그밖에 어떤 일을 위한 기도든지 하나님께서 들어주실 줄로 믿는 기도의 사람이었다. 기도와 관련된 이런 일화가 있다.

어느 부자가 술 공장을 크게 짓고는 낙성식에 무디를 초청하고 빈정대는 뜻으로 그에게 기도해 달라고 했다. 무디는 가서 "하나님, 이 술 공장이 얼마나 죄악을 많이 빚어냅니까? 오늘 밤 당장 이 공장을 멸망하게 해 주십시오"라고 기도했다. 주인은 크게 분노하였지만, 후에 그는 회개하였고 그 공장은 예배당이 되었다고 한다.

말씀과 찬양의 놀라운 역사

1867년에 무디는 영국으로 처음 건너가 전도를 시작했다. 그곳에서 하나님은 무디에게 필요한 것을 채워주시기 위해 기도의 사람 조지 뮬러와 찰스 스펄전 그리고 헨리 발리Henry Varley 목사를 만나게 하셨다. 무디는 《성경》을 하나님의 영감으로 기록된 권위 있는 말씀으로 믿었다. 그는 아무 꾸밈없이 솔직하게 이 말씀을 전했다. 그는 회오리바람처럼 강한 추진력으로 활동했다. 그는 자기 자신이 그리스도로 인해 구원받았음을 믿었고, 그 예수를 다른 사람들에게 알리기를 원했다. 이것이 바로 무디 신앙 부흥의 원인이요, 시카고 빈민굴에 주일학교를 만든 동기이며, YWCA를 조직한 이유였다.

1870년에 무디는 세계적인 성악가 아이라 데이비드 생키Ira David Sankey와 만나 평생 동역하게 되었다. 무디는 능력 있는 말씀으로, 생키는 영혼을 울리는 노래로 복된 소식을 전했다. 그러나 이듬해 시카고의 대화재로 그의 생애에 위기가 찾아왔다. 모든 재산이 일순간에 사라졌고 그는 빈털터리가 되었다. 그렇지만 그는 낙심하지 않고

무디와 생키가 영국에서 수많은 사람에게 복음을 전하는 장면(1873~1875).

주님을 의지하면서 계속 말씀을 전하였고, 생키는 노래로 사람들의 심령 속에 복음을 전했다.

그 후 무디는 1873년부터 1875년 사이에 생키와 함께 영국에서 전도 집회를 열었다. 영국에서는 집회 때마다 예상을 뒤엎고 수많은 사람이 결단하고 주께 돌아옴으로써 영국 전역에 초대교회와 같은 성령의 역사가 일어났다. 에든버러의 뉴캐슬 집회가 3개월 동안 계속되었고, 부흥의 불길은 에든버러 전역에 미쳤다. 또한 글래스고 부흥집회에서 마지막 주일 저녁에는 5만여 명이 모이기도 했다.

그 후 이어진 4개월 동안의 런던 집회도 사회적·정치적 지도자들의 회심과 함께 놀라운 열매를 거두게 되었다. 그러나 그의 신앙관은 많은 사람의 반감을 사서 가는 곳마다 비방하는 무리가 뒤따랐다. 복음 전도 방식, 즉 설교하기 전 생키에게 찬송가를 부르게 함으로써 사람들의 감정을 움직이는 데 대한 불만과 근거 없는 개인적인 생활에 대한 모함 등은 전도를 방해하는 힘으로 크게 작용했다.

또한 인간의 이성이 아닌, 감정에 호소하는 복음 전달 방법은 청중 자신이 정말 그리스도의 복음에 복종할 수 있는가를 이성적으로 생각하는 자기 성찰 없이, 단지 분위기에 이끌린 일시적 그리스도인이 될 위험이 있다고 지적받았다. 그러나 그의 집회에 참석한 사람들은 말씀에 큰 감동을 받고 복음을 받아들였다. 이렇듯 무디의 3년간의 영국 전도여행은 사람들에게 매우 큰 영향을 주었다.

하나님은 왜 무디를 44년간 쓰셨을까?

무디 일행은 미국 각처에서도 70여 곳을 순회하면서 전도했다. 그는 항상 집회하기 전에 깊은 기도 시간을 가졌다. 기도가 끝날 무렵 무디가 부르는 찬송은 청중에게 큰 은혜를 주었다. 그리고 그가 받은 천부적인 유머와 《성경》 해석은 하나님의 놀라운 산물이었으며, 기도와 말씀 묵상과 감사는 그의 삶의 전부였다.

1877년 5월에 런던에서 시작된 전도여행 중 무디는 연인원 253만 명에게 설교했다. 그리고 1882년 6월에 다시 런던에서 전도할 때는 연인원 200만 명에게 전도했다. 그는 전도가 잘 안 될 때 "하나님, 저를 도와주시지 않으면 저는 다시 옛날 제화점 직원으로 되돌아가겠습니다"라고 생떼를 쓰며 하나님께 기도했다. 그는 하나님 앞에서 늘 충성스러웠고, 하나님의 뜻이라면 무슨 일도 사양하지 않았다.

그는 새벽 4시에 일어나 《성경》을 연구하는 습관이 있었다. 평소에 "나는 어떤 연구를 하고자 할 때마다 다른 사람들이 일어나기 전에 일어난다"라고 말했는데, 그는 자기 집 골방에서 홀로 하나님과 더불어 날마다 지냈다. 또한 무디는 겸손한 사람이었다. 그는 이런 말을

"믿음은 최대의 것을 얻으며, 사랑은 최대의 역사를 나타나게 하나 겸손은 가장 많은 것을 보존한다."

그는 진심으로 자기를 작게 여기고 남을 크게 생각했다. 사람들은 하나님이 무디를 크게 쓰신 이유 중 하나가 바로 일관된 그의 겸손한 성품에 있다고 말한다.

하나님께 온전히 헌신한 그는 44년 동안 하나님의 일에 참여했으며, 수많은 비신자를 그리스도 앞으로 인도했다. 그리고 하나 되지 못하고 대립과 갈등 가운데 있는 영국의 전체 교회들을 복음주의 정신으로 돌아오게 했다.

또한 1886년에는 마운트 헐몬에서 251명의 대학생을 모아놓고 집회했을 때 100명의 대학생이 해외 선교에 헌신하는 일도 있었다. 이 모임을 시작으로 학생자원 운동이 발족하게 되었고, 1936년까지 2만 500명의 대학생이 해외 선교사로 헌신하게 되었다. 조선에 선교사로 왔던 언더우드▾와 아펜젤러▾ 선교사는 그 학생 운동의 열매였다.

그의 나이 예순두 살인 1899년 12월 22일 새벽, 한 세기의 전도자 무디는 영원한 안식의 세계로 들어갔다. 그는 마지막으로 정신이 혼미한 가운데 나직한 목소리로 다음과 같이 말했다.

"이 땅은 물러가고 하늘나라가 내 앞에 열리고 있구나. 나는 끝내 승리하고야 말았다. 오늘은 내가 면류관을 쓰는 날이야! 나는 수년 동안 그 면류관을 쓰기를 고대하고 있었지. 여보, 당신은 내게 훌륭한 아내였소."

미국 동부 노스필드 라운드 탑 위에 있는 무디의 묘비에는 간단한 《성경》 말씀이 기록되어 있다.

"하나님의 뜻을 행하는 사람은 영원히 사느니라."

예수님을 알기 전에는 '가난 극복'과 '사업 성공'이 생애의 목표요, 최고의 소망이었던 무디는 예수 그리스도를 영접한 이후 모든 것을 버리고 전도자가 되기를 소원했다. 보잘것없는 사람도 온전히 주께 헌신할 때 어떻게 쓰임을 받는지 생생하게 보여 준 그의 삶은 오늘을 살아가는 많은 그리스도인에게 이런 질문을 남긴다.

"주님을 만난 뒤 나의 삶은 어떻게 변화되었는가? 주님을 위해 자신을 온전히 드린다면 오늘 나도 위대하게 쓰임받을 수 있음을 믿는가? 자신을 주께 내어드려 온전히 헌신할 수 있는가?"

헨리 거하드 아펜젤러

1885년에 조선에 입국하여 활동한 미국 감리교 선교사이다. 그는 1858년에 펜실베이니아 주 사우더턴 Souderton에서 태어났다. 감리교 드류 신학교Drew Theological Seminary를 졸업한 후 1884년에 미감리교 선교위원회로부터 한국 선교사로 임명되어 1885년에 조선에 입국했다. 언더우드와 함께 인천으로 입국한 그는 정동제일교회를 설립하고 내리교회 창립의 밑거름이 되었다. 그는 신학문에 뜻을 둔 청년을 모아 교육 사업을 시작하였는데 고종 황제가 '배재학당'이라고 이름 지어 주었다. 1902년, 그는 44세가 되던 해에 전라남도 목포시에서 타고 가던 배가 일본 배와 충돌하여 생을 마감했다. 현재 양화진 외국인 묘지에 안장되어 있다.

"언젠가는 무디가 죽었다는 소식을 신문에서 읽게 될 것입니다. 그 말을 한 마디도 믿지 마십시오. 그 순간 나는 지금보다 더욱 생생하게 살아 있을 것입니다. 나는 1837년에 육신으로 태어났지만, 1855년에 영으로 다시 태어났습니다. 육신으로 태어난 것은 죽겠지만, 영으로 태어난 것은 영원히 살 것입니다."

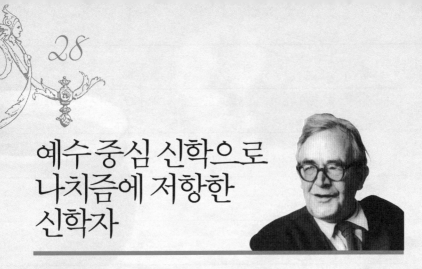

예수 중심 신학으로
나치즘에 저항한
신학자

* 카를 바르트 Karl Barth(1886~1968) *

스위스의 개혁교회 목사이자 '신정통주의' 신학 운동을 주장한 현대 신학자이다. 자유주의 신학에 대항
하여 예수 그리스도의 온전한 진리를 수호하는 일에 헌신한 인물이다. 그의 신학은 개신교 근본주의와
복음주의에 많은 영향을 끼쳤다. 괴팅겐 대학교, 뮌스터 대학교, 본 대학교, 바젤 대학교 교수를 역임했
고, 저서로는 《로마서 주석》, 《복음주의 신학 입문》, 일생의 역작인 《교회 교의학》 등이 있다.

카를 바르트는 목회 초기에는 당시 유럽 신학계의 주류였던 자유주의
신학을 지지했다. 하지만 하나님의 거룩함과 정의에 대해 설교하지
않으며, 《성경》을 윤리적 지침서로 오해하는 잘못을 발견한 뒤부터
하나님의 심판을 가르치지 않는 자유주의 신학을 신랄하게 비판했다.
당시 로마 가톨릭 신학자 카를 아담 Karl Adam은 "카를 바르트가 자유주
의 신학자들의 놀이터에 폭탄을 던졌다"고 말할 정도로 유럽 신학계
의 충격이 컸다. 그 자신도 "나는 우연히 잡은 교회 종의 줄을 당겨,
마을 사람을 모두 잠에서 깨게 한 사람 같았다"고 말할 정도였다.

자유주의 신학과 결별한 후 자신이 속한 개혁교회Reformed Churches의 전통에서 길을 찾았던 바르트는 개혁교회 신학의 뿌리인 장 칼뱅, 울리히 츠빙글리Ulrich Zwingli의 종교개혁 사상과 하이델베르크 신조 등의 교의를 연구했다. 이런 학문적 노력은 바르트로 하여금 하나님의 말씀을 중요하게 여기는 신학 곧 신정통주의Neo-Orthodxy 신학으로 기독교 사상의 열매를 맺게 했다.

한 손에는 성경을, 한 손에는 신문을

1886년 5월 10일, 칼뱅 이후 가장 위대한 신학자라는 찬사를 받는 카를 바르트는 스위스 바젤에서 개혁교회 목사이며 신학자인 아버지 프리츠Fritz와 어머니 안나 사르토리우스Anna Sartorius 사이에서 3남 2녀 중 장남으로 태어났다. 그는 어린 시절 역사와 시에 많은 관심을 보였다. 특히 니마이어Niemeye가 쓴 영웅전인 《해방 전쟁사Ein Denkmal der Gro ten in den befreiungskriegen》와 실러Schiller의 《빌헬름 텔Wilhelm Tell》을 읽고 깊은 감명을 받았다.

열여섯 살이 되던 해 견신례Konfirmation(가톨릭에서 성세 성사를 받은 신자에게 성령과 그 선물을 주어 신앙을 성숙하게 하는 성사)를 받기 위해 입교 문답을 받았을 때 그는 교회의 신앙고백을 단순히 무조건 긍정하며 인식하는 것이 아니라 그것을 '체험' 해야 한다고 생각했다. 이런 '종교 문제'는 그가 신학교에 들어가는 동기가 되었다. 그 후 그는 열여덟 살이 되던 1904년에 아버지가 교회사와 신약학 교수로 있던 스위스 베른 대학교에 입학했다. 그러나 신학 공부에 흥미를 느끼지 못하고 오히려 임마누엘 칸트Immanuel Kant의《실천이성비판》과 프리드리히 슐라이어마허Friedrich Schleiermacher의《종교강화》등의 '경험신학'에 더 관심을 가졌다. 그 뒤 베를린 대학교, 튀빙겐 대학교에서 공부하였으며, 1908년 봄에, 그렇게도 열렬하게 동경했던 마르부르크 대학교로 옮겨 루돌프 불트만Rudolf Bultmann과 나란히 앉아 빌헬름 헤르만Wilhelm Herrmann의 강의를 들었다. 그의 강의는 '체험신학'이었다. 종교는 체험이므로 신은 인간의 현실 속에서 체험된다고 했다.

스물세 살에 신학교를 졸업한 그는 1909년, 쥬네브에 있는 개혁파 교회의 목사로 시무하면서 칼뱅학원에서 강의도 했다. 이때만 해도 그의 신학 사상은 개혁파 신학(자유주의)에 기울어져 슐라이어마허의 저서를 탐독하고 있었다.

1911년부터 1921년까지 11년 동안 스위스 사펜빌Safenwill이라는 노동자, 농민의 마을에서 그는 본격적으로 목회를 하면서 사회 문제와 노동 문제에 부딪히게 되었다. 그래서 자본가가 노동자를 착취하는 잘못된 사회를 하나님 나라의 복음으로 바로잡고자 했다. 그것은 피할 수 없는 도전이었다. 결국 친구이며 목회자인 에두아르트 투르나이젠Eduard Thurneysen의 권유로 헤르만 쿠터Hemann Kutter, 크리스토프 블룸하르트Christoph Blumhardt 등과 함께 '종교사회주의 운동'에 뛰어들었다. 이 운동을 통해서 그는 하나님 나라 운동을 복음의 사회적 차원으로 파악하고자 했다.

울리히 츠빙글리

1484년 1월 1일에 토겐부르크 빌드하우스에서 태어났다. 1506년에 로마 가톨릭 교회의 사제로 서품을 받았으며, 글라루스의 성직자가 되어 부임했다. 이 기간에 인문학자이자 가톨릭 사제인 에라스뮈스와 서신을 교환하며 우정을 쌓았으며, 절친한 사이가 되었다. 츠빙글리는 직설적인 개혁주장으로 적이 많았고, 그래서 교리적인 면보다는 용병제도 반대, 숙박업 반대 등 스위스 사람들이 받아들일 수 없는 개혁안에 관한 성토가 대부분이었다. 47세의 인생의 황금기에 접어든 츠빙글리는 개혁을 마무리하지 못하고 생을 마감했다.

임마누엘 칸트

18세기 철학에 가장 절대적인 영향력을 끼친 칸트는 1724년에 프로이센의 상업 도시 쾨니히스베르크(현재 러시아의 칼리닌그라드)에서 수공업자인 아버지 요한 게오르크 칸트Johann Georg Kant와 어머니 안나 레기나Anna Regina 사이에서 태어났다. 후대의 칸트 전기 작가들은 칸트가 대학을 졸업한 후 수년에 걸쳐 지방 귀족 가문의 가정교사 생활을 하면서 홀로 철학 연구를 계속했다고 기록하고 있다. 10여 년간의 철학적 침묵기를 거친 후 그는 《순수이성비판》, 《실천이성비판》 그리고 《판단력 비판》을 잇달아 발표하면서 그의 비판 철학의 정수를 선보였다. 그는 평생 독신으로 살며 커피와 담배를 즐겼으며, 1804년 2월 12일 새벽 4시, 80세를 향년으로 생을 마감했다.

프리드리히 슐라이어마허

근대 신학의 아버지로 불리는 슐라이어마허는 다실레시아에 있는 브레슬라우에서, 개혁교회(칼뱅주의 개신교)에 소속된 프러시아 군목의 아들로 태어났다. 그의 신학적 중요성은 '주체'로서의 인간은 모든 삶과 사유의 중심이면서, 모든 것은 바로 그 자신에 의해 이끌어져야 한다고 했다. 그는 '세계 정신', '인간성', '역사발전'과 같은 당시의 정신사의 보편 기반을 확보하고 있던 개념들을 수용한다. 종교를 인간의 종교 체험과 감정으로 생각했으며, 기독교의 전통 교리와 신앙고백을 절대시하지 않았다.

바르트는 노동자 농민의 혹독한 삶을 위로하는 데는 부모에게서 영향을 받은 경건주의적 신앙세계로는 너무나 역부족임을 깨달았다. 그래서 그가 배운 베를린, 마르부르크의 자유주의 신학을 현실적으로 적용해야겠다고 생각했다. 그는 사회주의의 시각에서 '하나님의 현실성', 즉 '하나님의 흔적(die Spuren Gottes)'을 보았다. '예수를 사회적 운동으로, 사회적 운동을 현대 예수'로 파악한 것이다.

그 결과 젊은 바르트는 사회 참여에 깊이 빠져 있었고, 교회와 사회, 텍스트der Text와 콘텍스트der Kontext 둘 사이에서 고민하고 참여하며 선도하는 목회자가 된 것이다. 그러는 가운데 '한 손에는 성경을, 한 손에는 신문을'이라는 모토가 그의 목회적 관심과 신학 사이에 함께 공존하고 있었다.

그러나 이런 이상주의의 인간 직관주의적 이념(인간의 자율성과 합리적 능력)에 기초한 자유주의 신학은 1914년에 발생한 제1차 세계 대전의 소용돌이와 함께 몰락하고 그 정체성이 분명하게 드러났다. 바르트는 당시의 상황을 《19세기 복음주의 신학》에서 이렇게 말했다.

"그해(1914) 8월 초는 나에게 몹시 비통한 날이었다. 93명의 지성인 빌헬름 2세와 그의 자문관의 '전쟁 정책'에 승인 발표를 했고 놀랍게도 거기서 내가 신뢰했던 많은 신

루돌프 불트만

비펠슈테데에서 목사의 아들로 태어난 불트만은 마르부르크에서 공부했고, 고백교회의 구성원이었으며, 국가 사회주의에 대해서 비판적이었다. 그는 유대인에 대한 학대와 과도한 민족주의 그리고 아리안 인종이 아닌 기독교 성직자의 퇴출에 반대했다. 그는 현대의 남성과 여성에게 우주의 외계인을 그리게 하는, 하늘의 도시나 삼층적 우주 같은 신화적인 용어를 버려야 한다고 주장했고, 그런 신화적 용어들 때문에 많은 현대인이, 성서와 성서에 나오는 이야기에 나타나는 고유한 구원의 메시지를 함께 거부하는 경향을 보인다고 생각했다. 그는 1951년에 은퇴할 때까지 마르부르크에 머물렀다.

학 스승의 이름을 발견했다. 그들의 윤리를 의심하면서 동시에 그들의 윤리학, 조직신학, 성경해석학, 역사 서술을 더는 따를 수 없으며, 19세기 신학에서 나의 미래를 찾을 수 없었다."

하나님을 하나님의 자리로, 인간을 인간의 자리로 옮겨 놓으라

바르트는 독일 황제의 전쟁을 지지하는 19세기 자유주의 신학을 더는 신뢰할 수 없었다. 무엇보다 목회자로서 그는 이런 정황에서 무엇을 설교할 것인가가 절박한 문제였다. 그는 인간의 선과 능력을 말하는 19세기 신학과는 전혀 다른 새로운 출발을 해야 했다. 그래서 그는 신학과 교회의 진정한 과제에 대해 더 깊이 성찰한 결과 1919년에 《로마서 주석》 제1판을, 1922년에는 제2판을 출판했다. 그는 이 책으로 세계적으로 유명한 신학자로 인정을 받게 되었다. 책의 내용은 자기 스승인 아돌프 하르나크 Adolf Harnack 와 빌헬름 헤르만 교수에게 도전하는 도전장과도 같았다. 즉, 하나님의 계시 대신 인간, 인간의 신앙, 경건, 감정, 문화 등에 중심을 두던 자유주의 신학자들에 대한 반기였기 때문이다.

제1판에서 신학적 자유화의 투쟁으로 우주적 종말을 말했다면, 제2판에서는 '하나님과 인간의 질적 차이'라는 초월적 종말론을 잠정적으로 유도했다. 서술 방식은 변증법적이었다. 그러나 그 변증법적 뿌리는 헤겔Hegel에게서 찾지 않고, "유한은 무한을 파악할 수 없다"는 종교개혁자들과 사도 바울에게서 찾았다. 특히 '시간과 영원의 무한한 질적인 차이'와 '하나님은 하늘에, 인간은 땅에'를 말하는 키르케고르의 용어를 빌려 더욱 강한 변증법적 서술로 이끌어 나아갔다.

그가 쓴 《로마서 주석》은 예수 그리스도 안에 있는 하나님의 엄숙한 심판, 어둠 속을 꿰뚫고 들어오는 빛과 같이 전 역사에 대해 내려지는 심판자의 모습이다. 그러나 예수 그리스도 안에서 하나님의 심판이 우리에게는 하나님의 긍정, 곧 구원이 된다. 한마디로 《로마서 주석》은 바로 인간의 행위를 종말론적으로 심판한다.

그리고 바르트는 《로마서 주석》에서 자유주의 신학자들에게 일침을 가한다. "모든 것을 일단 중지하라. 지금까지 당신들이 가던 길은 무엇인가 잘못됐다." 이런 위기의식 때문에 사람들은 그의 신학을 '위기의 신학', '변증법적 신학'이라고 불렀다. 그는 이 책을 출판한 계기로 자유주의와 단절하고 새로운 변증법적 신학의 기수가 되었다. 계속해서 6판을 거듭했던 《로마서 주석》은 1920년 초, 자만심에 차 있던 유럽의 신학자들에게 충격을 주었다. 그리고 당시 제1차 세계 대전으로 유럽은 정신적인 공황에 빠져 있었는데 바르트의 하나님의 초월성과 인간의 한계성을 강조한 신학은 큰 환영을 받았다.

그는 슐라이어마허와 알브레히트 리츨Albrecht Ritschl과 같은 자유주의

자들이 인간의 문화와 하나님의 말씀을 연결하려고 노력하며, 기독교의 핵심을 인간이 하나님을 향한 절대 의존의 감정에 둔 것과 주권적인 하나님이 무시된 인간적 신학이 잘못되었다고 판단했다. 바르트의 신학 중심은 "하나님으로 하여금 사람이 아닌 하나님이 되게 하자"였다. 이는 하나님과 인간 사이에는 '무한한 질적 차이'가 있기 때문이다. 하나님은 '전적 타자'로 인간이 직접 알 수 없고, 알려지지도 않는다고 생각했다. 자유주의가 하나님이 인간 안에, 역사 안에 계시다고 생각했다면 바르트는 반대로 인간이 하나님에 대해 말할 수도 없을 만큼 그분의 초월성을 강조했다.

바르트의 성경관은 이 초월성이 지배적이다. 초월성을 강조하여 예수 그리스도의 사건도 비공간적·비역사적 사건으로 보았다. 이 사건을 기록한 《성경》은 계시를 본 인간의 증언을 기록하였기 때문에 글자 그대로 믿는 정통적 영감교리와 《성경》의 무오함을 긍정하지 않았다. 또한 바르트는 《성경》을 신으로 숭배하는 것은 교황을 신처럼 받드는 것과 같이 '종이 교황'을 섬기는 것이라고 비난했다.

그는 1923년에 투르나이젠, 프리드리히 고가르텐 Friedrich Gogarten, 게오르크 메르츠 Georg Merz 등과 함께 〈중간 시대〉라는 잡지를 만들어 변증법적 신학 운동을 계속해서 발전시켜 나갔다. 박사 학위도 없는 젊은 바르트는 이 책을 통해 학구적 신학자들의 주목을 받게 되면서 괴팅겐(1921), 뮌스터(1925), 본 대학교(1930)의 신학 교수직을 맡게 된다.

이후 그의 신학은 19세기 자유주의 신학자들에 의해서 상실된 신학을 되찾으려는 20세기 '새로운 신학 운동'으로 발전했다. 이를 신정통주의라고 부르는데, 그 원년은 《로마서 주석》 제2판이 나온 1922년으로 보며, 바르트와 브루너, 불트만 등이 수립한 신학이다.

바르트는 19세기 신학에서 하나님과 인간, 영원과 시간을 명확하게 구분하지 못하며, 신학을 종교 철학이나 심리학 혹은 도덕적 가치 정도로 취급했던 것과는 다르게 '하나님의 말씀'을 바로 세우는 데 초점을 두었다. 그것이 그의 신학의 출발점이며 과제였다. 이런 바르트의 신학을 '그리스도 중심 신학'이라고도 한다. 그 이유는 바르트가 자신의 신학 전체에서 중심과 초점을 예수 그리스도에게 두고 있기 때문이다. 즉, 그는 신학에서 하나님과 인간, 인간과 인간 사이의 관계를 의미하게 하는 분은 바로 예수 그리스도라는 것을 분명하게 말하고 있다.

그 후 그는 1931년부터 중세 스콜라주의 신학자인 캔터베리의 안젤무스에 대해 연구하여 발표했다. 그리고 이어 《교회 교의학》이라는 조직신학을 집필하기 시작했다. 그의 일생의 역작인 《교회 교의학》은 착수한 지 27년 만에 13권을 썼으나 1968년 12월 9일에 자택에서 세상을 떠남으로써 미완으로 끝났다.

한편, 그는 1930년 초, 나치 정권하에 독일 고백 교회에 깊이 참여했고, 1934년에 예수 그리스도만이 그리스도인의 주主라고 언명한 '바르멘 신학선언'˅을 작성해서 히틀러를 메시아적 위치로 높였던 독일인에 대해 비판했다.

그리고 1935년에 스위스 바젤 대학교의 신학 교수가 되어 1962년 3월에 은퇴할 때까지 그곳에 있었다. 그해 4월에는 시카고 대학교와 프린스턴 신학교의 초청으로 미국을 방문하여 일련의 강연을 했는데, 그것이 곧 《복음주의 신학 입문》이다.

말씀 중심의 영성을 회복하라

바르트는 아버지의 경건주의 신학에서 출발했지만, 목회 현장에서 겪은 노동 문제와 사회 문제로 인해 하나님 나라 운동을 복음의 사회적 차원으로 인식하는 '종교사회주의 운동'에 뛰어들었다. '한 손에는 성경을, 한 손에는 신문을' 이라는 모토 아래 그의 영성은 인간의 정신과 역사의 진보에 대한 낙관주의적 신앙관과 이상주의의 인간 직관적 체험 신앙에 기초한 자유주의 신학의 영성에 깊이 물들었다.

그러나 제1·2차 세계 대전에서 지성인들이 비인간적이며 비신앙적인 전쟁 찬동론으로 기울어진 것을 보면서 크게 실망했다. 그래서 새로운 신학을 찾아 그의 영성은 새 전기를 맞이한다. 그것이 바로 하나님을 하나님 자리로, 인간을 인간의 자리로 되돌리는 위기의 신학, 변증의 신학을 하게 된 출발점이었다. 여기서 그는 신학은 '하나님 말씀에 대한 봉사'라고 철저히 인식했다. 이것은 큰 혁신이었다. 그러나 그의 '하나님 말씀 신학'을 오늘의 상황에 적용하기 위해서는 다음의 세 가지 난관을 극복해야만 했다.

첫째, 19세기 문화개신교 및 그와 같은 인간학적 신학에 대한 극복이다. 바르트는 18세기 합리주의가 기독교를 신비 없는 합리적 자연종교로 격하하였던 것처럼, 19세기 신학은 현대 정신과 타협한 나머지 기독교의 독자성, 절대성이 제거되고 상대화되어 힘없는 인간의 종교로 전락한 것을 간파했다. 그래서 그는 하나님의 주권, 초월, 하나님과 인간의 거리를 염두에 두는 신학을 생각했다(계도界盜 신학).

둘째, 보수적 정통주의에 대한 극복이다. 사실 보수적 정통주의는 기독교 신앙을 변호하기 위해 계시의 하나님을 합리적으로 조명하려는 나머지, 자연신학적 유신론을 발전시켰다. 또한 그들은 현대 과학과 역사 과학을 무시하고 《성경》의 축자적 무오라는 성경축자영감설을 고집하는 교리주의자들이었다. 여기서 바르트는 살아 있는 오늘의 하나님, 즉 계시의 현실성을 선포하는 문제를 포착하는 신학을 생각했다(선포의 신학).

셋째, 하나님의 교회와 교황의 권위로 대치된 교권주의와 자연신학적인 가톨릭 사상에 대한 비판이다. 가톨릭 교회는 교회와 교직제도, 성례전을 절대화한 나머지 교황과 교회를 절대시하게 되었다. 교황의 권위는 보이는 하나님이요, 교회밖에는 구원이 없다는 교회 절대론이 나왔다. 이에 관해 바르트는 교회의 참된 의미, 즉 예수 그리스도의 뒤를 따르는 제자도와 관련된 교회관을 정립해야 했다(교회의 신학).

그는 일생을 100년 동안 인간을 긍정하는 낙관적인 자유주의 신학의 영향으로 '하나님의 하나님 되심과 인간의 인간됨의 정도를 벗어난' 서구 영성을 오직 《성경》, 오직 은총, 오직 믿음, 오직 그리스도를 중심으로 하는 말씀 중심의 종교 개혁적 영성으로 회복한 위대한 작업을 했다.

그가 수립한 하나님의 말씀과 복음적 신학에 기초하는 '말씀 신학'은 당시 유행하던 '학문적 신학'이 아니라 목회 현장에서 우러나온 선포와 설교를 위한 신학, 교회에 봉사하는 신학이었다. 그리고 바르트는 말년에 신성을 올바르게 이해하기 위해서는 인간성에 대한 이해를 포함해야 한다면서 인간과 더불어 인간을 통해 역사하시는 하나님, 대화의 하나님으로, 계시실증주의 사상으로부터 명백한 변화를 보였다. 그는 종교개혁자들의 영성, '오직 신앙, 오직 은총만'의 전통을 이으면서도 더욱 구체적으로 현실적인 삶에 적용한다는 점에서 종교개혁자들의 영성을 넘어선다.

또한 바르트의 신학은 하나님의 말씀을 중심으로 하지만, 현실이라는 상황을 절대 외면하지 않는다. 그렇다고 상황신학은 아니다. 그는 하나님 말씀 신학을 추구하면서 상황에 민감한 신학을 보이는 영성의 사람이었다. 그는 자유주의, 역사적 사대주의, 윤리주의, 심지어는 실존주의까지도 고발하였으며, 신정통주의 신학에도 거리를 두기 원했다. 그리고 자신의 신학이 말씀 신학이었음을 거듭 천명했다.

이런 바르트는 교회사에서 사도 바울, 아우구스티누스, 루터, 칼뱅 이후에 그를 능가할 만한 신학자가 없을 만큼 교회의 역사에 중요한 영적 안내자였다.

잊을 수 없는 한마디

"인간은 예수 그리스도 안에서 하나님에 의해 심판받았다. 이것은 위기다. 그러나 이것은 부정인 동시에 긍정이요, 죽음인 동시에 생명이다. 그리스도 안에 종말이 나타났다. 그러나 그리스도는 동시에 시작이다. 그리스도는 옛 것의 지나감과 동시에 새것의 시작이다. 이 둘은 온 세상과 만인을 위한 것 이다. 모든 육체는 풀이다. 모든 육체가 구원받는 것은 하나님의 뜻이다."

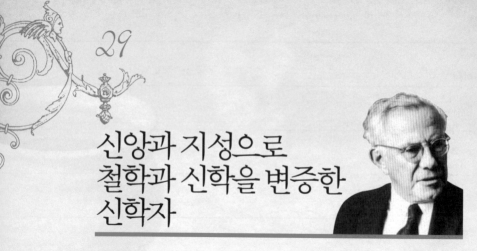

신앙과 지성으로
철학과 신학을 변증한
신학자

◆ 폴 틸리히 Paul J. Tillich(1886~1965) ◆

독일의 신학자이다. 베를린 대학교 강사로 시작하여, 마르부르크 대학교와 드레스덴 대학교, 라이프치히 대학교 등에서 교수를 역임했다. 종교적 사회주의의 이론적 지도자로서 그 운동을 추진하다가 히틀러에 의해 추방당했다. 1933년에 미국으로 망명하여 뉴욕의 유니언 신학대학교, 시카고 대학교 등에서 강의했으며, 퇴직한 후에는 하버드 대학교에서 초빙교수를 지냈다. 그는 3대 현대 신학자(바르트, 불트만, 틸리히) 가운데 한 사람으로 손꼽힌다.

틸리히는 자유주의 사조와 제1·2차 세계 대전이 인간의 윤리적 가능성의 한계와 지성의 무능함을 드러내던 시점에 이를 신학적 해석으로 극복하고자 노력한 사람이다. 하나님의 존재를 인간의 사고 안에 가둬 두지 않고 '신 위의 신God beyond gods'을 제시함으로써 거룩한 존재 자체를 강조했다. 그리스도를 '새로운 존재'로 파악하면서 그를 믿는다는 것은 그의 삶의 모방이나 신학적 의미를 지적으로 이해하는 것이 아니라 새로운 존재이신 예수의 존재에 참여함으로써 자신의 존재 또한 새로운 피조물이 되어야 한다고 했다.

그의 사상은 마르틴 켈러Martin Kahler▼와 프리드리히 빌헬름 셸링Friedrich Wilhelm Schelling▼의 영향을 받아 실존주의적 요소가 짙었으며, 그 나름대로 독특한 존재론적 신학을 전개했다. 또한 그는 신학과 철학을 문답의 관계로 이해하여, 상황 속에 포함되는 물음을 존재론적으로 분석하면서 그 대답을 그리스도교의 여러 상징에서 찾아내려고 했다. 그의 신학은 한마디로 넓고 깊다. 특히 그의 신학을 일컬어 '철학적 신학'이라 할 만큼 그는 늘 철학과 신학의 경계선에서 학문을 했다.

마르틴 켈러▼
독일의 루터파 신학자이다. 그는 보수적 신조주의와도 급진적 자유신학과도 다른 '조정신학'의 입장에 섰다. 그 신앙의 중심은 종교개혁의 근본 원리인 '신앙의 인信仰義認'으로, 그는 변증학 중에서 이 의인 신앙의 전제를, 교의학 중에서 그 대상을, 윤리학 중에서 그 실증을 전개했다. '소위 사적 예수'와 '역사적·성서적 그리스도'라는 그의 유명한 구별은 신앙과 역사의 문제로 20세기 신학의 선구적 역할을 했다.

나치 정권의 박해로 미국으로 망명하다

폴 틸리히는 1886년 8월 20일에 독일 베를린 근처의 작은 마을 스타르제텔Starzeddel에서 루터교 목사였던 요하네스 오스카어Johannes Oskar와 빌헬미나 마틸드Wilhelmina Mathilde 사이에서 태어났다. 그는 주로 동부 독일에 있는 쇤플리스Schönfliess와 쾨니히스베르크Königsberg라는 중세풍의 도시에서 자랐다. 이런 환경은 그의 마음에 낭만적이며 신비스러운 특성으로 남아 있게 된 과거에 대한 예민한 감각과 자연에서 얻는 정서적 안정감을 얻는 요인이 되었다.

반면에 이런 마을은 성벽으로 둘러싸여 있어, 그에게

프리드리히 빌헬름 셸링*

독일의 철학자이며, 관념론의 완성자로 불리기도 한다. 예나 대학을 사직한 후 철학 정교수가 된 셸링은 '내 철학 체계의 서술'에서 피히테가 가한 비판을 계기로 점차 피히테와 자기의 철학적 차이를 자각하고 그들은 완전히 결별한다. 그러면서 셸링은 플라톤의 《대화편》에 나오는 '부르노'를 예로 들면서 공공연히 피히테를 비판한다. 그 후 1807년에 헤겔의 《정신현상학》에서 셸링의 동일 철학이 비판되고 이것으로써 튀빙겐 이래의 두 사람의 우정은 끝나며, 이후 헤겔은 셸링에 대하여 가장 중요한 논적의 일인이 되었다. 그는 아내가 죽은 후 모든 저술 활동을 멈추고 오로지 강의와 《세계 세대》를 시초로 하는 미간행 최고의 저술에 힘썼다.

협소함과 제한성을 상징하기도 했다. 그뿐만 아니라 어린 시절 아버지의 보수적인 신앙과 가르침은 틸리히의 생각과 행동을 권위로 통제하려 했다. 이런 환경에서 성장한 틸리히는 자연 속에서 첫 번째 탈출구를 발견했다.

1900년, 그의 가족은 베를린으로 이사했는데, 그곳에서 대도시의 문화적인 부유가 틸리히에게 지적인 자극을 불러일으켰다. 그는 베를린 대학교, 튀빙겐 대학교, 할레 대학교에서 신학과 철학을 연구하여 철학박사 학위를 받았다. 그리고 1912년에 브란덴부르크 지방의 복음주의 루터파에서 목사 안수를 받았으며, 4년 동안 군목생활을 했다.

그 뒤 베를린 대학교와 프랑크푸르트 대학교에서 철학 교수로 활약했다. 이어 히틀러의 나치 정권이 들어서면서 종교사회주의 이론가인 폴 틸리히는 비유대인 중에서는 최초로 교수직을 박탈당했고, 그의 책이 소각되는 수모를 겪었다. 날이 갈수록 나치의 박해가 극심해지자 그는 1932년 10월, 47세의 늦은 나이에 가족과 함께 미국으로 망명했다. 미국에서는 유니언 신학대학교와 컬럼비아 대학교에서 '철학적 신학'을 강의했다.

그는 1955년에 정년퇴임 했으며, 하버드 대학교의 요청으로 강의 시간에 구애받지 않는 특별 교수가 되었다. 덕분에 자신의 집에서 신학박사 학위를 준비하는 신학생들과 토론하는 한편 세미나도 열었다. 물론 학부 학생들도 그의 강의를 들었다. 그는 1962년에 하버드 대학교 교수직에서 물러난 후 학교의 요청으로 시카고 대학교 신학부에서 강의했다. 그런데 1964년 이후 건강이 매우 나빠져서 1965년 10월 22일에 생을 마감했다.

변증신학으로 진리와 삶을 재해석하다

틸리히는 자신의 신학에서 실존적 삶의 자리를 경계 선상 위에 설정한다고 했다. 그의 신학 세계의 특징은 기독교 진리를 현대 인간의 삶의 상황과 연결하여 재해석하는 변증신학이다. 그는 "하나님은 성령 안에서 기도하는 자의 심령을 통해, 기도하는 자가 하나님의 존재능력에 참여함으로써만 기도할 수 있듯이, 성령은 기도하는 자와 함께 기도함으로써 이미 기도를 들으며 기도에 응답하신다"고 했다. 이는 '궁극적 실재'가 인간의 궁극적 관심의 대상이 되기 위해서는 인간의 구체적 상황에서 구원의 힘으로 응답하는 구체적 절대자가 되지 않으면 안 된다는 의미다.

시대의 변천이 새로운 사고구조와 언어 세계를 창출해 내었기에, 오늘날 세대들은 전통적인 용어와 사고방식에서 소외와 단절을 느끼고 있다. 이런 현실을 누구보다도 예리하게 직시한 변증적 신학자 틸리히는, 이 시대와 상황에서 그리스도를 증거하기 위해서는 '변증적 설교'가 필요하다고 했다. 그의 유명한 설교집 《흔들리는 터전The

Shaking of Foundations》▼은 변증적 설교에 탁월하다. 우리의 내면 세계와 깊은 대화를 나누고 있는 이 책은 실존의 위치와 문제성과 의미 그리고 그 가능성을 유감없이 폭로하고 있다. 또한 이 '세속'의 한가운데서도 우리는 여전히 '거룩함'을 경험하고 있다는 심층적 삶의 모습을 힘차게 증언해 준다.

틸리히는 1925년에 《종교적 정황》을 출판하여 학계에서 유명해졌으며, 1948년부터 1963년까지 저술에 몰두하여 《개신교 시대The Protestant Era》의 영문판, 《조직신학》 등을 출판했다. 특히 《존재에로의 용기The Courage to Be》는 독자의 사랑을 많이 받았다.

틸리히의 신학은 근본적으로 존재론적ontological 신학이다. 그는 제1·2차 세계 대전에서 서구 부르주아 문명의 몰락과 통속적 '임기응변의 신'으로서의 유신론적 초월신의 종말을 경험하고, '신 위의 신God beyond gods', 곧 '존재 자체Being-itself'로서의 신을 절규했다. 인간은 인격을 지닌 정신적 존재이고, 가치와 의미를 추구하기 때문에 모든 삶의 아픔과 좌절에도 생존 자체, 삶 그 자체, 존재 그 자체를 긍정하고 받아들여야 한다는 뜻이다. 그것이 '존재에로의 용기'이며, 새로운 의미에서의 믿음이라고 했다.

틸리히는 종교를 철학이나 사회학, 혹은 도덕으로 이

해하는 현대의 경향에 반대했다. 왜냐하면 그것은 종교의 본질을 다루는 것이 아니라 종교의 어떤 한 측면만을 다룬다고 보았기 때문이다. 틸리히에게 종교의 본질은 한 개인의 '궁극적 관심'이다. 이 용어는 "네 마음을 다하고 목숨을 다하고 뜻을 다하여 주 너의 하나님을 사랑하라"^{마태복음 22:37}는 으뜸되는 계명을 개념화한 것이다. 즉, 종교란 모든 다른 것에 우선하는 인간의 궁극적 관심사다.

우리의 궁극적인 관심은 '임being'과 '아님non-being'을 결정하게 한다. 여기서 '임'은 시간이나 공간 안에서 존재하는 어떤 것을 가리키지 않는다. '임'이란 존재existence의 구조, 의미, 목적을 의미한다. 다시 말하면, '임'이란 존재나 본질보다 더 깊은 차원의 카테고리에 속한다. 심지어 틸리히는 '하나님은 존재한다'는 생각도 거부했는데, 하나님은 어떤 존재a being, 심지어 최고 존재 혹은 완전한 존재가 아니라 존재 그 자체 혹은 존재의 근거라고 보았기 때문이다.

또한 신앙은 유한한 인간이 무한한 신을 받아들이는 것이어서 그로 인해 나타나는 '불확실성'을 불가피하게 갖고 있다고 주장한다. 이런 불확실성을 적극 받아들이는 용기를 지닐 때 우리는 신앙의 역동성을 구현할 수 있다고 한다. 그래서 틸리히는 '신앙'을 모험이 불러오는 불확실성 때문에 생기는 의심을 내적 요소로 갖는 '궁극적 관심'이라고 말한다.

한편 그는 같은 시대에 활동했던 신정통주의 신학자 루돌프 불트만의 영향을 받았다. 불트만은 《성경》에 나오는 신화적 용어들 때문에 많은 현대인이 구원의 메시지를 함께 거부하는 경향을 보인다며 이것

불트만은 신약 성경 안에
있는 예수의 설교의 전제
를 이루고 있는 하나님의
나라 개념을 위시하여 모
든 세계 개념을 다 신화론
이라고 주장한다. 신화는
우주론적으로서가 아니라
마땅히 인간학적으로 또는
보다 나은 말로 실존론적
으로 해석되지 않으면 안
된다고 한다. 그러나 보수
주의 신학자들은 비신화화
운동을 잘못된 성경관에
근거하여 모든 기독교의
역사적 근거를 파괴하여
하나님 없는 기독교, 그리
스도 없는 기독교를 재현
하려는 신자유주의 운동의
한 부분이라고 비평한다.
불트만의 제안은 신학계에
커다란 파문을 일으켰다.
어떤 신학자들은 이것을
즉각 거부했고, 어떤 신학
자들은 인정했다. 아직도
그의 분석이 정당하다고
믿는 학자들이 있으나 하
이데거의 철학이 해석의
형식을 위해 가장 좋은 전
달의 수단이 된다는 점에
서는 논란이 되고 말았다.

을 해결하기 위해 그리스도의 구원을 현대적이고 철학적
이며 심리학적이고 과학적인 언어로 다시 써야 한다고
주장했다. 실제로 그는 신학적 저술에서 기독교 메시지
의 신화적인 표현을, 새롭고 실존적인 해석으로 교체하
려고 시도했다. 《성경》의 '비신화화demythologization' ▼를 추
구하는 불트만의 이런 메시지가 그에게 영향을 주었다.

현대 문화와 관계를 맺으며
신앙의 길을 모색하다

그는 "신앙은 현대 문화를 수용해야 할 필요가 있고, 현
대 문화도 신앙을 수용해야 할 필요가 있다"고 하면서,
문화와 신앙이 서로 상응하는 것을 추구했다. 결과적으
로 틸리히의 신학은 변증적인 경향을 보이며, 평범한 일
상적인 삶에 적용할 수 있는 구체적인 신학적 답변을 추
구한다. 이런 주장은 신학 비전공자인 독자들에게 쉽게
수용될 수 있었기 때문에 대중적인 공감을 얻었다.

폭넓은 관점에서 계시는 종교의 근원이다. 틸리히는
신앙이 가장 높은 수준의 이성이라는 토마스 아퀴나스
Thomas Aquinas의 언급을 확인하면서, 계시가 이성에 반대하
는 방향으로 주어지지 않는다고 주장하며 계시와 이성의

화해를 추구했다. 그 이유는 인간 주체 경험의 두 축은 서로 보완하는 관계에 있다고 보았기 때문이다.

이런 점에서 틸리히는 당대 최고의 신학자인 바르트와 계시에 대한 관점이 다르다. 바르트의 계시관이 일방적이라면 틸리히의 계시관은 상관적이다. 계시는 인간의 상황과 무관하게 발생하는 것이 아니라 인간의 상황에서 제기되는 질문에 대한 응답이라 한다. 철학이 질문한다면 신학은 그 질문에 대한 대답이라고 할 수 있다. 따라서 신학의 방법은 본질에서 상관적인 방법이 되어야 한다는 것이다. 인간은 자신이 제기하지 않은 질문에 대해서 결코 답을 얻을 수 없기 때문이다.

이런 견해에 관해 바르트는 완강하게 반대했다. 바르트의 관점에서 보면, 틸리히는 하나님의 계시를 인간의 상황에 의존하게 하고 그 결과 하나님의 주권성을 상실하게 한다는 점이다. 그러나 틸리히의 계시관은 오늘날 바르트의 계시관보다 더 긍정적으로 받아들여지고 있다. 그가 주장한 '상관의 방법'이 문화의 중요성을 일깨워 주고 있기 때문이다.

또한 틸리히 신학에서 항상 강조하는 것은 참다운 성령의 임재 체험이다. 틸리히는 복음이 생활 전체를 변화하게 하는 본질과 능력이 있음을 강하게 믿었다. 그는 복음이 이 세상 속에서 화해와 갱신의 능력이 있음을 확신했다. 그래서 실제로 그는 위기의 형태와 구조뿐 아니라 갱신의 형태와 구조 그리고 실존 속에서 화해가 성취되는 방법을 언급하고 있다.

아울러 그는 '인간은 본질적으로 무엇인가? 어떠한 문화가 본질적으로 하나님이 주신 구조와 목적 속에 들어 있는가?'에 대한 통찰력을 가지고 있다. 그는 "나의 삶 대부분은 조직신학 선생으로 보냈지만, 종교와 문화의 문제는 언제나 내 관심의 중심에 있었다. 조직신학을 포함한 내 저술의 대부분은 기독교가 세속 문화와 관계를 맺는 방식을 규정하려는 시도였다"고 말했다.

틸리히가 일생을 통해 시도했던 것이 하나님의 현실과 세상의 현실을 창조적으로 연결하는 작업이었다. 우리 신앙의 핵심을 하나님과 인간 세계의 모든 영역에 연결한 그의 신앙과 지성의 탁월한 능력은 후학들에게 새로운 신학에의 도전과 신앙 해석에 실마리를 제공하고 있다.

잊을 수 없는 한마디

"모든 심각한 의심과 진리에 대한 실망 속에는 아직 진리에 대한 열정이 작동하고 있습니다. 그러니 진리에 대한 당신의 불안을 너무 빨리 없애려는 사람들에게 굴복하지 마십시오. 비록 그 유혹자가 당신의 교회이든 당신이 속한 그룹이든, 아니면 당신의 부모 때부터 내려오던 전통이든 간에 정말 당신 자신의 진리가 아니면 거기에 유혹되지 마십시오."

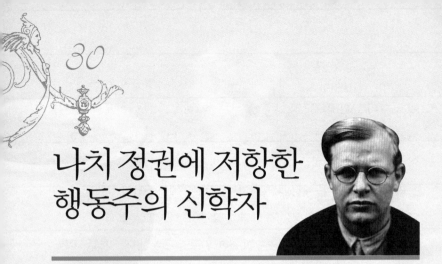

나치 정권에 저항한 행동주의 신학자

◆ **디트리히 본회퍼** Dietrich Bonhoeffer(1906~1945) ◆

독일의 루터 교회 목사이자, 신학자이며, 반 나치 운동가이다. 고백 교회의 설립자 중 한 사람인 그는 아돌프 히틀러를 암살하려는 외국 첩보국이 진행한 일에 가담했다. 그는 에큐메니컬 운동에 적극 참여하여 활동했으며, 그의 사상에 따라 충실히 행동한 모범적인 신앙인이었다. 1943년 3월에 체포되어 감옥에 갇혔고, 결국 1945년에 독일 플로센부르크 수용소에서 교수형 당했다.

디트리히 본회퍼는 독일이 낳은 행동주의 신학자다. 그가 오늘날 우리에게 요구한 시대적 사명인 제자의 삶은 기독교가 현실에 도피적인 자세를 갖지 말고 현실에 관심을 가질 것과 세상을 세속 공동체로 분리해서 보는 이원론적 사고를 버릴 것, 종교적 행위보다는 그리스도처럼 이 세상에서 고난을 당하며 사는 실천적인 크리스천의 삶을 뜻한다. 그는 동과 서, 개신교와 로마교, 자유주의와 보수주의, 성직자와 평신도, 신학자와 행동주의자 칼뱅파와 루터파 사이에 하나의 상징처럼 서 있는 인물이다.

1933년에 집권한 나치의 독재에 대해서 당시 독일 교회는 하나님이 영혼 구원을 위해서는 예수를, 경제적·사회적 구원을 위해서는 히틀러를 보냈다면서 히틀러가 그리스도라고 주장하며 그를 숭배하고 있었다. 그래서 본회퍼는 라디오 방송을 통해 히틀러는 독일 국민을 히틀러라는 우상을 숭배하게 한다고 경고하는 예언자적인 목소리를 냈고, 이로 인해 결국 방송은 중단되고 말았다. 하지만 본회퍼는 나치의 탄압에 굴복하지 않고, 자신이 발표한 원고를 신문에 게재했다. 이때부터 본회퍼는 나치의 미움을 받기 시작했다.

당시 독일 교회에서는 본회퍼처럼 그리스도인의 양심을 지키기 위해서 나치에 반대하는 신학자들은 고백 교회를 결성하여 양심을 지켰다. 하지만 나치의 탄압으로 고백 교회 참여자들은 박해를 받았다. 그는 히틀러를 암살하고 나치 정권을 전복하게 하는 계획에 깊이 가담했으며, 독일의 반체제 지식인들을 규합하는 역할을 했다.

미친 사람의 운전을 중단하게 하는 과제

디트리히 본회퍼는 1906년 2월 4일에 독일 프로이센 브레슬라우에서 카를 본회퍼Karl Bonhoeffer와 파울라 본회퍼Paula Bonhoeffer 사이에 8남매 중 여섯째로 태어났다. 일곱째인 여동생 자비네Sabine와는 쌍둥이 남매다. 부계는 학자, 법률가 집안(부친은 정신의학과 신경의학 교수), 모계는 귀족 출신으로서 신학자, 목사 집안(외조부는 황제 카이저 빌헬름 2세 때 궁중 설교가)이었다.

본회퍼 일가는 1513년에 화란에서 이주해 온 루터교 전통을 가진 경건한 집안으로, 그는 독일 제국의 엘리트 가정에서 성장했다.

그는 1923년에 그룬발트 고등학교를 졸업하고 튀빙겐에서 신학 공부를 시작했다. 아돌프 슐라터Adolf Schlatter, 카를 하임Karl Heim, 그로스K. Gross 등에게 배웠고, 두 학기를 보내는 동안 신학부에서 교회사와 철학 등을 공부했다. 그러나 그때까지는 중산층의 문화적 배경을 바탕으로 신학을 이해하고 있었다.

1924년, 그는 열여덟 살 때 로마와 아프리카 대륙을 여행했다. 여행 중 독일에서 느끼지 못했던 가톨릭 교회의 보편성과 예배 의식에 감명을 받았고, 교회에 대한 새로운 안목과 진정한 교회의 중요성을 발견했다. 또한 아프리카의 가난한 현실을 직접 목격한 여행은 박사학위 논문을 쓸 때 많은 영향을 끼쳤다.

그는 같은 해 6월에 베를린 대학교로 옮겨 1927년 7월까지 3년간 아돌프 하르나크Adolf Harnack, 한스 리츠만Hans Lietzmann, 에른스트 셀린Ernst Sellin, 카를 홀Karl Holl, 라인홀트 제베르그Reinhold Seeberg 등에게 배웠다. 그리고 루터 계열의 전통신학을 주로 카를 홀에게 소개받았으며, 홀트 제베르그의 지도로 박사학위 논문 보고서를 제출했다 (1925~1926년 겨울학기). 학위 논문의 주제는 〈성도의 교제

아돌프 하르나크
1851년에 독일 도르파트(현재 에스토니아)에서 독일인 신학 교수의 아들로 태어났다. 1914년에 독일 제국 황제 빌헬름 2세로부터 귀족 작위를 받아, '하르나크의 아돌프'라는 뜻의 아돌프 폰 하르나크라는 이름을 갖게 되었다. 19세기 독일 교회에는 더욱 고도화된 성서비평학이 왕성했으며, 성서와 역사적 예수에 대한 역사 비평적인 방법이 표준화되었다. 이는 모두 하르나크의 업적에 이루어졌다. 그는 초대교회의 교리에 의문을 제기하기도 했으며, 〈요한복음〉을 배척하고 〈공관복음〉을 중시했다.

한스 리츠만
독일의 프로테스탄트 신학자이다. 1908년에서 1924년까지 예나 대학교와 베를린 대학교에서 고전어학과 교회사 교수로 재직하면서 《신약 성경 안내서》(23권)를 집필했다. 《미사와 주의 만찬》으로 성찬식의 발달사에 기여했다. 베드로와 바울에 대한 그의 연구는 1세기 로마 교회 조직의 발달에 중요한 역할을 했다. 그는 기독교 기원에 관한 연구로 유명하다.

에른스트 셀린

그는 성경과학과 고고학자이다. 그의 〈종교사를 토대로 한 구약 성서 신학〉이라는 논문은 역사적 관점과 조직적 관점의 복잡한 문제를 해결해보려고 시도한 것이다. 그가 역사와 신학을 별도로 취급하려고 했던 이유는 각 부분의 기능이 다르다고 보았기 때문이다. 또한 그는 1922년에 모세가 반란을 일으킨 자기 민족에게 죽임을 당했다는 전설의 실마리를 밝혀내기도 했다.

카를 홀

독일의 프로테스탄트 신학자이다. 고대 교회사를 연구하면서 후에 루터의 종교개혁으로 바뀌었고, '루터 부흥'의 선봉이 되었다. 그러나 그의 루터 해석은 칸트의 영향을 받아 윤리주의적이라는 비판을 받기도 했다. 튀빙겐 대학교 졸업 후 교회사 연구를 계속하였으며, 1896년에는 베를린 아카데미에 들어가서 동방정교회의 역사관계 문헌을 정리했다.

라인홀트 제베르그

그는 신학, 철학, 법학, 의학 등 여러 분야에서 박사

Sanctorum Communio : 교회 사회학에 대한 교회의 신학적 고찰〉로 1927년 8월에 통과되었다.

1927년, 스물한 살 때 교회의 본질에 대한 문제를 추구할 때 그는 아돌프 하르나크를 비판하며 카를 바르트의 '변증법적 신학'에 매료되었다. 1928년에는 스페인 바르셀로나에서 독일인만이 모이는 교회에서 부목사로 일했다. 그리고 이듬해 베를린으로 돌아와 교수 자격 논문을 제출했다《행위와 존재Akt und Sein : 조직신학에서의 존재들과 선험 철학》). 그의 재능과 학문적 능력은 교수들로부터 천재라는 극찬을 받았다.

당시 세계 시장경제의 위기를 예고한 뉴욕 증권가의 주가가 폭락하는 등 경제 공황의 위기가 닥치고 있었으나 그는 정치와 경제에 별 관심을 보이지 않았으며 중산층의 한계를 벗어나지 못하고 있었다.

그 뒤 1930년에서 1931년은 교환학생으로 미국 유니언 신학대학교에 들어가 연구했다. 거기서 라인홀드 니부어Reinhold Niebuhr와 폴 레만Paul Lehmann을 만났는데, 이런 해외 경험을 통해 에큐메니컬 운동에 대한 이해가 깊어졌다. 또한 뉴욕 할렘가의 흑인 문제를 보며 인종차별 문제에 관심을 갖게 되었다.

그리고 1931년에 다시 베를린 대학교로 와서 조직신학 강사로 임명되었다. 1933년 1월, 히틀러가 정권을 잡은 후 그가 표방하는 정책은 교회의 권위를 침해하지 않는다고

했으나, 교회 지도자들을 포섭하고 나섰다. 1936년에 본 회퍼는 나치 정부에 의해 쫓겨날 때까지 베를린 대학교 강사로 지내면서 그리스도론, 창조와 타락, 교회의 본질 등을 강의했다.

영국 케임브리지에서 열린 '교회를 통한 국제적 우호 관계를 증진하기 위한 세계 연맹'의 유럽 청년부 간사가 되어 에큐메니컬 운동을 통해 다른 나라의 그리스도인에게 독일 교회가 벌이고 있는 투쟁의 중요성과 히틀러의 진상을 자유세계에 알리던 중 영국 치체스터 주교 조지 벨George Bell의 지지를 받게 되었다. 18개월간 영국 목회 활동을 통해 본회퍼는 독일 밖에서 독일 교회의 반 히틀러 투쟁의 대변인 역할을 했다.

특히 그는 덴마크에서 열린 WCC 회의에 참석하여 WCC가 히틀러의 어용御用 기관이 된 '독일 기독교회'를 정죄하고 '고백 교회'를 지지하는 방향으로 돌아서게 하는 데 결정적인 역할을 했다. 결국 그는 고백 교회의 신학교에서 일한 결과로 베를린 대학교에서 강의하는 것이 금지되었다. 그가 서른세 살 때 제2차 세계 대전이 일어 났다(1939~1945).

1939년 6월, 니부어와 레만이 본회퍼를 미국 유니언 신학대학교로 초빙하여 뉴욕에 도착했다. 그러나 본회퍼는 독일에 있는 형제들에 대한 번민으로 결국 미국을 다시

학위를 취득했다. 그는 루터파에 속했고, 엘랑겐의 프랑크에게 사상적으로 상당한 영향을 받았다. 그는 역사신학과 조직신학에 공헌하였고, 성서 고등 비평에도 정통했다. 《기독교 교의학》에서는 교의학적 체계의 근본 원리를 의지주의적 초월주의voluntaristic transcendentalism라고 서술했다. 그는 주장하기를 신적 존재와 인간적 존재의 관계는 의지의 관계로 묘사되지 않으면 안 된다고 했다.

라인홀드 니부어

기독교 신앙을 현대 정치와 외교에 접목한 것으로 유명하다. 그는 인간, 윤리, 역사 등 현실 문제에 관해 얘기했다. 그에 의하면, 인간은 신의 사자使者임과 동시에 피조물로서 제약을 받고 있는 존재라고 하는 이면성을 갖는다. 이것을 잊게 되면 인간은 교만해지고 거기에서 죄악이 생긴다. 역사는 이 인간의 이 기적이고 비합리적인 자유의지와 신의 의지가 충돌하는 무대이며, 인간은 이것을 인식을 통해 꿰뚫어 볼 수도 없고 인간의 힘으로 통제할 수도 없다. 따라서 "모든 역사란 타협이다"라고 했다.

플로센부르크 수용소

떠나기로 결심한다. 그가 그때 니부어에게 쓴 편지를 보면 그가 얼마나 형제들을 사랑했는지 알 수 있다.

"내가 미국에 온 것이 실수였다. 이 어려운 시기에 고통받는 동포와 함께 이 시대의 시련을 나누지 않는다면 전쟁 후 독일에서 기독교인의 삶의 재건에 참여할 권리가 없을 것이다."

본회퍼는 1940년에 독일로 돌아와서 군 정보부의 정보관 부관으로 있던 매형인 한스 폰 도나니Hans von Dohnanyi의 도움을 받아 나치 저항 운동에 가담하게 된다. 그는 히틀러 암살단에 참여하였는데 이 일에 참여한 이유를 이렇게 말했다.

"미친 사람이 모는 차에 희생되는 많은 사람을 돌보는 것만이 나의 과제가 아니다. 이 미친 사람의 운전을 중단하게 하는 것도 나의 과제다."

하지만 1943년 4월 5일, 본회퍼는 그의 매형 도나니와 함께 히틀러 암살 혐의를 받고 게슈타포에 의해 체포 수감되어 계획은 실패로 끝나고 만다. 이에 정보부가 연관되었음을 알게 된 히틀러는 저항자들을 적발하였으며, 본회퍼도 집단 수용소로 이송된다. 1945년 4월 8일 이른 아침, 그는 나치 군법회의에서 사형선고를 받고 저항에 참여한 그의 가족 3명을 포함하여 5,000명의 사람과 함께 플로센부르크 수용소˘에서 교수형으로 처형되었다.

타락의 잠에 빠진 독일 교회를 깨우다

제1차 세계 대전에서 참패한 독일은 절망과 혼돈의 연속이었다. 경제는 도탄에 빠져 실업자의 수는 급증했다. 세계 제일의 우수 민족임을 자랑하던 독일 민족의 자존심은 땅에 떨어졌고, 패전국으로써 짊어져야 할 막대한 채무는 감당할 길이 없었다. 이때 본회퍼는 여덟 살이었다. 이런 사회에서 1933년에 히틀러는 메시아처럼 희망을 약속하며 권력을 손에 잡았다.

그는 600만 실업자에게 일자리를 줌으로써 국민의 정서를 통합하는 데 큰 역할을 했다. 히틀러가 '근대화'와 '민족중흥'이라는 슬로건을 내걸고 등장한 국가사회주의 정당에 독일 국민이 열광적인 지지를 보내주므로 역사상 없었던 범죄 행위가 시작되었다. 아돌프 히틀러가 1939년에서 1945년에 일으킨 제2차 세계 대전은 680만 독일인이 전쟁터에서, 600만 유대인은 강제 수용소에서, 전쟁의 구렁텅이에 빠진 이웃 나라 소련의 2,000만 명을 포함하여 결국 전 세계에 5천 700만 명의 생명이 참혹하게 죽어갔다.

이런 와중에서 종교개혁의 전통을 이어오던 독일 교회는 히틀러 국가사회주의 정당의 이념을 메시아적인 것으로 추앙하여 어용종교로 이용당하는 수치스러운 역사를 남겼다. 독일 그리스도인 연맹은 "그리스도는 히틀러를 통해서 우리에게 오셨다"는 등 히틀러와 국가사회주의 이념을 찬양하는 굴욕적인 성명을 잇달아 발표했다.

독일 교회는 근시안적인 사고에 사로잡혀 게르만 민족의 우월주의라는 이데올로기의 도구로 전락되어 세계 평화를 위한 본래 사명을 망각하고 말았다. 이런 독일 교회의 타락을 보며 일련의 신학자들과 목회자들이 독일 그리스도인 연맹을 탈퇴하여 고백 교회 운동을 일으켜 바르멘에 모여 '바르멘 신학선언'을 발표했다.

이 선언은 히틀러를 메시아로 추앙하는 독일 기독교 연맹의 주장에 쐐기를 박고 그들이 주±로 고백하는 분은 오로지 하나님의 아들로 이 땅에 오신 예수 그리스도임을 온 천하에 선포한다. 이 선언에 참가한 주역들에게 곧 그날이 다가왔다. 이 신학선언을 기초한 카를 바르트 교수는 본 대학의 교수직을 떠나야 했고, 많은 참여자가 체포되어 고문을 당하고 죽임을 당했다. 세계인의 양심을 깨우고 참된 그리스도의 제자직을 몸소 보여 주었던 본회퍼 목사의 삶과 활동도 여기서 멈추게 되었다.

하나님 앞에서 향기가 된 본회퍼의 영성

기독교 사상에서 볼 때 18세기 이후 계몽주의 이래로 계시는 이성의 영역으로 내재화되었고, 교회는 세상의 영역으로 세속화되었다. 더군다나 낭만주의는 무한을 유한 안에, 초월을 세상 내에, 영원을 시간 안에 합일시킴으로써 하나님과 인간의 차이를 없애고 그리스도 왕국과 세상 나라 사이의 질적인 차이를 없앴다. 그리고 이런 흐름은 결국 무신론과 신 죽음의 신학으로 이어져 갔다.

한편 제1·2차 세계 대전을 통해 19세기 자유주의
신학은 한계에 다다랐고, 20세기 초에는 계시와 이성
의 위기 관계를 말하면서 교회와 세상, 신학과 철학을
분명히 구분하기 시작했다. 이런 시기에 본회퍼는 교
회는 교회이고, 세상은 세상임을 철저히 강조한다. 동
시에 그는 '세상 속에서의 타자를 위한 그리스도인의
삶' 을 강조함으로써 이런 이분법적 관계를 넘어서고
있다.

그래서 본회퍼는 초기 작품인 《성도의 교제》에서
교회의 사회적 성격을 강조하였고, 《나를 따르라》에
서는 교회의 정체성과 세상의 정체성을 분명히 하여
이 둘을 배타적 관계로 보면서도, 교회가 수행해야 할
제자직으로 이 세상을 위해서 십자가를 지는 성화를
강조했다.

후기 작품에 속하는 《윤리학》과 《옥중서신》은 교회
와 세상의 적대 관계보다 교회가 이 세상 속에서 어떻
게 그리스도의 모습을 나타낼 수 있는지에 대해 말한
다. 그의 저서에 한결같이 흐르는 사상이 있다면, 그
것은 '그리스도 중심 사상' 이다. 《그리스도론》은 본
회퍼 신학에서 기본 사상이며, 그 바탕을 이루고 있
다. 그의 모든 사랑은 그리스도와 연관되어 있다. 그
래서 그의 사상을 이해하려면 '그리스도와 무엇' 이라

는 관점에서 살펴보아야 한다. 예를 들면 그리스도와 교회, 그리스도와 대리 사상, 그리스도와 제자직, 그리스도와 현실, 그리스도와 세계, 그리스도와 타자를 위한 존재 등이다. 이럴 때 그의 '영성신학'의 핵심은 그리스도와의 관계 속에서 분명히 드러난다.

본회퍼의 삶과 고백, 저술 등에 고여 있는 그의 사상은 2000년 기독교 영성의 전통 그 자체이며, 그는 직접 그 영성의 전통을 몸으로 살고 간 영성의 대가였다. 특히 '하나님 없이, 하나님과 더불어, 하나님 앞에' 라는 현대신학의 화두에는 본회퍼의 삶과 그가 체험한 믿음의 명상과 실천적 깨달음이 모두 포함되어 있다. 이 화두야말로 진정 2000년 기독교 영성 전통을 새롭게 재해석한 것이다. 이상과 같은 고찰을 통해서 볼 때 본회퍼의 영성신학은 20세기 후반에 대두되었던 세속화 신학, 신의 죽음의 신학, 에큐메니컬 신학, 희망신학, 정치신학, 해방신학, 민중신학 등에 지대한 영향을 미쳤다.

본회퍼의 영성신학은 이론과 바른 실천의 통합을 추구함으로써 교리와 강단 중심의 서구 전통신학을 넘어서 정치신학과 세속화 신학, 해방신학과 민중신학에 이르는 길을 열어주고 있다. 그의 영성신학은 그의 삶에서 맺어진 것이고, 그의 삶도 깊은 신학적 성

《윤리학》

본회퍼가 나치에 저항하고 투쟁했던 시절에 옥중에서 윤리학과 관련한 책을 저술하기 위해 쓴 단편들을 모은 책이다. 하지만 본회퍼는 이 책을 완성하지 못한 채 히틀러에게 처형당했다. 그의 친구 에버하르트 베트게가 본회퍼의 단편들을 편집하여 1949년에 《윤리학》을 출판했다. 이 책은 미완의 책이지만 기독교 윤리학에서는 기념비적이며 고전적인 책이며, 형성의 윤리, 현실개념, 책임윤리, 대리 사상, 위임사상 등을 깊이 있게 논하고 있다.

《그리스도론》

1933년에 본회퍼가 여름학기에 베를린 대학교에서 그리스도론에 대해 강의한 내용을 묶은 책이다. 이 책에서 본회퍼는 '예수가 무엇을 했는가'가 아니라 '예수 그리스도가 누구인가' 라는 물음에 초점을 두었다. 그는 예수가 나를 위한, 우리를 위한, 타자를 위한 그리스도이며 인간 존재와 역사의 중심, 하나님과 자연 사이의 중보자라고 주장한다. 그리스도 중심적이요, 그리스도 지배적인 본회퍼의 신학 사상을 제대로 파악할 수 있는 책이다.

찰과 안목 속에서 전개되었다. 또한 그의 영성신학은 기독교 신앙을 덮고 있는 2000년 신학 전통의 무거운 짐을 벗겨 내고 신앙의 핵심을 실천적으로 드러냄으로써 서구 신학에서 벗어나 주체적인 한국 신학과 아시아 신학을 수립할 수 있는 무한한 과제를 제시해 주고 있다.

본회퍼는 철저히 자기를 버리고 목숨을 걸고 예수의 발자취를 따랐다. 혼돈과 소욕에 눈 어두워지는 현실에서 나는 무엇을 하고 있는가? 나는 세상 속에서 주님이 계신 것을 어떻게 나타낼 수 있는가? 고독과 침묵, 말씀을 묵상하는 생활을 통해 하나님의 음성을 듣기 위한 시간 속으로 들어가 보자.

잊을 수 없는 한마디

"우리의 임무는 국가가 법과 질서를 제대로 행사하지 못하고 남용할 때 바퀴 밑에 깔린 희생자들의 상처를 치료하는 것을 넘어, 그 바퀴 자체가 지나가지 못하도록 막는 것이다."

"죽음은 끝이 아니라, 영원한 삶의 시작이다."

"믿는 자만이 순종하고 순종하는 자만이 믿는다."

• 영성의 숲에서 하나님을 만나다

- 김기련, 《기독교 영성사》, 도서출판 복음, 2003.

- 김정진 편역, 《가톨릭 성인전 上·下》, 가톨릭출판사, 2001.

- 리처드 포스터, 박조앤 옮김, 《생수의 강》, 두란노, 2000.

- 리처드 포스터·에밀리 그리핀 편집, 방성규 옮김, 《영성 고전 산책》, 두란노, 2002.

- 리처드 포스터·제임스 브라이언 스미스 편집, 송준인 옮김, 《신앙 고전 52선》, 두란노, 1998.

- 박재만, 《영성의 대가들 上·下》, 가톨릭신문사, 2001.

- 버나드 맥긴, 방성규·엄성옥 옮김, 《서방 기독교 신비주의의 역사》, 도서출판 은성, 2000.

- C. P. M. 존스·G. 와인라이트·E. 야놀드, 권순구 옮김, 《기독교 영성학》, 도서출판 영성, 2000.

- 엄두섭, 《좁은 길로 간 사람들》, 도서출판 소망사, 1994.

- 엄두섭, 《신비주의자들과 그 사상》, 도서출판 은성, 1993.

- 월터 C. 어드맨, 곽안전 옮김, 《믿음으로 산 위인들》, 대한기독교서회, 1978.

- 제임스 M. 고든, 임승환 옮김, 《복음주의 영성》, 기독교문서선교회, 1999.

- 제이 씨 라일, 송용자 옮김, 《18세기 영국의 영적 거성들》, 지평서원, 2005.

- 존 우드브리지, 권성수 옮김, 《그리스도의 대사들》, 도서출판 횃불, 1995.

- 토마스 아 켐피스, 김정준 옮김, 《그리스도를 본받아》, 대한기독교서회, 1967.

- 피종진, 《세계 신앙의 거성》, 한국문서선교회, 1991.

- 하워드 L. 라이스, 황성철 옮김, 《개혁주의 영성》, 기독교문서선교회, 1995.

- 송광택, 《고전의 숲에서 하나님을 만나다》, 평단, 2010.

- 리처드 포스터·게일 비비 공저, 김명희·양혜원 공역, 《영성을 살다》, IVP, 2009.

- 리처드 슈미트, 전의우 옮김, 《하나님을 찾는 사람들》, 포이에마, 2011.

- 리처드 포스터, 《영성 고전 산책》, 두란노, 2002.

- 리처드 포스터, 제임스 브라이언 스미스 공편, 《신앙고전 52선》, 두란노, 1998.

- 김진하, '아타나시우스의 성안토니의 생애', 〈백석신학저널〉(제22호), 2012, 379~398쪽.

영성의 숲에서 하나님을 만나다

원종국 지음

발 행 일 초판 1쇄 2012년 11월 24일
　　　　　초판 3쇄 2012년 12월 5일
발 행 처 평단문화사
발 행 인 최석두

등록번호 제1-765호 / 등록일 1988년 7월 6일
주　　소 서울시 마포구 서교동 480-9 에이스빌딩 3층
전화번호 (02)325-8144(代) FAX (02)325-8143
이 메 일 pyongdan@hanmail.net
I S B N 978-89-7343-371-1 03230

이 도서의 국립중앙도서관 출판시도서목록(CIP)은 e-CIP 홈페이지(http://www.nl.go.kr/ecip)와
국가자료공동목록시스템(http://www.nl.go.kr/kolisnet)에서 이용하실 수 있습니다.
(CIP제어번호: CIP2012004947)